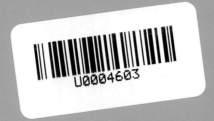

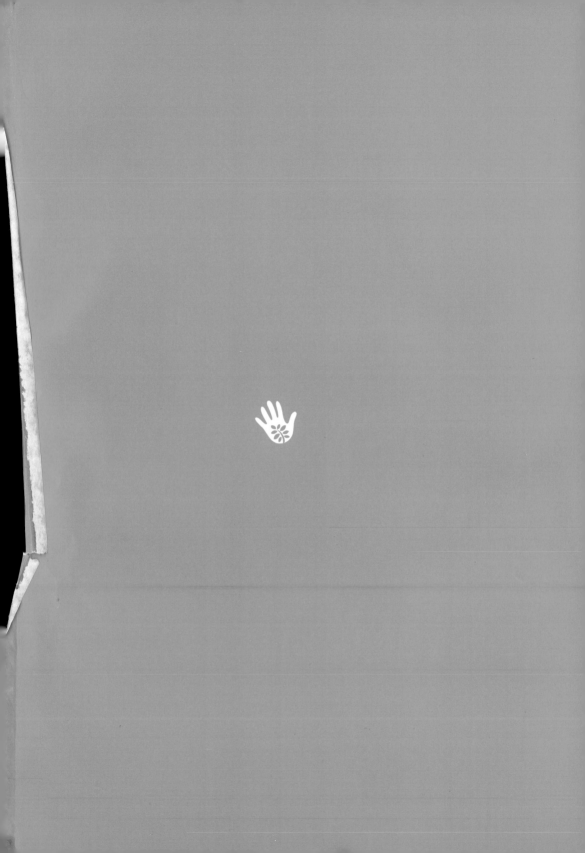

自然生活家07

設計師之眼

設計師背包客隨拍隨畫100分的亞歐永續設計

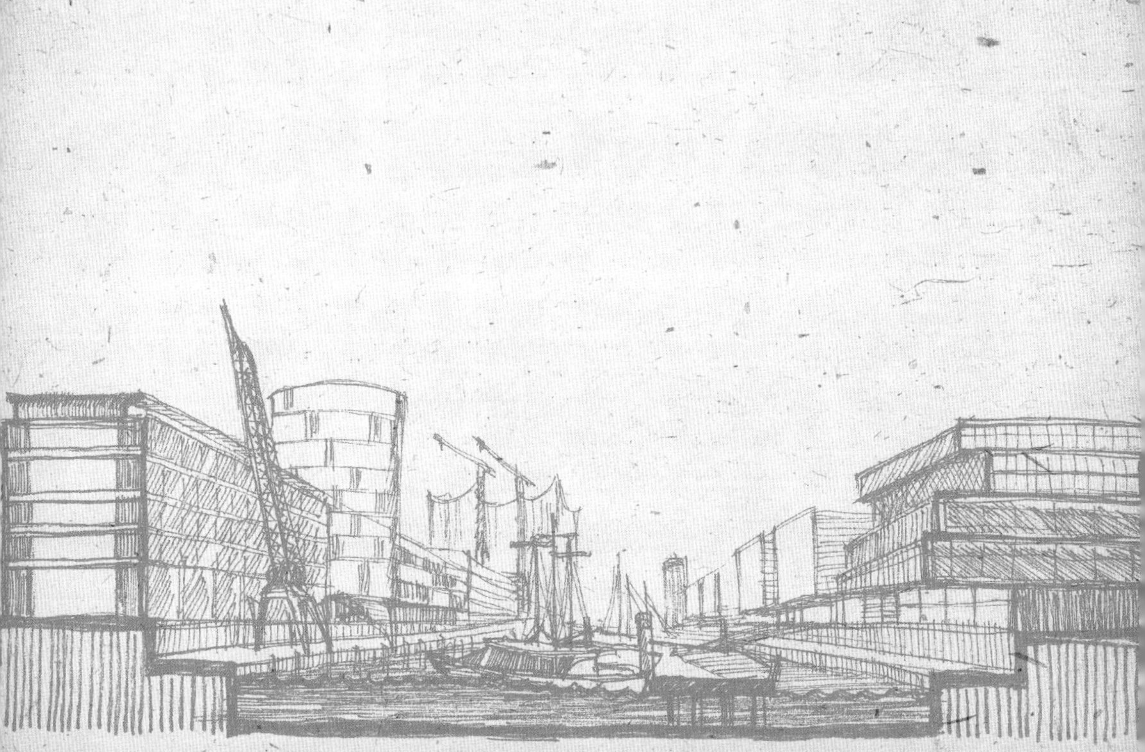

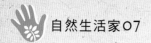

推薦序 006
自序 010

Country 1 日本 012

Stop 1 日本・大阪、神戶、奈良 0301~0310 013
—序章 踏出國門的那一刻 014
—城市永續設計 大阪・大阪車站・難波PARKS・大阪大學 016
—大師建築巡禮 大阪・狹山池博物館・司馬遼太郎紀念館・光之教堂 022
—城市空間記憶 大阪・通天閣・大阪城／神戶・兵庫縣立美術館 032
—旅行印象 神戶・街頭天籟／奈良・春之祭 038

Stop 2 日本・京都 0311~0317 041
—城市空間記憶 京都・金閣寺・龍安寺・美秀美術館・桂離宮 042
—城市永續設計 京都・京都室內水上體育館 048
—旅行印象 京都・最迷人的「窩」・公車閒晃的驚喜 054

Stop 3 日本・東京、橫濱、鎌倉 0318~0401 059
—序章 從京都到東京 060
—大師建築巡禮 東京・澀谷車站・表參道之丘 062

—城市空間記憶
東京・六本木・Tokyo Midtown・丸之內・新宿 067
橫濱・21世紀未來港
鎌倉・關東古城回憶
—旅行印象
東京・隅田公園・御茶之水 088

Country 2 馬來西亞 094

Stop 4 馬來西亞・吉隆坡 095
0402～0404
—旅行印象
從溫帶到熱帶的「震撼」・吉隆坡的街頭回憶・再次回到溫帶前的插曲 096

Country 3 中國 102

Stop 5 中國・北京、二連浩特 103
0402～0408
—城市永續設計
北京・奧運園區 104
—旅行印象
北京・第四印象
二連浩特・永生難忘的中、蒙過境 110

Country 4 蒙古 114

Stop 6 蒙古・扎門烏德、烏蘭巴托 115
0408～0412
—城市空間記憶
草原的國度 116

Country 5

俄羅斯 126

Stop 7 俄羅斯・西伯利亞鐵路、莫斯科 127

0412~0421

—序章 西伯利亞鐵路 128

—城市空間記憶 莫斯科・紅場・莫斯科大學・城市藝文饗宴・太空展覽館・勝利廣場・地下宮殿 136

—旅行印象 莫斯科・帶著成見而來，帶著體驗離開 153

Country 6-8

波羅的海國家・波蘭 154

Stop 8 拉脫維亞・立陶宛 155

0422~0428

—旅行印象 拉脫維亞・里加 156

—旅行印象 立陶宛・維爾紐斯・寇納斯 164

Stop 9 波蘭・華沙、科拉克 171

0429~0505

—序章 華沙邂逅 172

—城市空間記憶 華沙・蕭邦音樂的街頭體驗・蕭邦博物館・華沙大學圖書館 174

—城市空間記憶 科拉克・科拉克古城 182

—旅行印象 與科拉克的春雨約會 186

Country 9 德國

Country 9 德國 188

Stop 10 德國・柏林 189

—大師建築巡禮 柏林・德國國會大樓・德國歷史博物館・猶太博物館 190

—城市空間記憶 柏林・波茲坦廣場・Moabit監獄公園・布蘭登堡門・柏林運河・柏林圍牆遺韻 206

—旅行印象 柏林・柏林工業大學 226

Stop 11 德國・漢堡、布萊梅 229

—城市空間記憶 漢堡・漢堡運河・Harbor City 230

—旅行印象 布萊梅・「童話城市」的放空與充電 240

Stop 12 德國・魯爾工業區 247

—城市空間記憶 工業遺址的改造魔術 248

—旅行印象 沙發客初體驗 266

Stop 13 德國・科隆、法蘭克福 273

—城市空間記憶 科隆・科隆大教堂／法蘭克福・美茵河畔 274

—旅行印象 法蘭克福・回家 282

推薦序

聽到天豪的書快要出版了，我非常開心。不記得是哪一天，跟他在電話裡閒聊，知道他一個人去旅行，到了很多國家，已經完成十萬餘字，以及照片與手繪稿，我就說：「稿件都有啦，可以出書了。」

沒想到跟出版社惠雅聯絡，就這麼一拍即合。如今，從一位設計師之眼，跟讀者分享旅行時所看到的點點滴滴，不論是世界級大師的設計作品，或只是一位名不見經傳者，藉由天豪順暢的文字流動，一幅幅活生生的真實作品，彷彿躍然紙上。

好佩服天豪這個不滿三十歲的年輕人，東海大學景觀系畢業的大學生，我從來沒見他悲觀過，無論遇到什麼環境、人、事、物，他總是正面思考、樂觀積極地面對，而且對世界充滿了好奇與強烈探索的動力。他可以一個人走向全世界，對他而言，所走過的每一個角落，都是他的學習對象，走到哪？碰到什麼人？都可以成為他的朋友，會主動找他們聊天，分享他個人的sketch book，從裡面展開了可以聊天的話題。因此，他一個人旅行，似乎並不寂寞，甚至可以跟自己對話。他藉著與自己的自問自答，也成為一種自我尋找問題與答案的方式：「如果問說這運河美在哪裡？我會說在它簡單；如果問說簡單在哪裡？我會說在它潛藏的期待之中；如果再問說期待在哪裡？我會說在它讓人有了自己選擇欣賞水岸角度的權利！水岸邊的設計應該是什麼樣子？在今天的旅行，讓我有了一個全新的發現。」這是一種自我學習探索的歷程記錄。

你看他是如何介紹神戶港口旁的公園：「在平面圖上會看到很多不同方向的線條，看似隨意，可是身在其中便會感受其中奧祕。每一條線都可以對應到港口的設施或焦點位置，而且與人的尺度對應強烈，絕不會在平面圖上天外飛來一條曲線，而人在其中卻完全不會發現。重覆而簡單的美學，面向港口反映自身特色，這真的是我在神戶體驗到一個很棒的設計！」太多太多這樣的文字出現在書裡，文筆多麼流暢，對於設計作品，竟然可以用筆就描寫得如此活靈活現。

甚至連一張椅子也可以引起他的探究，而發現設計者的用心：「單純是它的質感與造型就讓我停留欣賞，在研究剖面與細部交接並畫圖的同時，我卻發現了這張椅子的驚喜。我說奇怪，為什麼我前面這對情侶的角度跟我低頭之前看到時不一樣？我正在想的同時，他們又再次滑動了厚重的椅子。原來這椅子是可以左右移動的，難怪階梯旁要有一整排的鋼板，也難怪階梯下方要有那段不尋常的退縮空間；瞬間恍然大悟的我又花了更多的時間，好好研究這張椅子。多人性化的設計！假如在你看湖的視線之前有不順眼的東西，只要推動這張椅子，想看哪裡就看哪裡！」看到書中的描述，我好想坐坐這張多麼用心設計的奇特椅子。另外，天豪還學著怎麼將想要表達的設計特色用相機拍出來，拍不出來的部分再自己畫，所以這本書真可說是圖文並茂。

當我讀完後，有股強烈的衝動，很想去這些地方，照著這本書的指引與介紹，一一比對細細欣賞體會！因此，此書看似一本旅遊書，但書裡介紹各地景觀，卻完全不同於市面一般的旅遊書，絕對可以引導讀者進入深度旅遊的境界；亦或是一本經典設計作品的介紹與評論，卻沒有那麼八股與老套理論，讓非設計背景者，亦可以很容易就進入設計作品的氛圍而有所體會與認知。

現在年輕人形容詞像草莓族、豆腐族、龜殼族的狀況，怎麼完全看不到，他可以活得如此精彩，如此豐富。而你呢？你有沒有開始規劃未來要如何過？你有什麼不能勇敢去嘗試的，要知道沒有什麼可以限制你。像天豪一樣，開心地帶著探索、好奇或問題出門，在過程中自我主動尋找答案，也帶著更多問題，走向下一個學習階段。祝福天豪，也期待每個人都能活出自我，懂得欣賞世界各地美好的設計作品，從其中得到豐碩的滿足感。就如天豪書中寫的：藉旅行各地，偶爾的轉換與調劑，的確是人生得以持續前進的動力！

東海大學景觀系教授　章錦瑜

推薦序

旅行，是培養一位設計師對事物產生獨到見解的最佳途徑。從天豪的書中，我看見了他對於生命的熱情，夢想的堅持，設計的追求以及打造台灣未來永續環境的希望。

節能減碳，這是二十一世紀全世界人類都必須嚴肅以對的重要議題，不同領域的人可以為這件事情做不同的努力。本人投身台灣綠建築與環境教育多年，深知「永續設計」的思維必須推廣到每一個人心中，才能讓人與環境的關係達到和諧共存的目標。透過天豪在書中深入淺出，以遊記方式呈現的編排介紹，我相信讀者對於他所想要傳達的「永續設計」理念，能夠有更全面的體會。

對設計有感情，對夢想有熱情，對未來永續環境關心的朋友們，我誠摯地推薦您閱讀這一本書！

成功大學建築系教授

林憲德

推薦序

天豪託付新書寫序，不敢奪美，鼓勵他幾句話：
綠能設計，環境美學，遠行求知，天使相隨；
勇敢自信，好學深思，志士弘毅，築夢踏實；
大師作品，案例分析，語出典故，滋潤有益；
天豪遊記，紮實有趣，有肉有血，再三玩味；
知恩圖報，福慧雙至，莘莘學子，值得學習。

我在學生時代喜讀明代大旅行家徐霞客的遊記，也因此特別羡慕天豪行走大江南北，廣汲田野知識，浸潤歷史人文，有霞客之遺風。之後我離開學術界下海創業，每每出國考察旅遊，也都是理想目的型的學習之旅，知道「他山之石，可以攻玉」，都在學習和實踐中累積知識；習慣了「走出去，帶回來」的邏輯，沒有停下來思考整理，進而出書的打算。

此次看到天豪旅遊的壯舉，值得嘉許學習，他天資聰穎、既有理想、又認真負責，此行更堅定的往綠能設計、文創興業的目標努力；非常為他高興，我想這本書只是個開端，相信以他的文采，往後必有更多佳作，為鄉梓造福，為景觀行業添光，對他的「善待土地，分享多餘」的善念抱負，我極為認同，心為之雀躍。樂為之序。

老圃造園　蔡秀瓊

自序

「生命中的驚喜與期盼，發生在旅行中的每一次轉彎」，這句話在我的人生中一樣得到驗證。從未想過自己有機會可以出書，感謝在我旅行中一路支持相伴的家人與朋友，在他們的鼓勵下，我開始認真思索把我的旅行與人生觀寫成一本書，與更多人分享「實踐夢想」的感動與喜悅。

國三那年，因為有著一個要讓自己居住的城市變得更美好的夢想，所以我下定決心要走向設計的道路；也在同一年，因為基因遺傳的關係，我的視力在短短三個月內一路從1.0下降至0.1，似乎生命跟我開了一個大玩笑！不過也因此發現自己有異常樂觀的天賦，我開始相信這是生命要成就一個不一樣的我所安排的挑戰。這樣的我在家人的關心與醫生的叮嚀下，一路完成學業，順利在景觀設計的領域中工作，甚至在出國留學之前完成了這趟「一個人橫跨亞歐旅行」的夢想。

這趟旅行一開始的想法是希望在出國留學之前，可以透過自己的腳步來實地體會各個國家在綠能科技結合設計的努力，蒐集將來念碩士的研究資料，並試著找出讓台灣環境品質更加永續的設計手法。不過，隨著旅程的腳步逐漸開闊，我所接觸到各個國家在歷史、社會、人群、文化層面的設計衝擊也日趨多樣，我的旅行感官觸角也就跟著逐漸擴張。所以，這本書我所要傳達的訊息不單純只是各個國家在綠能設計上的思維與突破，更是身為一位設計人在面對「擊中靈魂的設計」時內心所產生的共鳴與感動。

假如你是一位設計相關科系的學生，我希望我的這本書可以帶給你實踐生命渴望的勇氣與動力；假如你是一位在設計相關領域中曾經遭受挫折的年輕設計師，我希望我的這本書可以讓你找回自己當初為什麼要投入設計的原動力；假如你是一位資深的設計師，我希望我的這本書可以喚起你年輕時曾經對自己許下的一個未完成的夢；假如你是一位希望台灣未來環境品質可以變得更好的人，我希望我的這本書可以讓你看見世界上許多地方已經開始為改善環境付出多少努力。

感謝每一位支持這本書完成的人，這趟旅行是我的人生價值觀與信念的結合，更是我生命中一段美麗的篇章。透過這本書，我將我生命中一個精彩的片段，轉化為文字、照片與手繪圖稿，與你分享！

楊天豪二〇一三年七月十日

Country 1 日本

Stop 1 日本・大阪、神戸、奈良

0301～0310

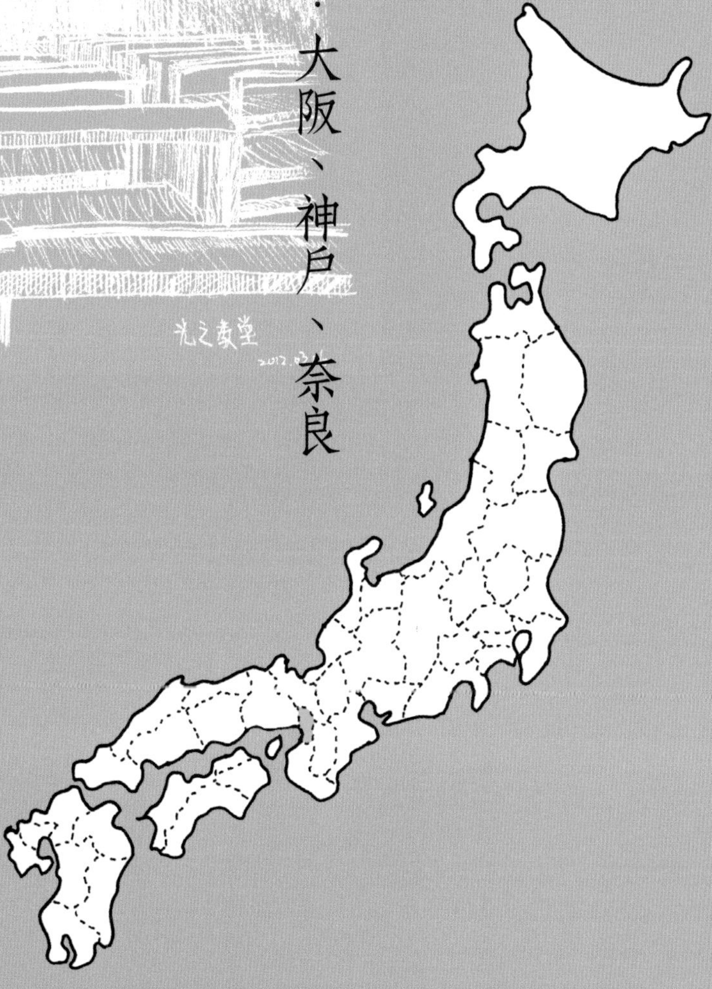

序章 踏出國門的那一刻

0301～0310

要出發的這一天終於來臨！懷著緊張又興奮的心情，我揹起了背包，開始踏上一段屬於我一個人的，三個月的背包客旅行。

還沒踏出國門，光是領教桃園機場的改建，就讓我的旅行在開始之前已經驚喜連連。這本是一件不能容許的錯誤，但是還好機場工作人員的後續處理得宜，不然我這趟旅行可就變成「非法出境」了。

就是這麼巧，輪到我要辦理出境手續時的那一分那一秒，桃園機場的海關電腦剛好在做系統切換。早一秒就是舊系統，晚一秒就是新系統，我辦的那一秒，就是剛好兩個系統都沒有我的出境資料。移民官都不知道，我更不可能會知道；拿著蓋有熱騰騰出境章的護照，我過了安檢朝登機門走去。

登機前半小時，移民官忽然跑來找我，說了一堆抱歉的話，要我出去再辦一次。當下聽到，我只有「傻眼」二字，但是情況還不到無法挽救，所以我就把這個插曲當成是旅行的第一個驚喜。

走出去的動線是專用通道，比起一般旅客的九彎十八拐，我還有幸看到機場的另一個面貌，也算是難得的經驗！在確定我可以「正常」出境後，移民官才又帶我走回登機門。沒想到平常一板一眼的移民官，此時卻有說有笑，我也和他聊我接下來的旅程；而我這次旅行中發出的第一張名片，交到的第一位朋友，就是這位本來跟我不會有任何關係的移民官。

經過了三個小時的飛行，我第一次踏上了日本的國土。這個在歷史、電視及書本上再熟悉不過的鄰國，我要用一個月的時間好好探索它。期待會有滿滿的收穫！

獨走日本鄉村。

13・14
大阪環状線 外回り Ōsaka Loop Line
弁天町・西九条・大阪方面
for Bentenchō, Nishikujō, Ōsaka
ユニバーサルシティ方面
for Universal-city
14
出口
Exit
Exit

衆人皆動我獨站。

大阪・大阪車站・難波PARKS・大阪大學

大阪・大阪車站

0301～0310

隨著環狀線列車緩緩進站，大阪車站標誌性的大片斜屋頂也逐漸映入眼簾。走上了月台穿堂層，空間的尺度立刻往水平和垂直的方向擴散。垂直指的當然是頭頂的大片斜屋頂；而水平的部分，就是一字排開的八個月台和十六條軌道，居高臨下，感覺氣勢驚人！

大阪車站在三一一大地震後剛改建完成，概念是要創造「車站城市」，要像一座城市一樣有自己成長和對應環境變化的機制，其中最大的玄機就是頭頂這片大屋頂。它的結構和型式與高鐵左營站類似，但是卻多了很多永續的概念。

第一，屋頂向南面斜，所以在斜面的頂部設置了太陽能板，提供的電力可作為車站照明使用。第二，單方向斜的屋頂方便蒐集雨水，所蒐集的雨水可作為夏天月台層的霧氣降溫。第三，南北向的屋頂與兩棟建築結合，遮蔽了北風，但東西向卻保持了完全的暢通，在月台穿堂層可以運用自然通風而不須空調。這樣的設計兼具了造型、功能與永續，如此多功能卻簡潔的永續設計，值得學習。

改建的車站也同時開闢了一處「天空農園」，放眼望去是大阪市中心櫛比鱗次的高樓群，能有這樣的開放空間，格外珍貴。我在

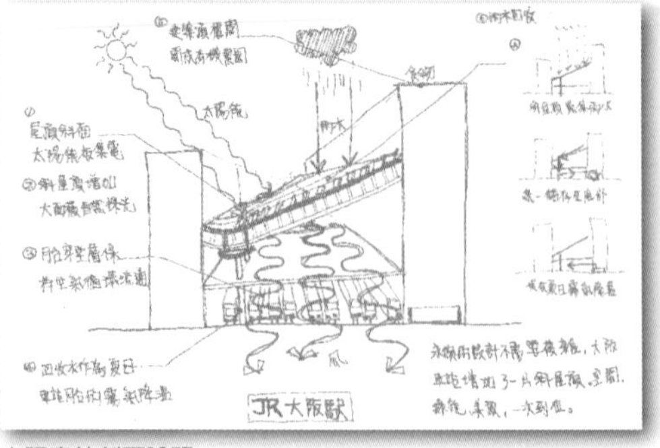

大阪車站剖面說明。

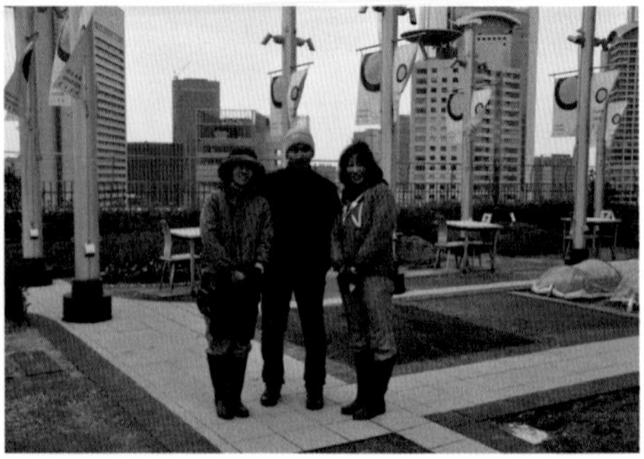

與工作人員合照。

觀察紀錄的過程中剛好碰到兩位工作人員，和他們相談甚歡，他們很仔細的把這座天空農園的過程與所種植的作物都介紹了一遍。

從他們的口中得知，成熟的作物都會是車站員工食物的一部分，雖然生產量不足以應付所有人，但是所代表的永續意義與降低樓層溫度的實質意義，卻是一個很棒的示範。因為現在還算冬天，所以只種了一些洋蔥、草莓、日本綠茶和果樹；但是春天一旦作物開始播種，光想像不同種類的蔬菜和豆子，還有成串的葡萄掛在架上，那會是一幅多美麗的畫面啊！

大阪車站

地址：530-0001 大阪府大阪市北区梅田3丁目
電話：+81-570-002-486
交通：搭乘JR大阪環狀線、地鐵至「大阪」下車，出站後沿指標前往。

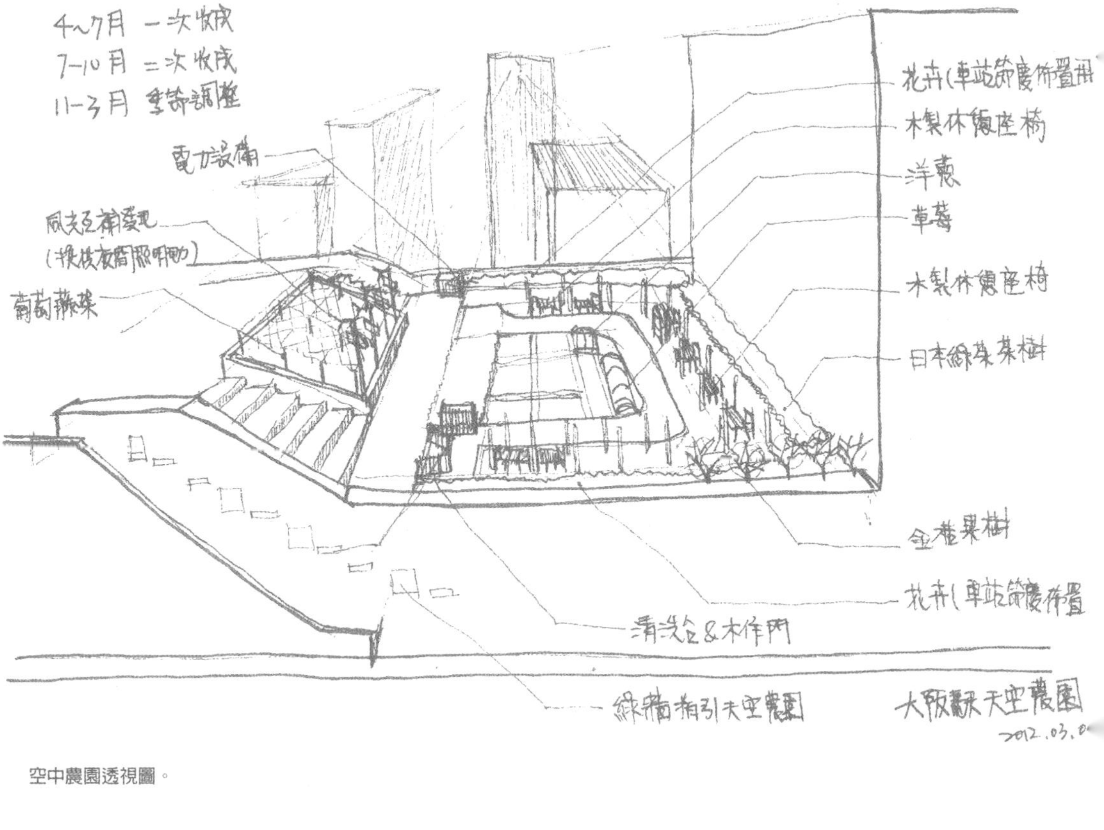

空中農園透視圖。

大阪・難波parks

親身走訪過難波parks，體會過設計的精妙之處，我覺得唸設計的人都應該造訪，特別是景觀設計。

難波parks是大阪新一代車站結合商城開發的代表案例，其中全面的屋頂綠化是它最大的特色。建築物的量體用自由的波浪曲線構成，增加了輕盈

屋頂花園。

感也讓層層向上的綠帶空間更顯生動豐富。當我從空中花園的入口向上走，一切變得很不一樣，甚至讓我懷疑，這真的是在建築物頂樓嗎？

其實難波parks的植栽配置原則很簡單，就是先突顯顏色和層次的關係，再針對綠帶空間的大小作主題性變化。所選用的喬木每一棵的開展姿態都很漂亮，連擺放的角度和視角關係都精準無比。光看到這就讓我思考許久，這個案子到底花多少預算在買樹？又到底花多少時間在做這些樹的前置作業？這也再一次讓我見識到日本人對於細節的掌握以及對品質的要求。

屋頂從三樓到九樓層層退縮，人的視覺也會跟著綠帶向上延伸，當逛街逛累了，都可以走到每個樓層的戶外庭園，

屋頂花園。

找個舒服的角落休息，相當愜意！

走到九樓最上層竟然看到一個精巧的兒童遊戲公園，原本百思不得其解，為什麼要這樣設計？直到我要往另一邊走下去時才恍然大悟！原來這個開發案也同時有一棟共同開發的住宅大樓，而九樓的這個公園就與住宅大樓相連結。看來這個「parks」的定義不只是招攬遊客和逛街人潮的賣點，它也真的是大樓居民的生活公園；只不過要住在這裡享受這樣的公園，口袋可能要非常深。

難波PARKS

地址：556-0011 大阪府大阪市浪速区難波中2-10-70
電話：+81-6-6644-7100
交通：搭乘南海本線、地鐵至「難波」下車，出站後沿指標前往。

大阪・大阪大學的意外收穫

轉了三趟車，我來到大阪北郊的大阪大學，這裡有一個永續環境設計中心，是研究日本未來永續發展的先趨單位。

好不容易找到永續環境設計中心卻讓我大失所望，門竟然是鎖的，一個人都沒有，我不死心的拚命敲門，但還是沒人理我，失望沮喪之餘，拿出相機想說至少拍張照留念。

正當我失望的準備離去時，電梯突然「叮」的一聲！手停在電梯按鈕前的我又燃起一絲希望，而神奇的事情竟然也真的發生！是兩位設計中心的教授開會回來，我表明來意後他們很熱情的邀請我進去深談，就是這麼樣的巧合，我還是達到了我此行前來的目的。

我和兩位教授相談甚歡，感覺像找到知音般的聊了一個多小時，對我而言像是免費上了一堂日本未

離開前的無奈等待。

來二十年永續環境發展方向的課；對兩位教授而言，他們相當認同我的旅行目的也勉勵我很多，我們還約好了等我學成回到台灣後再一起約在大阪見面，對未來的人類永續生存環境來交換意見。在與他們二位的交談中我也觀察體會到幾件事情，令我印象深刻。

第一，三一一大地震對日本人來說不再只是一個大災難，它更是日本總體國家能源政策思維的轉捩點，從他們口中我也證實了日本二〇三〇年全面屋頂架設太陽能板的政策不是想像，而是一件已經由產官學界投入大量資源的進行式，也就是說二十年後日本將有四成的能源是靠替代能源，搭配其他各項能源循環手法，全面打造低碳的永續社會。

第二，當台灣媒體還在用聳動數據報導福島核災的環境影響，以及廢核減核還是一個政治口水議題的同時，日本早已記取教訓並尋求因應之道。當教授肯定的眼神和堅定的口氣告訴我日本要做全球核能減量以及核能災害防治的領頭羊時，我才深刻的體會到原來台灣和日本的差距是這樣的大。

第三，日本的永續環境與美學教育是由大學發起，學生在假日走進社區與居民互動，從小紮根，落實生活，達到國家全體人民都有發展永續社會的認知與能力。

從這些觀念和遠見我真的學到很多，我會牢記在心；但是有一件事我覺得更開心，因為我知道將來學成再回到台灣，我所能做的事情還有很多。

開心合影。

大阪大學

地址：565-0871 大阪府吹田市山田丘1-1

電話：+81-6- 6877-5111

交通：搭乘大阪モノレール線至「阪大病院前」下車，出站後便可看見。

大師建築巡禮

大阪・狹山池博物館・司馬遼太郎紀念館・光之教堂

0301~0310

大阪・狹山池博物館

這是我第一次親身體驗安藤先生的建築，果然親身經歷的感動與震撼，是看再多雜誌書籍都無法比擬的。

這棟建築的空間序列讓我著迷，但是更讓我佩服的是這座建築的用途，它除了是介紹狹山池水利設施的博物館，同時也是地方鄉土資料蒐集館，更令我訝異的是它竟然免費！政府用這樣高規格的建築陳列歷史文物，還免費讓民眾使用，什麼是軟實力？什麼是鄉土教育？在這座博物館，我看到了另一個可能性！

二○○七年安藤先生在台北小巨蛋的演講中提到他一貫的設計理念是要讓建築與環境達成和諧，這句話我始終放在心上，今天終於有機會得到驗證。建築的主要立面是面對狹山池，雖然量體很大，但是多半都下挖，從池面望去，水平的線條和池面作了最直接的呼應。

狹山池博物館

地址：589-0007 大阪府大阪狹山市池尻中2丁目
電話：+81- 72-367-8891
交通：搭乘南海高野線至「大阪狹山市」下車，出站後向西往狹山池方向步行約500m。

白華也能如此美麗。

狹山池博物館速寫。

走往博物館的路徑上，一連串精心安排的空間序列緊湊得令我喘不過氣；不經意的開口、壓縮視線的長廊、隨坡漸高的矮牆、腳步走過的回音，當雜亂興奮的心情順著空間序列的安排而逐漸沉澱的同時；空間轉了一個彎，我剛好走到了博物館的入口大門！

內部的空間動線搭配展示內容更是結合得天衣無縫，感覺是先想好展出的內容順序，才開始著手設計和安排空間。順著動線一路參觀，看到每一項展出內容都適得其所，跟周遭空間的比例關係都是那麼樣的恰如其分，甚至連戶外引導動線的弧牆，另外一側在室內都可以變成是展出內容的背牆。

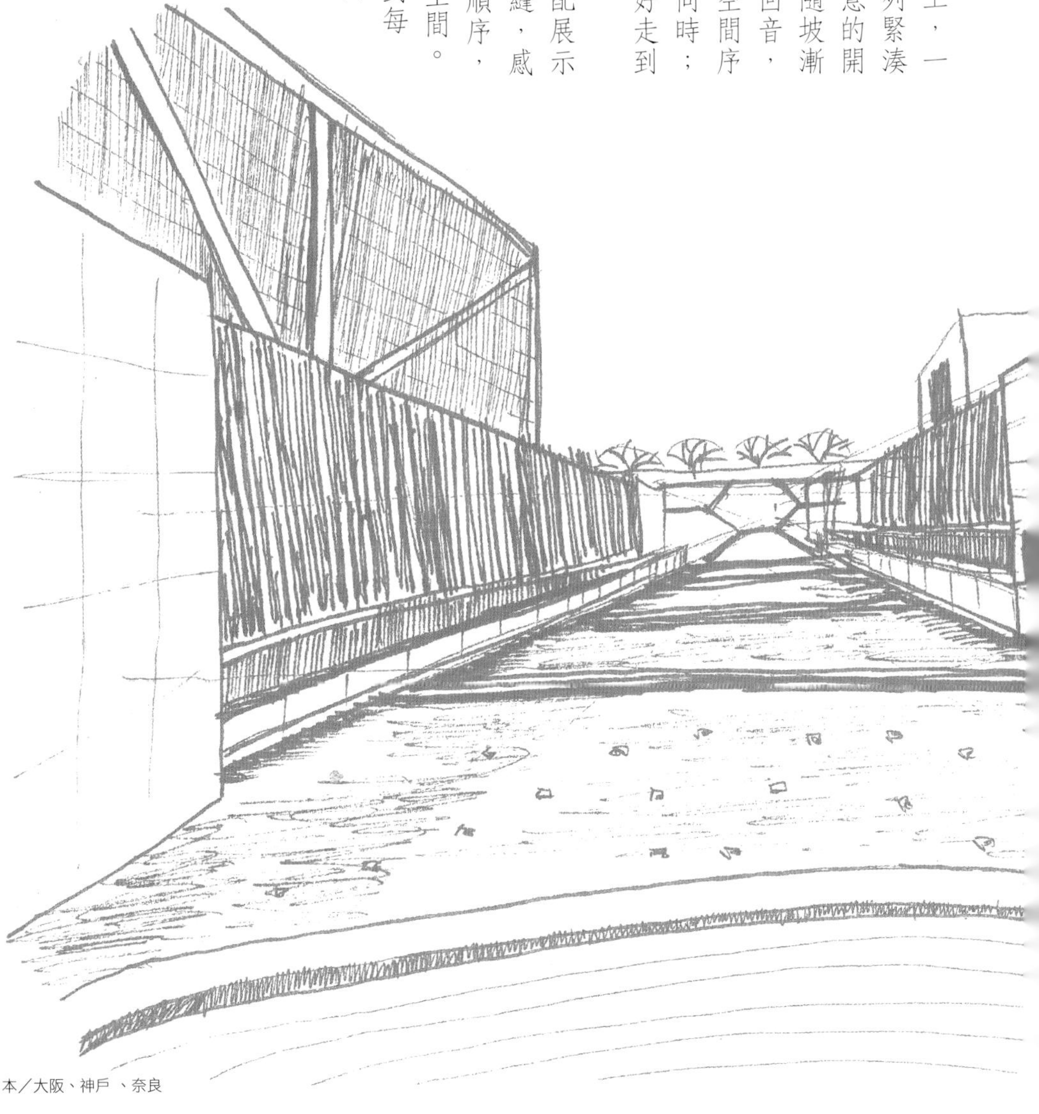

我拿著平面圖繞了很久，慢慢的去體會設計的思考過程，漸漸也看出了安藤先生在設計過程中去蕪存菁的痕跡；留下來的線條，每一條都有意義，而這樣的體會，不細細感受也許根本不會發現。

建築的空間配置精彩，細部設計更是令人印象深刻！清水模、毛玻璃、手打花崗石、大粒徑的洗石子，光是這四樣材料搭配變化，就玩出了好多種可能性。大師之所以與眾不同，也許就是因為他能和普通設計師拿同樣的材料，但是普通設計師只能做到讓人「喔」，而大師卻能做到讓人「哇！」吧。

一個人的旅行，要學的另一件事情就是樂於和自己分享。一整天除了問路，幾乎不用開口說話，可是當下心情的

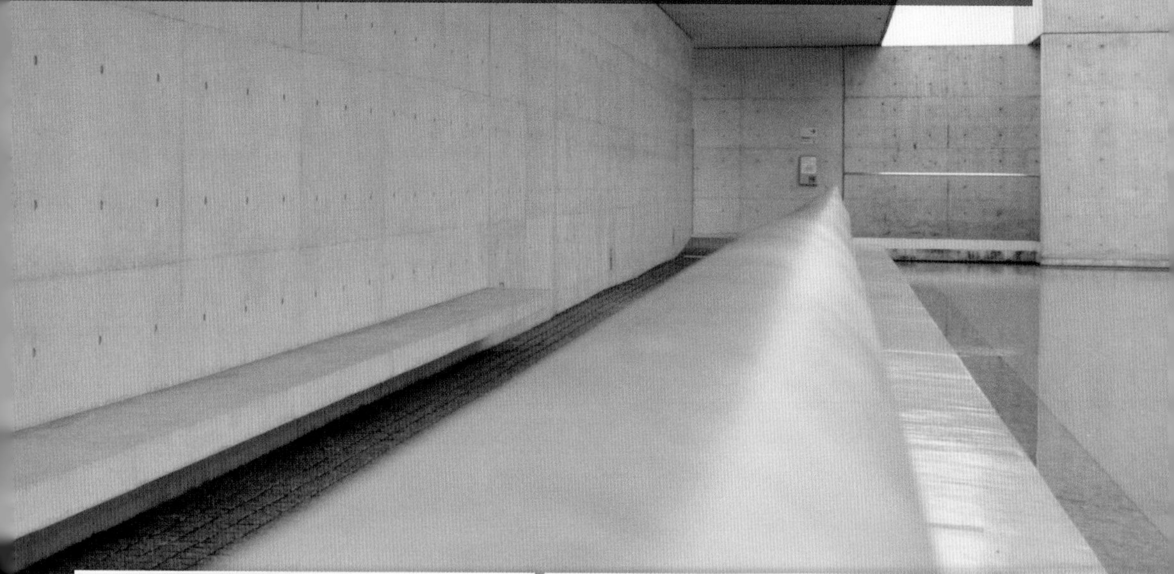

狹山池博物館速寫。

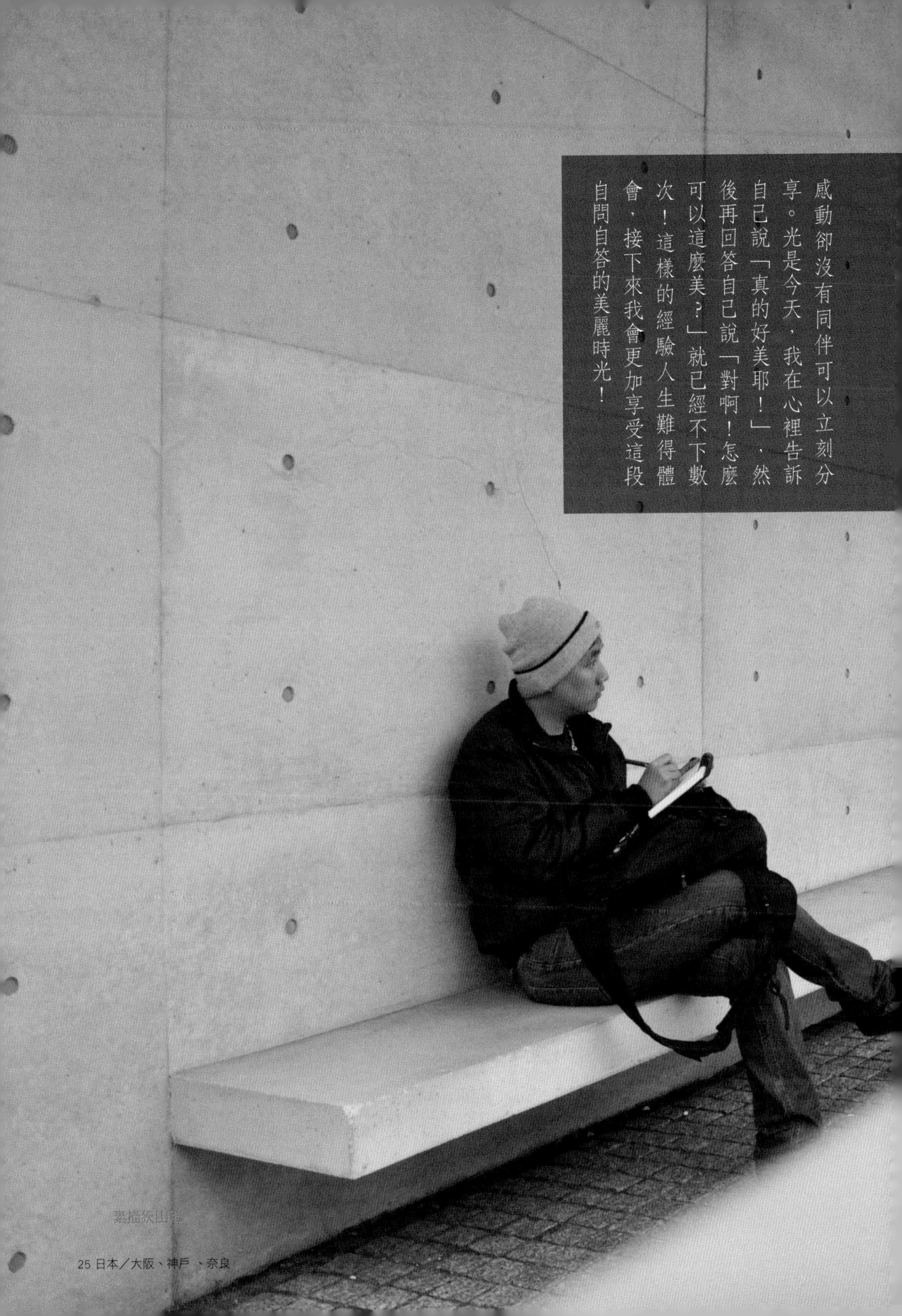

感動卻沒有同伴可以立刻分享。光是今天，我在心裡告訴自己說「真的好美耶！」，然後再回答自己說「對啊！怎麼可以這麼美？」就已經不下數次！這樣的經驗人生難得體會，接下來我會更加享受這段自問自答的美麗時光！

大阪・司馬遼太郎紀念館

司馬遼太郎紀念館，這座隱藏在傳統日本住宅區內的大師建築真的很低調，外觀有植栽遮蔽，和旁邊的傳統日本民宅和諧共處，刻意的表現但是卻又看不見，這是我對這座建築的印象。

走進了大門，穿過了小徑，安藤語彙的弧形牆出現在我眼前，步道是在弧牆的外側，陽光不斷的從重複而有秩序的鋼條和玻璃之間伸手呼喚。一路緩坡向上視線會一直向外環視，似乎是在暗示說建築不是重點，司馬先生對於日本社會的影響才是真諦。

走進入口的門是一個轉折，眼睛才剛適應強光後的室內燈光，我又被震懾住了！同一道弧牆在室內變成向內延伸，而重複的弧線占據了所有視線，轉換成一格格的木書櫃。數不清的書和弧線，直接從剛才的外在文化影響轉化為內在文學影響。玻璃的透亮對比木書櫃的深沉，單是運用光線和弧線就創造出如此有戲劇效果的空間變化，好厲害！感覺像是扎扎實實的上了一課。剛好室內不能拍照，我便靜下心的用筆記錄所有感受到的空間，這一待又到了關門時間。

展館內的服務員都是有年紀的爺爺奶奶，親切的微笑加上主動的服務，證明了年齡不是問題，有服務的熱忱才最重要。舉例來說，建築的天花板角落有一個清水模的花紋剛好有司馬遼太郎的上半身神韻，這個巧合也變成是一個特點。雖然旁邊還有一個解說牌，但並不是每位參觀的人都會主動發現，只要有人沒發現就離開，志工婆婆就會上前叫住並主動導覽；我坐了一下午觀察，他們每一位都主動服務。或許聽到遊客

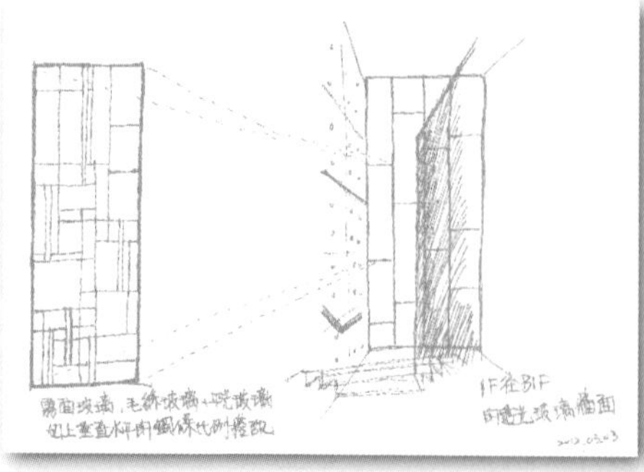

樓梯玻璃細節圖。

一樓透視圖。

開心的驚呼就是他們熱忱服務的動力！

走回車站的路上，刻意多繞了幾條巷子。因為我覺得傳統日本民宅的空間尺度和巷弄比例都好像小時侯奶奶家的眷村，我走在裡面心裡特別自在。雖說是傳統民宅，但是順應時代變化的現代設備一樣不缺，甚至多了新舊融合的獨特日式風味。邊走邊看，心裡面的感觸又來了！日本在既有的傳統上不斷進步，可以看到文化的傳承關係；而台灣的眷村，說拆就拆！重新建設現代的道路和大樓，但是文化呢？新和舊的中間沒得商量，屬於那個時代的文化在眷村改建的大政策下，拆光就沒了！

司馬遼太郎紀念館

地址：577-0803 大阪府東大阪市下小阪3丁目11-18
電話：+81-6- 6726-3860
交通：搭乘近鐵奈良線至「八戸ノ里」下車，車站內有步行前往紀念館的地圖。

展覽空間透視圖。

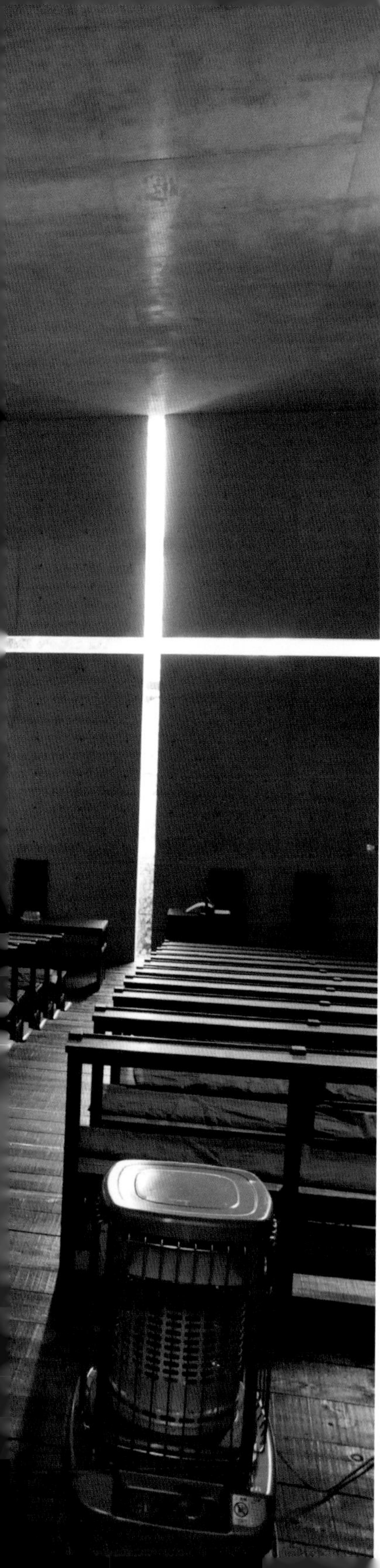

祈禱。

大阪・光之教堂

光之教堂，是安藤先生一座藏在住宅社區的建築，就在大阪大學對面的住宅區中。一路前往的過程中，在社區裡看到很多極具設計感與精巧的民宅設計，有的是圍牆，有的是大門，即便地狹人稠，日本人對於一般民居的住宅品質也絲毫不馬虎，對於美的鑑賞及要求，也是國家整體進步的動力之一。

從雜誌和書籍的介紹，也許是光線與角度的關係，都讓我認為這座教堂是一棟絕對神聖的建築物。而真實體驗後的感受是，它除了具有宗教的神聖性，同時更多了一份與附近社區居民共同成長的親切感。

下午的天氣剛好出太陽，坐在教堂裡感受，真實的被射進來的光線所創造出的空間氛圍所感動。究竟是光線成就了陰影，還是陰

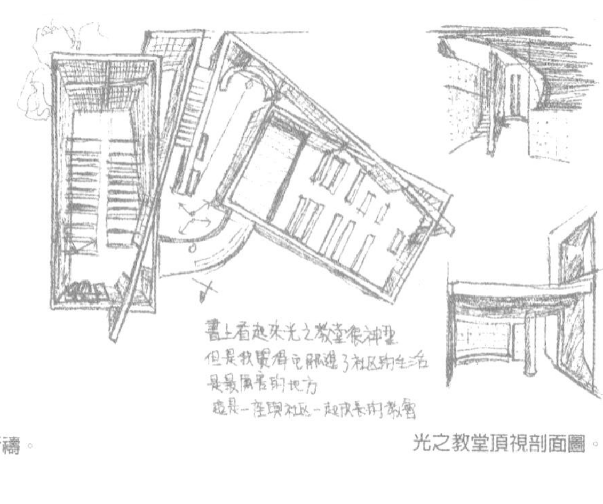

光之教堂頂視剖面圖。

光影變化。

光之教堂

地址：567-0046 大阪府茨木市北春日丘4丁目-3-50

電話：+81- 072-627-0071

交通：搭乘大阪モノレール線至「阪大病院前」下車，車站內詢問前往方式，出站後向東步行約500m。

備註：參觀需要上網事先預約，行程規劃須注意。

神的十字架。

影襯托了光線？在那強烈黑與白的對比與對話中，人的內心空間已經悄悄的平靜。

我現在看到安藤先生這座教堂的內心體會，不知道跟他當年旅行看到廊香教堂的感動，是否一樣？一整個下午待在教堂欣賞，來參觀的人大約十位，可是台灣人就占一半，可見這座教堂在日本以外地區的魅力。

在光之教堂我也認識不少台灣好朋友，有要去京都參加馬拉松的帥氣年輕警察，也有來大阪打工渡假的英俊型男。這段因為對大師共同的景仰所邂逅的友情，在旅行中更顯得難能可貴。

光之教堂主堂速寫。

城市空間記憶

大阪・通天閣・大阪城
神戶・兵庫縣立美術館

大阪・通天閣、新世界

0301～0310

通天閣，這座總是會出現在柯南漫畫中服部平次身後的大阪地標塔，我從小就對它充滿想像。從塔頂看出去的大阪是什麼模樣？它前面的那條街道，又是不是和柯南漫畫畫得一樣？一邊走我一邊這樣問著自己。

我大學時的一位老師曾經說他到了自由女神前卻選擇背對它，因為他想要永遠保有那份想像。當我真的來到了通天閣前面的街道，內心也的確有些許掙扎。我看到它了！我看到了我從小對大阪的第一印象，心情有點如釋重負；但同一時間，想像就跟著消失不見了！那是一種有捨有得的心情失落，是一種複雜的感覺。當我走到了通天閣的下面，看見入口處的時候，我選擇轉身離開；至少從上面看出去的大阪景色，我仍選擇保有那份想像。

新世界熱鬧街景。

通天閣

地址：556-0002 大阪府大阪市浪速区恵美須東1-18-6
電話：+81- 6-6641-9555
交通：搭乘地鐵至「動物園前」下車，出站後向北往新世界方向步行約300m。

通天閣剪影。

大阪・大阪城、中之島

今天的旅行，可以說是和大阪來了一場水的相遇，一整天都漫步在綠樹和水岸間，是很悠閒的一天。

大阪城的天守閣等於就是大阪的代名詞，城堡本身加上周圍的大片綠地空間，是大阪民眾休閒及賞櫻的好去處。一整個上午在這個大公園中看到了許多形形色色的人物與有趣的活動，像是有坐在長椅上讓鴿子飛滿全身而不為所動的老先生；還有一位從大老遠把我叫住，快跑過來問我從哪來，然後又拍拍我的肩膀說：「good boy」的有趣老爺爺；也有一群充滿元氣的幼稚園小朋友在用他們的小腳努力的爬著登上城牆的階梯；更有一群又一群的台灣旅行團從我身邊經過，然後彼此不斷的抱怨行程太趕、價錢太貴。

總之，就算無所事事的在這個大公園閒晃，也都會因為身旁有趣的人事物而感到驚喜萬分。比起公園，天守閣本身就遜色多了，從公園一路走向天守閣，雖然我知道會很商業化，但是當看到的那一刻，還是不免失望了一下。人山人海，吵吵鬧鬧，再加上天守閣底層加蓋了一座很失敗的電梯，真的有種不來會遺憾，來了會後悔的尷尬心情！後來我發現天守閣的明信片都只有拍上半部和某些角度，應該那座失敗的電梯幫了不少「倒忙」吧！

離開了大阪城，我一路向大阪的心臟地帶「中之島」前進，希望可以多看看大阪是如何的處理城市的水岸空間；果然沒讓我失望，甚至是帶著心滿意足的心情離開中之島的。

大阪城

地址：540-0002 大阪府大阪市中央區大阪城1-1
電話：+81- 6-6941-3044
交通：搭乘JR大阪環狀線至「大阪城公園」下車，出站後沿指標步行前往。

速寫大阪城。

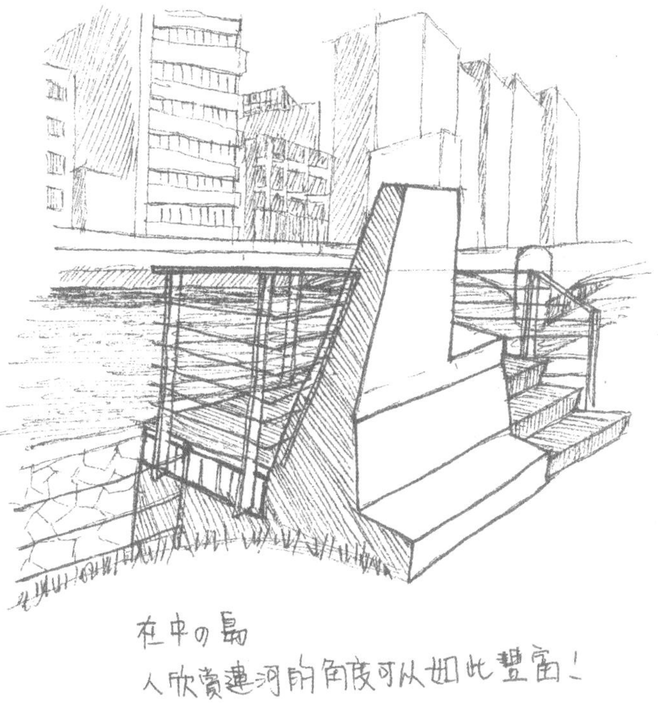
在中の島
人欣賞運河的角度可以如此豐富！

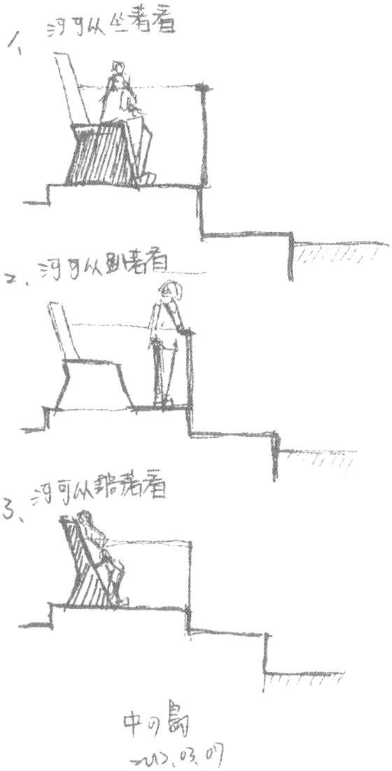
1、河可以坐著看
2、河可以站著看
3、河可以躺著看
中の島
2012.03.07

中之島

交通：搭乘京阪中之島線在中之島各站下車，或由大阪城前往步行約10分鐘。

備註：中之島線各地鐵車站皆具設計特色，值得一看。

一路沿著水岸向東前進，穿越好幾條不同年代的橋樑，彼此和諧共處，與周邊的大樓共同勾勒出運河兩邊天際線迷人的輪廓。邊走邊看我也邊在思考，同樣是房子和橋樑，大阪運河看起來比較美的原因是什麼？

我想可能是這樣的：建築物臨河岸的立面全部沒有招牌，還給建築物應該有的表情；跨河的橋樑，要不就是用鋼構創造弧線，要不就是橋墩只在河岸兩邊，讓水岸通透的視覺得以延伸；再來有畫龍點睛效果的就是在適當的位置都有樹型優美的大喬木作為視覺焦點；最後便是運用巧思在設計控制高程和角度來增加人們觀賞水岸的立體感。這四個元素，我認為是構成大阪運河不花俏，但是看不膩的主要原因。

如果問說這運河美在哪裡？我會說在它簡單；如果問說簡單在哪裡？我會說在它潛藏的期待之中；如果再問說期待在哪裡？我會說在它讓人有了自己選擇欣賞水岸角度的權利！

水岸邊的設計應該是什麼樣子？在今天的旅行，讓我有了一個全新的發現。

神戶・兵庫縣立美術館

下著雨的濕冷天氣，我來到了港灣城市神戶，今天在這裡與很多美麗的事物相遇，是一段充滿感動的難忘旅程。

神戶背山面海，街道有很多種不同的樣貌，我格外喜歡春日部到三宮的這一段街區的感覺。那是一片地勢逐漸向上的山坡，大馬路與電車軌道平行而過，車水馬龍的很熱鬧。可是只要隨便轉進一條往山上的巷子，就會立刻變得很安靜，感覺忽然間就遠離了塵囂，而山坡巷弄間的民房也有不少間特色小店，別具風味，所以我就在這迷人的巷弄間隨意的轉彎。最有趣的就是過兩三條巷子轉個彎，又會發現另外一條有趣的特色巷弄，甚至不小心又會回到大馬路，不過只要再隨意轉個彎，就又可以回到安靜有趣的特色街道，神戶這座城市在動與靜之間的轉換，相當迷人。

下午我來到安藤先生設計的兵庫縣立美術館，這是坐落在神戶港邊的美術館，而且除了美術館之外，安藤先生也在旁邊設

兵庫縣立美術館

地址：651-0073 兵庫県神戸市中央区脇浜海岸通1-1-1
電話：+81- 78-262-0901
交通：搭乘阪急神戶線至「春日野道」下車，出站後向東南步行約700m。

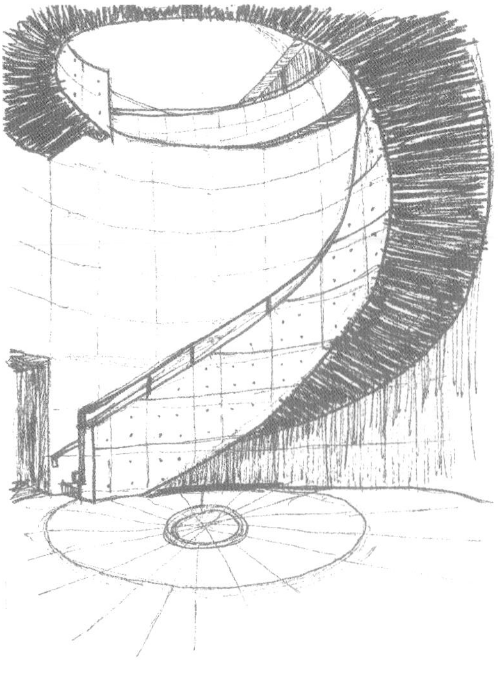

神戶兵庫縣立美術館速寫。

兵庫縣立美術館。

計了一座公園，作為面向神戶港的一處開放空間。

這座美術館以及公園的美，在於它很清楚的反應了周遭環境的特色，而又能在其中找到屬於自身焦點的位置。美術館的外觀是用鋼構及玻璃來包覆內在的清水混凝土，除了可以創造內部有趣的展覽空間，我覺得更重要的是可以弱化建築物的量體感，並讓海水與天空的藍都可以映照其上。

美術館屋頂特色的大跨矩延伸出挑高結構，除了具有結構美學，還能讓人的視線向港口延伸，更能突顯它港口美術館的特色。不過，我今天卻是被這一條通往地下停車場的圓形空間的美麗弧線給感動了！原來空間的震撼可以從一停好車就開始，相機鏡頭裝不下我的視線，所以即使下著雨，我也仍然蹲在一旁把這個空間給描繪出來，這麼多條弧線匯聚在一起，更增加了欣賞藝術的心情！

另外就是港口旁的公園，在平面圖上會看到很多不同方向的線條，看似隨意，可是身在其中便會感受其中奧祕。每一條線都可以對應到港口的設施或焦點位置，而且與人的尺度對應強烈，絕不會在平面圖上天外飛來一條曲線而人在其中卻完全不會發現。重複而簡單的美學，面向港口反映自身特色，這真的是我在神戶體驗到一個很棒的設計！

神戶・街頭天籟／奈良・春之祭

0301～0310

神戶・街頭天籟

每一次旅行都會找到屬於它的代表音樂，今夜的神戶，讓我找到了屬於它的感動旋律。

夜晚的神戶雨停了，剛下完雨的路面映照著店家燈籠的反光，這迷濛的氣氛牽引著我走向JR鐵路與阪急電車軌道中間的小巷弄，頂上的電車不時呼嘯而過而帶來極大的震動。

走著走著我隱約聽見了另一種韻律節拍的震動，應和著歌聲夾雜在頭頂來往電車的隆隆聲中。那不像是店家放出來的音樂，我好奇的尋著聲音的方向走去，這穿透力極高的悠揚旋律逐漸清晰，原來是兩個女孩在電車軌道下的穿越通道中間唱歌。那極具穿透力的迷人嗓音是揹著吉他的主唱加來，而好聽的和聲則是來自打節拍箱的夥伴季世子。日文的歌詞我雖然聽不懂，可是扣人心弦的旋律卻不分國界，我本來只想看看，可是愈聽愈入迷，後來我乾脆在他們的對面找了個位置坐下，靜下心來聆聽這神戶街頭

街頭天籟。

上的天籟。

雨後夜晚的街頭有點冷，穿梭在我們三人之間的行人很多，而電車也不定時的通過，帶來一次次的震動；他們兩人的歌聲卻很溫暖，也很感人，好歌就這麼一首接著一首。我不知不覺坐了半個多小時，每首歌的結束我都給她們一個感謝的微笑，而她們也會在眼神示意後接著唱下一首歌曲。

美好的時光總是過得特別快，雖然我聽得意猶未盡，但是終究還是必須離開。不過，當我買了回大阪的車票準備要進站的那一刻，我卻猶豫了！現在真的要離開了嗎？停頓的我轉身又走回了軌道下的通道，她們兩位剛好在休息。小聊了一下我問她們是否可以再唱一首？她們開心的答應也為我挑了一首感人的歌；我坐在對面靜靜的聆聽，那感人的旋律讓我聽到紅了眼眶！這首歌曲結束我們也互相鞠躬說了再見。我再次往車站走去，此時迴盪在通道間的歌聲也漸漸遠去，不過這段屬於神戶的動人旋律，已經悄悄的在我腦海留下深刻的印記。

奈良・春之祭

能夠今天來到奈良真的很幸運，因為我剛好碰上了重要的慶典活動「春之祭」。

傍晚時分，天色開始逐漸昏暗，暖色又富有古意的燈籠照耀在松樹林間的登山小徑上，三兩成群的鹿也在一旁見怪不怪的看著上山的人群，我跟著人潮沿著小徑慢慢上山。雖然我聽不懂大家在說什麼，可是卻感受的出來每一個人都很興奮，有一種要去朝聖的感覺。

等我走到廣場早已是人山人海，大家彼此也都興奮的討論著！祭典開始前我認識了一位真子小姐，她是奈良人，每年都會來參加這個祭典。她很熱心告訴我，這個祭典代表要送走冬天，迎接春天，要用火燒掉一切不好的東西，是奈良很重要的一個傳統活動。

當天色暗得只剩下東大寺本堂的燭光還在閃爍時，此時大家也都逐漸靜默，因為祭典要準備開始了。當火光出現的那一瞬間，全場觀賞人們的情緒來到了最高點，隨著火光拍打出的火花不斷在東大寺本堂周遭落下，照亮了欣賞人群期盼的表情，大家的驚呼聲也跟著此起彼落的讚嘆著！祭典持續了半個多小時，在東大寺被熊熊火光照耀的金黃璀璨時，畫下了一個完美的句點。我跟著真子小姐邊聊邊走下山，她也告訴了我更多屬於奈良的故事，看得出來她身為這座歷史古城的子民所帶有的氣息，也很謝謝她今晚分享給我這麼多屬於奈良的有趣故事。

隨著人潮逐漸散去，我回到五重塔前。少了白天人群的喧鬧，只剩下黑夜襯托它的光芒靜靜閃耀，這時我才明白，原來奈良的氣質是要到夜深人靜的晚上才能細細品味的。我在水池前拍夜景時也有幾位三輪車夫拉著遊客講解奈良歷史，而我看得出來這時候的遊客是願意了解奈良的。這時我更加明白，白天來到奈良只表示有到過奈良，但是晚上來到奈良才表示真正懂得欣賞奈良。古蹟的燈光、夜空的星光加上池面的波光，在這一刻，我發現了我在奈良最美好的時光！

回到了大阪，我也將開始收拾行囊。離開這個充滿大阪回憶的窩，明天我將再次揹起大背包，朝向旅行中的第二個窩——京都，繼續前進！

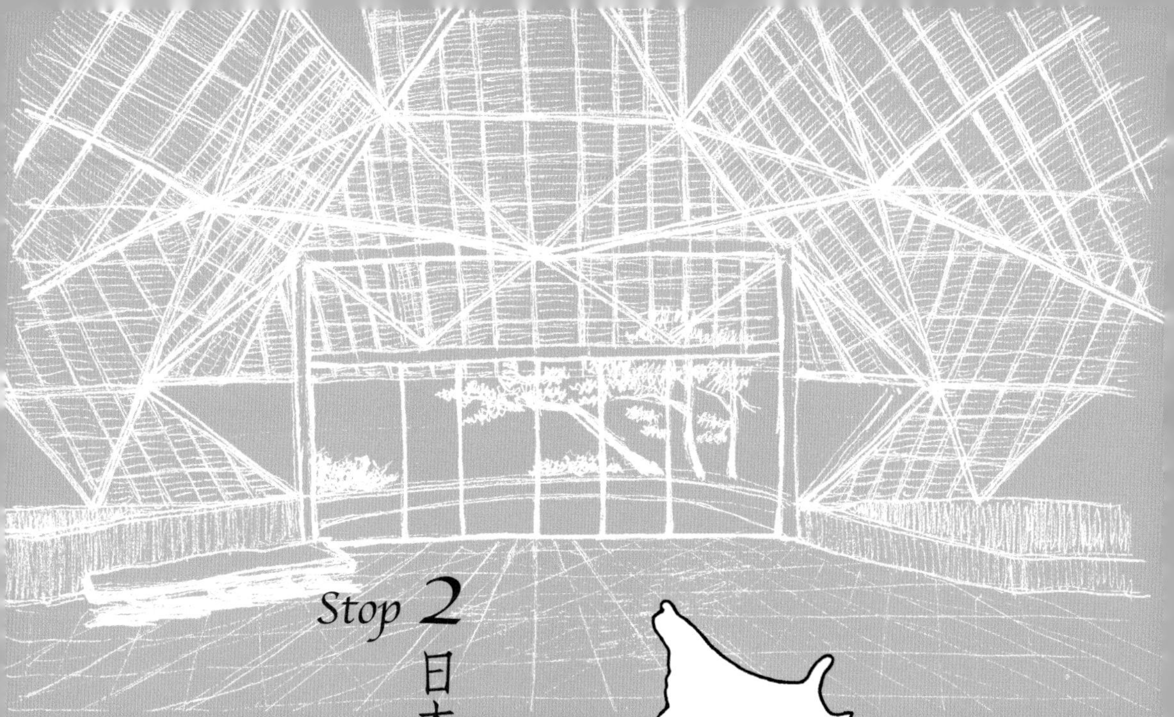

Stop 2 日本・京都

1231～0317

城市空間記憶

京都・金閣寺・龍安寺・美秀美術館・桂離宮

0311~0317

京都．金閣寺，龍安寺

一大早睜開眼睛，我以為我還在做夢，揉了揉眼睛，仔細再看一次，是真的！京都下雪了！這個超大的意外驚喜，讓我興奮不已，因為今天的旅行將有一個很不一樣的開始。

想放慢腳步，所以我以腳踏車代步。用這樣的高度、速度、時間來探索京都，非常悠閒。一開始我真的不太習慣靠左邊騎，總覺得每個人都在逆向，有時候一轉彎就不小心跑到右邊，又趕快即時修正。這樣的移動方式，讓我更能貼近一般人的生活方式，比起走路，這又是另一種全新不同的體驗。我覺得在京都騎腳踏車是一件很幸福的事情，不管是人車分道、地圖指引、重點停車空間以及鋪面分隔設計，都可以讓騎車的人有一個舒適及安全的騎車空間，真的很不錯。鴨川

向京都南方流是很天經地義的事情，不過當我要往北邊騎可就不那麼有趣了，這個城市北高南低的地勢走向，我今天真的是實際體會到。雖是如此，我卻也很樂觀，因為想到一整個下午都會是往南騎，我的心情就顯得特別開心。

金閣寺，這個京都的代名詞，它會有多美？究竟所謂的金光閃耀，是到什麼樣的程度？我有這個疑問可是卻不想知道答案，因為一樣又是心裡想像的問題，但是無論如何，我還是走進去了。第一件讓我覺得美的事情是看到金閣寺前的一棵日本黑松，姿態並不是它的重點，美的是它的枝條與針葉像是一道布簾般，讓金閣寺隱約的從後方透出，有引人入勝的效果。繞過了這棵日本黑松，也就像是掀開了布簾般，金閣寺的完整樣貌一覽無遺的展現在眼前。不過接下來就像是明信片看到的角度那樣，一模一樣。超級，無敵多的觀光客拼了命的拍照，內心的感動，立刻化為烏有。但是，神奇的事情發生了！天空竟然又開始下雪，而且還是藍天、白雲、細雪紛飛的夢幻場面。

藍天下陽光普照，陽光前金閣閃耀，金閣外霜雪飛掃，霜雪中我心奔跑！金閣寺對我來說那裡美？今天這一場美麗而意外的邂逅，我覺得金閣寺，真美！

下午到龍安寺一樣大雪紛飛，但是我覺得自己年紀還太輕，完全無法參透那一方細砂上的石頭究竟要表達的意境深處在哪裡？我只能從我已知的資訊知道設計理念，剩下的，我就只是在發呆，想不出個所以然。會不會「發呆便是禪」就是它意境深處呢？不知道以前那些坐在這裡的武士跟貴族們，又是如何看待這些石頭呢？我今天帶著疑問來到龍安寺，沒想到卻帶走了更多疑問。也許有朝一日，等我有了更多的人生歷練，我會再回到龍安寺，看看是否會有更進一步的體會。

紛飛的雪景讓我與京都有了一次難忘的邂逅，格外讓我動容。

金閣寺

地址：603-8361 京都府京都市北区金閣寺町1
電話：+81- 75-461-0013
交通：從京都各地皆有前往金閣寺的公車。

龍安寺

地址：616-8001 京都府京都市右京区龍安寺御陵ノ下町13
電話：+81- 75-463-2216
交通：搭乘京福電鐵北野線至「龍安寺」下車，出站後轉乘公車前往。

京都・美秀美術館

我以朝聖的心情展開旅行，因為今天我要造訪貝聿銘先生設計的美秀美術館。這是我繼東海路思義教堂以及香港中國銀行大廈之後，所造訪貝先生的第三個作品。前往的過程並不輕鬆，下著雨從京都出發，到石山再轉巴士，再經過將近一小時的鄉間小路及山路才到達目的地，但是這一切都非常值得！

何謂精緻文化？今天參觀美術館的過程我又再度體驗。從一下巴士就有專人引導至售票處，大門守衛親切的微笑再加上售票小姐貼心的服務，還沒參觀我就已經倍感窩心。

當我沿著桃花源的路徑一路感受至展館門口時，已經有一位會說中文的導覽員在大門等我。我只有一個人，而他竟然專門為我導覽了兩個小時，而且知道我對設計、空間有興趣，在導覽過程中還特別針對這些細節多所著墨，帶我親身體驗。導覽的過程，他所講解的不只是藝術品的價值，也包含藝術品取得的背後故事，美秀子女士對於藝術品欣賞的態度，還有展場空間的情境營造過程，燈光照射與陰影的角度對於藝術品的展出效果關係；如果今天我只是觀賞而沒有導覽，我不會感受到這麼多藝術品以外的細節。

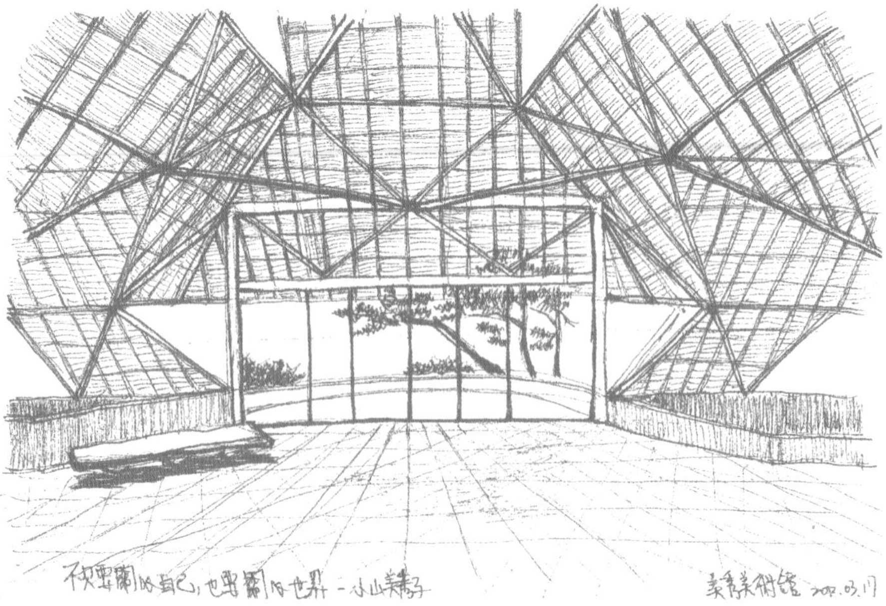
不只要關心自己，也要關心世界 — 小山美秀子
美秀美術館 2012.03.17

幾何秩序的東方美學。

意象桃花源。

導覽員陪著我看建築的配置、設計細節及空間效果，介紹常設展的重要作品，美學賞析，最後再繞到特展區一同欣賞。為什麼我說一同欣賞？因為春季的開館時間不過是第三天，即便他知道展品內容與意義，他也仍然對新的特展充滿好奇，所以我們像是討論般的互相交換心得，整個導覽的過程真的豐富到讓我意猶未盡，因為我沒有想到原來可以這樣欣賞美術館的展品，這真的是一個令人印象深刻的美術館觀賞體驗。

一直都知道美秀美術館的空間概念，是貝先生依照中國古代桃花源記的故事去描繪空間場景。雖然早就知道一路走去會發生什麼事，可是當真的親身體驗，感受過程，仍然充滿感動！

首先是這條「S」型的隧道真的很成功，本身S型的特性就是每走一步視線就會跟著轉向，所以一整段路的過程充滿變化，再加上S型也為出口的光線預留伏筆，增加了體驗過程的期待感。另外，隧道牆壁使用吸音板材料，所以並不會有一般隧道的回音，過程會非常暗，非常安靜，直到光線牽引著人們走到出口的那一刻，人們才會被忽然釋放的空間給震懾住。

走到隧道出口，會有四十四根鋼條牽引的吊橋指引美術館的方向，而鋼條本身的放射狀線條美感也加深了端點建築物入口的空間深度，指引人們前進。這座吊橋本身的結構就極具美感，而貝先生將力學與美學的完美結合，令我讚嘆不已！

美術館大門外觀是日式簡約風，入口是中國風的月洞門，而大廳的空間又是極具光影變化的現代主義風格，這一連串的轉換過程相當協調自然；貝先生這種融入東方傳統美學與現代風格的結合，我前後走了不下十遍，真的讓我很佩服！

這座美術館充滿了強烈的幾何秩序美學，我坐在大廳那厚實的百年檜木上端詳許久，都覺得自己快被這秩序的幾何線條給綁得動彈不得！重複的三角形構成了玻璃鋼條屋頂，也化作成山牆，更轉化為高挑的屋簷，再沿著立面的線條向下發散，構成了三角形分割的鋪面秩序，一氣呵成！

覆蓋建築物的原有山體與景觀環境也早已回覆成森林的樣貌，山嵐順著風陣陣飄來，從大片的落地窗向外望去，日式玻璃屋頂前點綴幾株姿態多變的多行松，山嵐的水氣使遠山更加迷濛，偶爾再飄來一陣霧氣……好一幅活山水，如此有意境！

美秀美術館

地址：529-1814 滋賀県甲賀市信楽町田代桃谷300

電話：+81- 748-82-3411

交通：搭乘JR東海道本線至「石山」下車，出站後至下方公車轉運站轉搭公車前往，單趟車程約1小時。

京都・桂離宮

對我來說，今天的旅行是一種古典美與科技美的雙重饗宴，心靈與知識的豐收，使我今天滿載而歸。

桂離宮，這座位於桂川旁的皇家休閒園林，堪稱日本三大名園之首，也是大一基本設計最早開始學習體驗空間的案例。今天有幸親自造訪，親眼目睹，親身體驗，內心像是回到了設計原點一般，非常謹慎與感動。參觀時間只有一小時，所以我昨晚做足了功課，希望今天的造訪與體驗能更身歷其境。一起參訪的人當中，有幾位穿著和服的太太與小姐，從他們身上我也能感受到一般民眾對於自身文化的重視與尊敬。

對我而言這個參訪其實是對於基本設計內容的一次驗證，所以我也試著用序列的方式加上自己的詮釋，重新解讀桂離宮。

宮門打開，左方一片松林，右方一片密竹，腳踏著碎石向前，虔敬；綠籬右方前伸，碎石轉換為精巧的亂石，左側隱約見到湖面，期待；沿著綠籬左彎，來訪的賓客在此停留，等待；過橋，身旁的「天橋立」意味海洋，想像；順著蜿蜒的踏石逐步向上，松琴亭藍白色相間的和風拉門，嘆望；回首環視，近水倒映遠山，前松後柏相照，對仗；跨過拱橋，轉身沿著踏石蜿蜒向上，轉折；環繞中島而行，水光山色物轉形移，變換；留步賞花亭，身處園林的頂上，遠眺京都，釋放；順坡而下，過橋而望，梅樹後的月波樓是何模樣，期望；側坐月樓，環視前方，波光反射日光，月光是否一

坐看芳庭泡茶趣。

回首，來時路已轉向。

古典美的皇室和風家具。

用色大膽的門。

樣？沉思；起身走向中門，鋪面轉換，空間壓縮開放，沉澱；踏出中門再回首，門房依舊，來時步道已轉向，靜思。

這真的是一段很有層次的體驗，當年這位熱愛藝術的皇室親王，想必是投入畢生的心血與創意，才能留下今日讓後人嘆為觀止的禪風想像。其中，藍白色拉門的設計張力，

現代美感的古典和風空間。

即使是三百多年後的今天，仍然是大膽富有創意的前瞻設計！再來是精巧的竹製天溝，卡榫相接，層層導水，順勢而為，極具變化，是很精彩的細部收頭設計。

相信桂離宮的景色會四季都不同，而我心中早已預約好了下一次的見面！

桂離宮

地址：615-8014 京都府京都市西京区桂御園1
電話：+81- 75-381-2029
交通：搭乘阪急京都線至「桂」下車，出站後向東北步行約500m。
備註：參觀前須帶護照先行前往京都御苑預約，行程規畫須注意。

京都室內水上體育館

0311～0317

意外造訪的，是京都室內水上體育館。這是在觀察桂離宮的空照圖中碰巧發現的永續設計。這個體育館設計結合了室內外環境，融合建築與景觀空間，兼顧使用需求與永續節能的功能。

首先，它挖填平衡，建築量體下埋，土壤覆蓋其上，增加屋頂上方綠化及開放面積，也同時降低室內溫度。其次，太陽能板不只提供電能給室內照明，也同時收集熱能來增加泳池水溫，提供烤箱熱度。再者，雨水回收提供空調冷凝水及建築設施用水需求。這樣的設計用在耗水耗能極大的游泳池來說，真的可以發揮相當大的效用。

其中讓我學到最多的是它將太陽能板與雨水回收合併設計，這是之前我不曾想過的永續設計的方法。

一天之內感受古典美與科技美其實有些衝突，心態很難轉換，但換個角度想，不就是應該要立足在文化的基礎再邁向未來嗎？

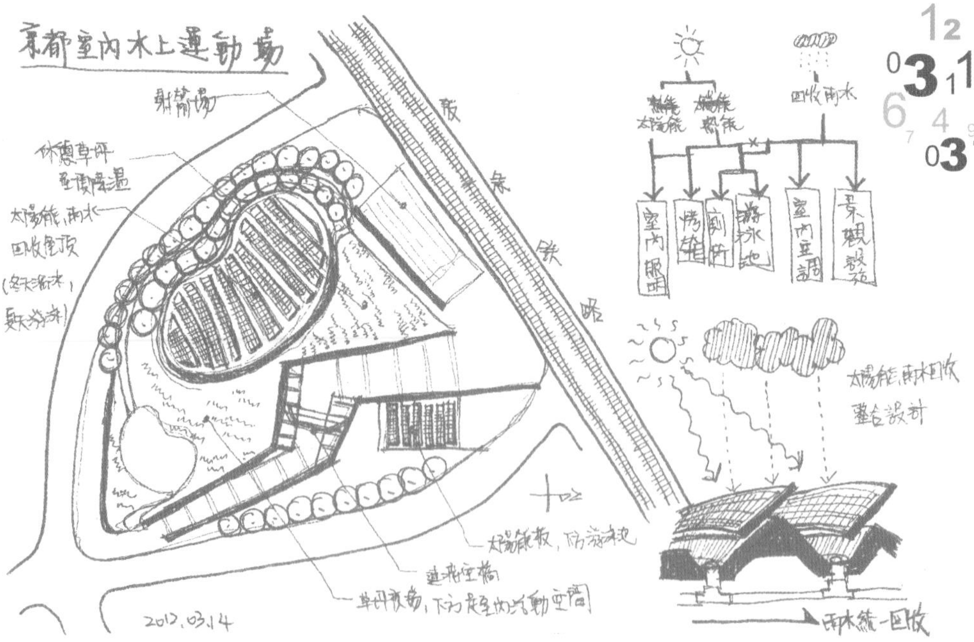

京都室內水上體育館

地址：615-0846 京都府京都市右京区西京極徳大寺団子田町64
電話：+81- 75-315-4800
交通：搭乘阪急京都線至「西京極」下車，出站後沿鐵軌向西步行約200m。

室內水上體育館。

京都・最迷人的「窩」・公車閒晃的驚喜

0311～0317

京都・最迷人的「窩」

對我來說，京都的窩會是我一段很美好的回憶，那其實就像一個平台，只要你願意加入，你就可以與意想不到的世界連結。

這裡有來自紐西蘭並且在日本旅行許久的旅行家；也有一位馬來西亞華僑在美國工作然後一邊旅行一邊接網頁設計；一位瑞士的女生才十九歲，但是要在上大學前認識世界一年；另一位熱愛日本文化的義大利女生則是來到日本學日文，然後到處旅行；更有一位從橫濱來的日本旅行家川崎夕美，成為了我最好的日本朋友。

不過今天最讓我意外的是認識了一對來自智利，目前旅居在紐約工作、喜歡到處旅行的藝術家夫妻，本來大家都只是客套的問今天過得如何？但是後來聊到藝術，我分享我的sketch book給他們看以後，原本話很少的Mr. Kativshka就開始滔滔不絕的和我分享他們的藝術創作，並且針對我畫的內容作廣泛的討論，對於一些空間與藝術整合，我們也彼此交換了很多有趣的景點。雖然我今天走得很累，可是這樣一聊又不知不覺過了兩小時，很開心！

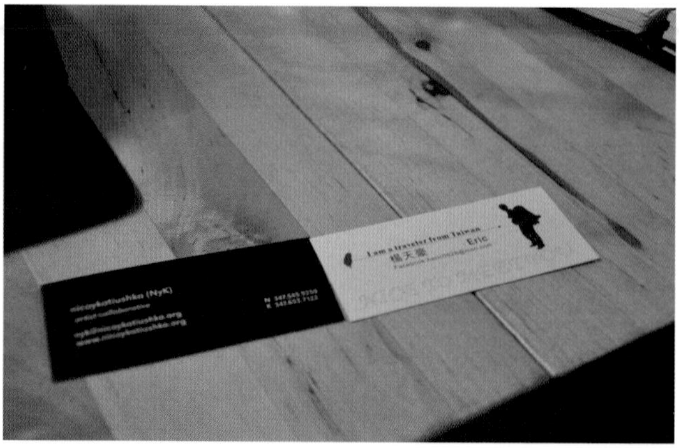

最讓我驚喜的是我們互相交換名片，我旅行名片的尺寸是我另外設定的，跟一般名片尺寸並不一樣；可是沒想到我們的名片大小竟然一模一樣，當下我感到格外興奮！因為這可以說是我們對於比例美感的共同認同。這是最意外的收穫也是一個豐收的夜晚。

如果只待在床上，可能可以認識上下鋪的人，但是只要願意走去大桌子，和世界上有趣的人連結有趣的世界，視野會變得更多采多姿。

京都・公車閒晃的驚喜

在京都市區的最後一天，不想再去看廟宇古蹟，我決定跟自己玩一個遊戲，買一張Bus pass然後在京都閒晃；不管方向，只要車來我就坐，第十站我就下車，然後再去發現好玩有趣的事情。沒想到，今天的行程竟然這麼不可思議！

在大阪我沒搭公車所以無法比較，不過京都的公車是真的很貼心。統一後門上車前門下車，輪胎有油壓控制高度，只要到站車體就會單向傾斜方便乘客上下車。除了語音及螢幕報站名之外，司機也都會再口述一次，而且還會說「到站了！」、「車要開了！」、「謝謝您的搭乘！」，讓我感覺每一位司機都好熱愛他們的工作，那種服務感覺是出自真心的。搭乘公車有一半是老年人，京都公車系統的告示牌相當簡潔容易閱讀，都用大圖示代表，而且高度都在視線以下，方便老人家閱讀。除此之外，面向道路的站牌字體會放大，除了本身這一站，還會標明下一站是那裡，方便車上乘客向前方移動準備下車。今天這樣隨便搭，隨便繞，感覺真的很美妙！

「意外就是驚喜的開始」，這句話絕對錯不了！雖然我買了**one day pass**，但是它卻有限制使用範圍，其中一趟公車我沒認真看，所以很高興的數到第十站跳下車後，司機告訴我要補差額，當場愣住，但還是乖乖付錢下車。當心裡還在嘀咕的同時，我剛好經過一個小工地，工人正在切馬路施作人行道。我看了許久，看師傅

街頭工程記錄。

的做法和我在台灣看到的是否有什麼不同，而當我發現馬路被切開的剖面時，我整個人興奮了起來！

為什麼日本馬路這麼平？今天我要知道答案！我畫了小簡圖給工頭看，問他日本的作法，而他用日文解釋給我聽的內容，真不敢相信我竟然有絕大部分聽得懂！我真的很慶幸我曾經在工地當過工程師，因為台灣工地的很多用語都是從日治時代傳下來的，曾經習以為常的工地用語今天可以派上用場跟日本工頭溝通，心情有股莫名的開心。

原來，日本的馬路柏油有二十五公分厚，分三次施作，兩次打底用高密度柏油，最後才是路面柏油。一層一至兩天，而且與原切面的交界務必平整收尾。這樣做路能不平嗎？跟工頭說謝謝離開後，我整個為我坐車多付錢而感到開心，因為這是一堂很珍貴的實地教學，多付的一點小錢就當學費囉！

意外總是特別美麗，今天的驚喜，算是京都送給我最好的伴手禮。

另一個無意間發現的地點是「堀川」，位在京都二條城之前。京都有眾多河道，但是堀川之所以特別是因為它曾經很髒，市民

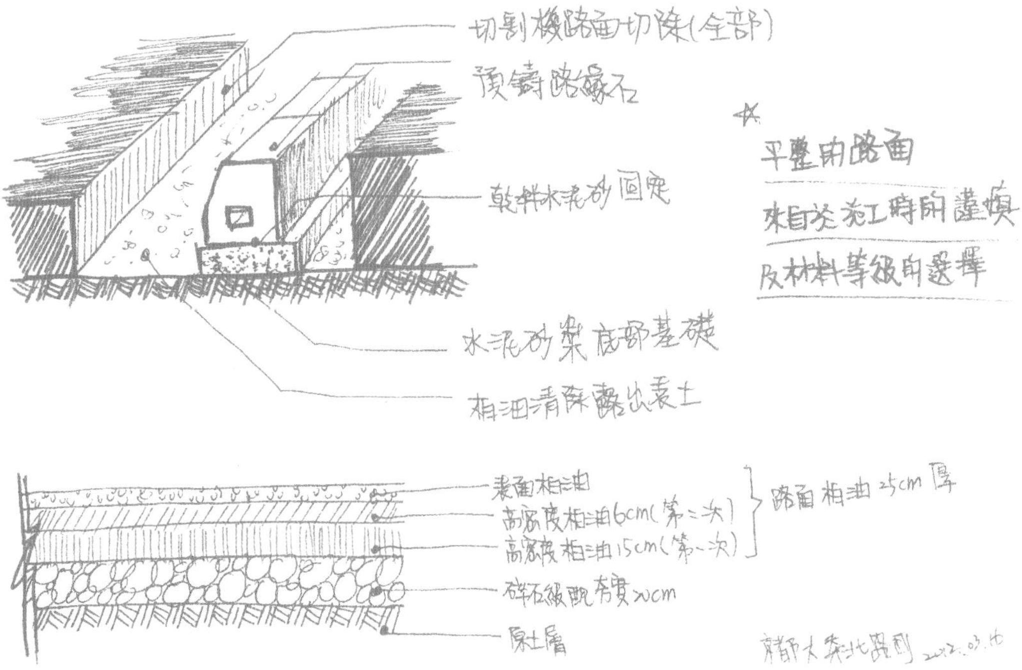

日本柏油路面剖析。

不想靠近，所以政府花了一些心思在整治這條河川，讓它重新被使用。

比起告示牌上曾經的照片，現在的堀川真的改變很大。我從頭走到尾看見了不少帶寵物散步的人群，下班不走馬路而選擇走河道邊的上班族，那已經變成附近居民的一種生活態度了。堀川的尺度很親切，水非常乾淨，人可以親近，心可以平靜；當你聽著水是潺潺流過，偶爾層層跌落所發出的不同聲音，管它上方車水馬龍，在這裡你就是可以找到一方靜地。

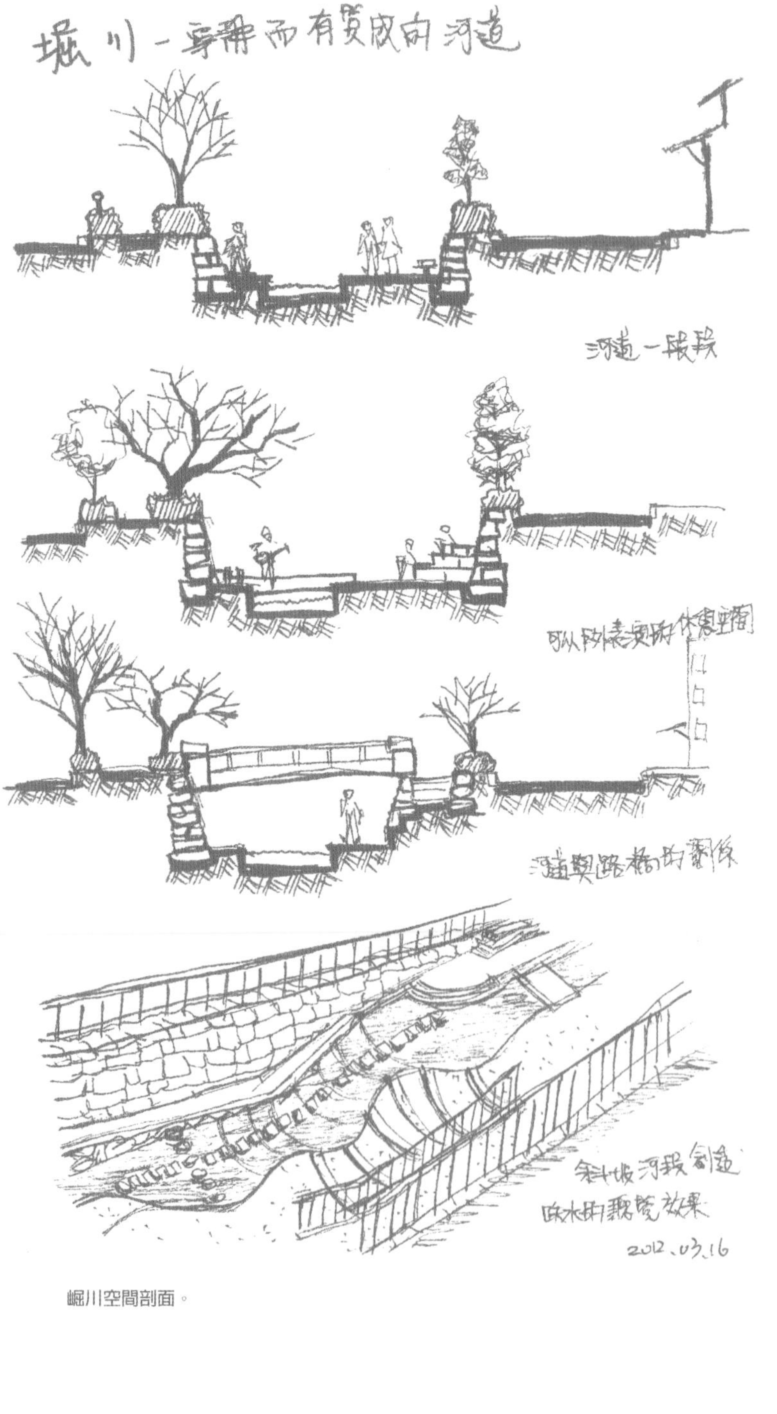

崛川空間剖面。

Stop 3
日本．東京、橫濱、鎌倉

0318～0401

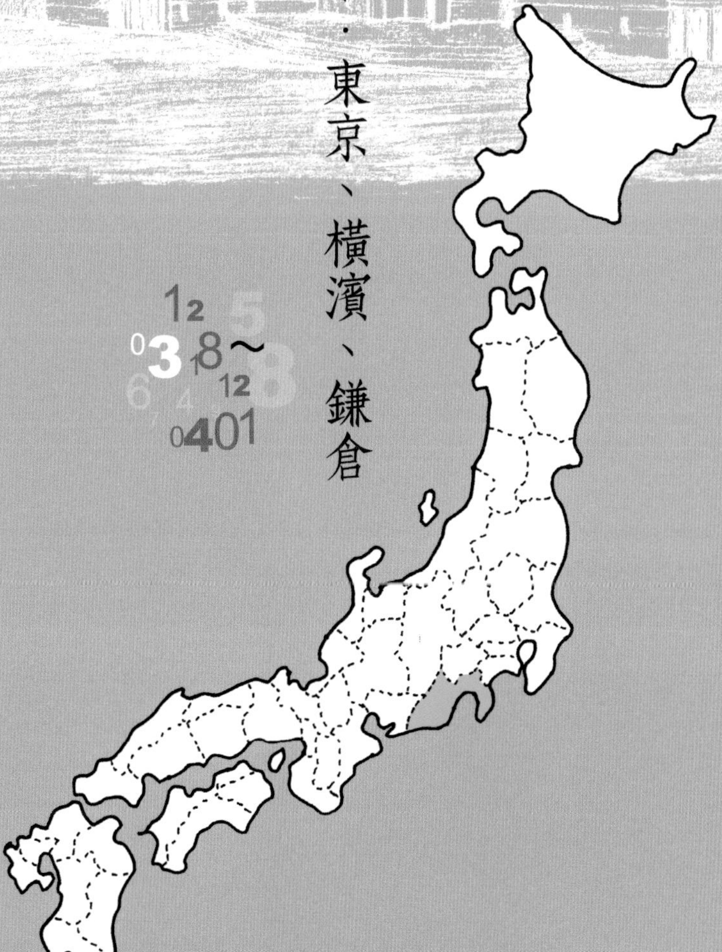

序章

從京都到東京

坐了一個晚上真不舒服的夜間巴士，早上醒來，我來到了東京。昨晚一上車就廣播了十五分鐘的日文，不知道在提醒什麼，最後英文的廣播卻只說：「No eating, no smoking, we wish you have a good night.」無論如何，至少是可以安靜睡覺了。一排有四個座位，頭躺的地方很硬，說真的很不好坐，更別說是睡了。還好是我天生容易入睡，才能半夢半醒的一路晃到東京。

一大早的東京街頭有點冷，揹起了行囊在街頭行走，路上沒什麼人，天空也灰濛濛的，加上沒睡飽，整個人心情很鬱悶！好不容易到了可以入住旅館的時間，倒在床上睡了兩小時，心情和精神才比較好些。在東京的這個窩更大間，人更多了，六個人住一間房，一樓有個小吧台，又要再次適應一個新環境，面對接下來半個月的東京旅行生活。

東京對我來說有太多想像空間了，想去探索的地方也很多，我非常期待接下來的兩個禮拜，會發生更多有趣好玩的事情。

京都車站
2012.03.11

大師建築巡禮

東京・澀谷車站・表參道之丘

0318~0401

東京・澀谷車站

有了之前在關西的經驗，原本看起來覺得很複雜的東京軌道系統圖，現在也感覺駕輕就熟，而我東京的第一站就是來到有「忠犬八公」的澀谷車站。我很喜歡這個感人的故事，所以看到小八的雕像，就再一次的被牠持續不懈的忠心守候所感動。除了雕像以外，在車站外牆也有忠犬八公的公共藝術，非常生動有趣。看來這隻小八應該很適合當藝術家，因為牠過世後的名氣與感染力，真的是不同凡響！

來澀谷站其實是想來看安藤先生設計的「地宙船」以及整合式的指標導引系統。我覺得地宙船的設計真的是很有創意的想法、很有嘗試的精神，以及很有永續的概念。將一個這麼大的橢圓形量體的空間藏在地下車站內，而且可以化作為入口，側牆還有屋頂，真的就很像一艘藏在地下的太空船！我特別關注於它自然通風對流的設計，原理很簡單，可是真的很厲害！

從月台的地下四層到出入口的地下二層開了一個很大的洞，而這個洞又直接與旁邊新建的大樓結構對應，所有

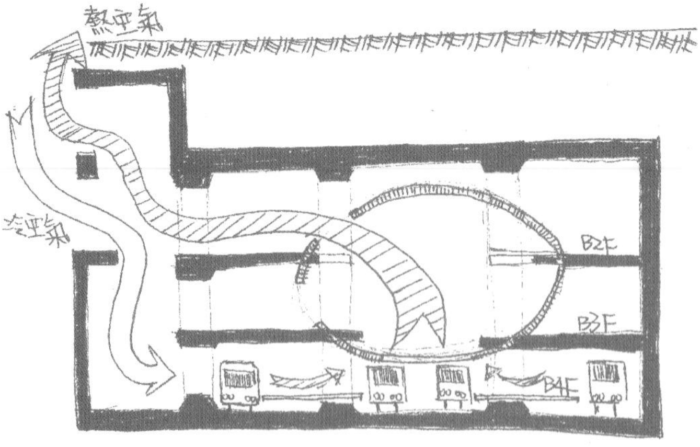

列車帶來的熱氣會自然順著開口而排放上升
而冷空氣也會因下部氣壓變小而自然向下補注
就這樣自然形成了對流，讓地下車站也能自然通風

澀谷車站

地址：150-0043 東京都渋谷道玄坂1丁目
電話：+81- 50-2016-1603
交通：搭乘JR山手線，地鐵至「澀谷」下車。忠犬八公像位於出站後地面層西側廣場。地宙船沿指標前往車站B5層的東急東橫線月台。

忠犬八公藝術牆。

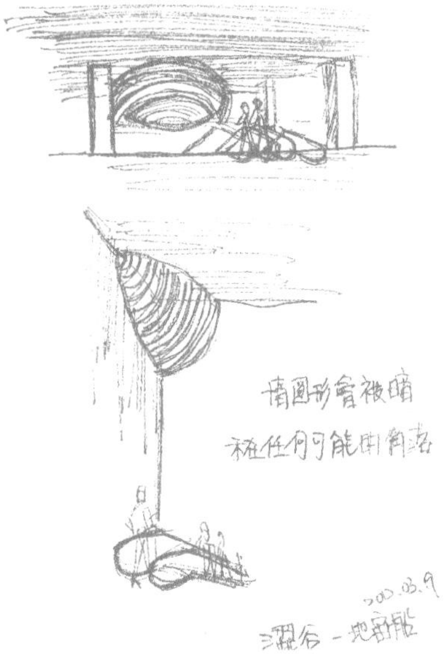

列車進站的熱氣都透過這個大洞自然向上對流到地面層。同時間，熱氣上升造成車站底部的氣壓變低，地面層的冷空氣也就自然向下補注，整個地下車站就這樣自然而然的形成一個通風環境。

當我站在大洞下方往上看時，明顯感受氣流上升所帶動懸掛旗幟的飄動，然後側邊吹來相對涼爽的風。我不得不說，站在地下四樓體會這樣自然的感受，對於我所想要了解的永續設計手法來說，真的學到很多！

遠望地宙船。

東京・表參道之丘

穿過熱鬧的澀谷街頭，來到表參道又是另外一種不同的街道氛圍。所有建築豐富的立面表情都在高大且枝幹開展的路樹後面爭奇鬥艷，各家名牌商店一字排開，吸引著來往人群的目光，在寬敞的人行道上，想停下腳步或是想漫步街頭，都可以找到屬於自己的那份閒適。當然這裡也是大師作品的一級戰區，一路走去看到了妹島和世、伊東豐雄等人的優秀作品，但那些畢竟都是名牌的商店，都只能體悟，但不能記錄！

我仍然對安藤先生設計的表參道之丘情有獨鍾。因為這個作品懂得開放，懂得保留，懂得順勢而為。我最欣賞表參道之丘的動線設計，從一樓進去之後，整棟建築物就順著表參道的緩坡地形慢慢上升，沿著一樓坡道向上走，往店家外面看去，始終可以和外面的人行道保持在一樣的高度。我不愛逛街，可是動線卻牽引著我自然的迴旋而上，慢慢的經過每一間店面的櫥窗，一路到最高樓層。每一層樓的同一個位置都有一個休息區，順坡而上逛累了就坐下休息，讓整個逛街的過程輕鬆沒有壓力，更不必傷腦筋尋找每層樓向上的手扶梯。

功能造型兼具的坐椅。

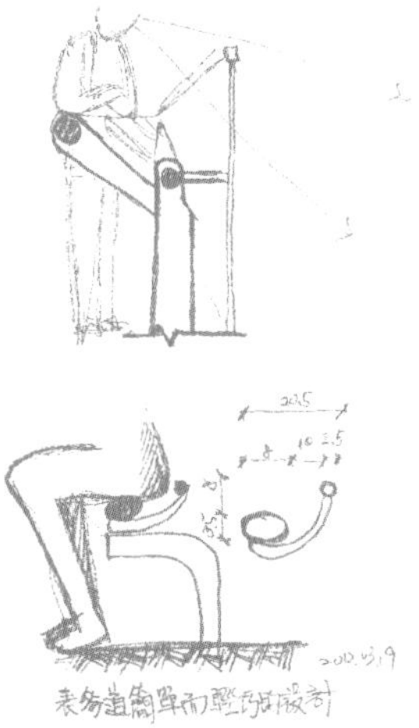

至於保留的部分，空間配置接近三角形頂點的那間公寓被保留下來融合在環境之中，是我最喜歡的一個角落。其實這間公寓本身的比例就很美，在跟表參道之丘結合後，變成了一個小藝廊，牆面在爬藤植物的攀附以及夜間燈光的照射下，使整個表參道之丘更加迷人。

共存的設計意義。

說到順勢而為，除了緩坡的逛街動線外，整個三角形配置的中空部分也示意了坡地的存在，用了幾個層次的階梯層層向上，最後結束收在三角形銳角的頂點上，這不只增加了空間的立體感，也藉由三角形的透視效果更加深了空間的視覺深度。

走在表參道之丘，會讓逛街的心情，處處驚艷！

表參道之丘速寫。

表參道之丘

地址：150-0001 東京都渋谷区神宮前4-12-10
電話：+81- 3-3497-0310
交通：搭乘JR山手線至「原宿」，或搭乘地鐵至「明治神宮前」下車，沿表參道步行前往。

城市空間記憶

東京・六本木・Tokyo Midtown・丸之內・新宿／橫濱・21世紀未來港

東京・六本木

今天我要探索日本「美學經濟新三角」之一的六本木之丘。環境結合美學設計可能會是什麼模樣？今天走了一天讓我有了新想法。

其實這個案子已經有六年，所以就算沒來過也早已從報章雜誌還有前人旅行的經驗知道些大概的內容。所以，當照片的內容出現在真實的眼前時，並沒有太多感觸，只是有一種實地驗證的感覺而已；不過當我慢慢走到後側連結住宅共同開發的區塊時，我看見了對我來說不一樣的六本木。

念設計的每一個人都喜歡在空間透視圖中加入人們使用空間的畫面，其實很多只是想像，人們有時並不會那樣使用空間，可是在六本木，我真的看見了設計出來的空間被使用的可能性。在商業氣息比較不濃厚的住宅區戶外空間，大人帶著小孩在騎腳踏車，在水邊抓魚玩水，在木平台座椅開心野餐，在木座椅的樹蔭下閱讀等，看到人們是很開心而且真的在利用景觀設施做些活動，我心裡一直在想，曾經我的設計可以讓人有這樣享受空間的機會嗎？對我來說，這個案子有很多材料的細部收頭雖然精彩，但是能夠設計出比例尺度都能讓人開心使用的空間及設施，那才是最重要的。坐在那木椅平台看著人群使用空間，這是我從設計結合空間美學中得到最深刻的體悟。

六本木

地址：106-6153 東京都港区六本木6-10-1
交通：搭乘地鐵至「六本木」下車，沿指標步行前往。

從一個旅人的角度來看六本木，會覺得這裡很有趣，生活機能一應俱全，食衣住行育樂一樣不缺；但假若我是一個年輕的日本上班族，這樣「美好」的生活要什麼時候才能享受呢？其實這樣的複合式開發與消費模式，真的不是一般人可以每天負擔得起的，看著這華麗又舒適的景觀空間，想想自己，看看身邊的人，我只能說那群天真無邪的孩子們是這個空間中最幸福的一群人了。

這樣的開發結合了商辦、購物中心、日式庭園、新聞台，以及大面積的戶外景觀空間，的確是一種美學經濟的主張與具體呈現。我不管主客觀條件是什麼，即使這不可能會是一般人的生活方式，但是我真的體驗到了生活美學的身心靈滋養。就像是頂樓的森美術館還有展望台一樣，若真的可以生活在這裡，那麼下了班的夜生活，可以到美術館看些藝術品放鬆心情，或是大片落地窗前點杯咖啡，找個喜歡的角度鳥瞰東京夜景，的確是一種烏托邦式生活的想像與嘗試。不過話說回來，即便這樣的開發與消費不是一般人能消費得起，但是對於一個環境的整合與增加附加機能的概念，我還是相當肯定，因為這些嘗試性的案子都給予我們對未來更多的想像空間，關於這個部分，我非常喜歡。

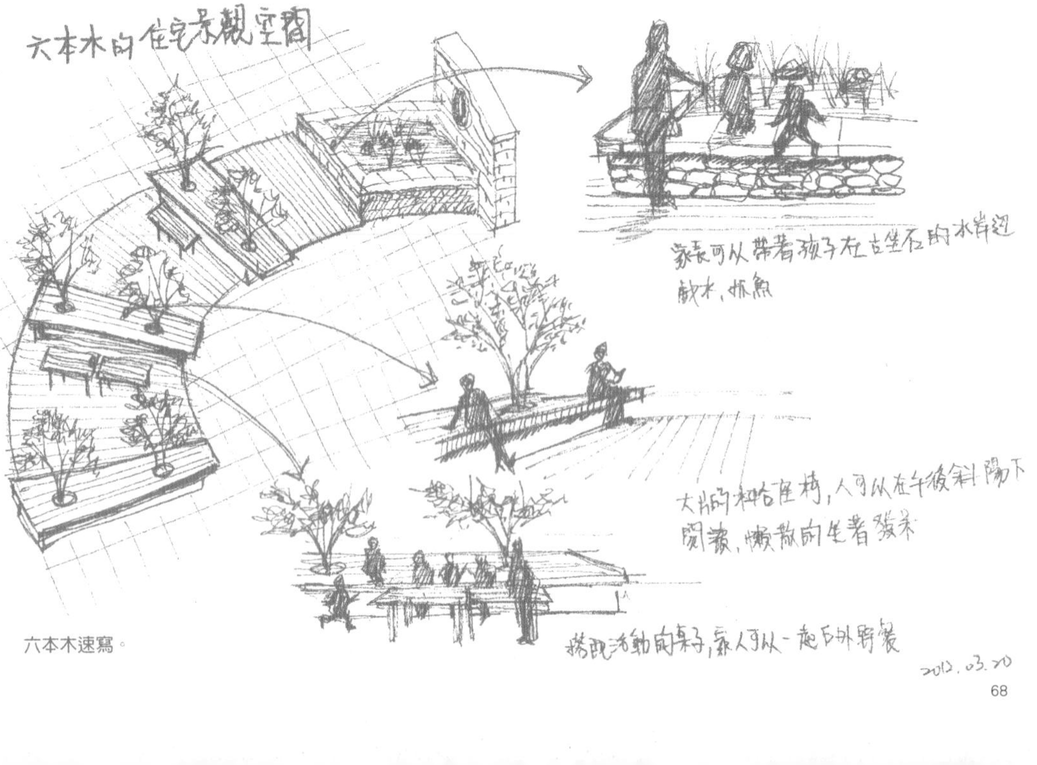
六本木的住宅景觀空間
搭配活動的桌子，家人可以一起戶外野餐
2012.03.20

六本木速寫。

六本木之丘夜景

今天的旅行，是要把藝術新三角的另外兩塊給拼起來，為美學經濟的藍圖建構更完整的畫面。

這兩天東京天空非常藍，照片怎麼拍都好看。雖說如此，但是我也沒有高興太久，因為自己記錯了時間，今天剛好是國立新美術館的休館日。不能進館，我就只能用純欣賞的心情在它的周圍欣賞波浪狀的舞動立面，在藍天的陪襯下，拍了很多不錯的照片。至於館裡的內容，就給自己一個下次還要再來的理由囉！

託休館的福，我反而多更多的時間體驗Midtown，藍天綠樹加草地，今天真的讓我徹底體驗了美學環境的另一種可能性。Midtown的外圍留給了原來的社區作為公園開放空間，所以我不從主入口進去，刻意繞到後面的社區，想要從一個居民的角度來檢視這個開放空間究竟是噱頭還是真有其事？當我發現這個公園的每一個入口都對應了原有的巷弄紋理時，我覺得這個案子真的很棒！跟六本木比較起來，它保留了更多地面的空間和創造更大片的綠地，並且讓美術館與戶外遊憩設施同時納入這個大公園內，能靜也能動，是美學結合生活的最佳體驗。

外圍的景觀空間層次多樣，變化豐富，靠近主要道路的水景空間雖然是常見的「漣漪」概念，但是水流的效果與高低差的層次變化卻相當多變有趣，愈仔細看就會發現更多細節，雖稱不上精巧，可是卻

乾溪跳泉。

戶外開放空間。

能顯現出大器明快的設計節奏。

沿著弧形步道的乾溪跳泉更讓我感觸良多及印象深刻，因為在旅行之前的工作案子，就曾為了乾溪的效果而絞盡腦汁，大費苦心，今天在Midtown看到這樣的乾溪設計，真的是相見恨晚。我特別喜歡它的石頭從黑灰色的光滑質感漸漸變化到土黃色的顆粒質感，這個人工漸變到自然的過程非常精雕細琢，刻意安排。看到眼前的成果，可以想像當時施作的師傅花費了多大的心力在挑選石頭，安排石頭，擺放石頭，原來設計和施工的結合可以到達這樣的程度！

後側大片公園空間的設計相當簡潔，靠近建築物的前景空間配置大片的草皮以突顯建築物本身的立面線條，跟社區交界的綠帶種植了高度層次分明的喬木，除了界定邊界，也

Midtown入口。

同時作為草地前景與軟化遠方建築的中景。總體而言，我覺得它的景觀設計不複雜，但是掌握了很多美學的設計要素，所以呈現的效果也格外舒服。

建築物的外觀和內部空間設計真的將「現代和風」的概念發揮得淋漓盡致。主體色調的米色和咖啡色都是日式傳統木建築的邊框與拉門的語彙延伸，再搭配日式花紋的重點裝飾，還有高達三層樓的室內綠竹，所呈現出來的空間質感真的讓我深受吸引。我發現裝飾建築物立面用了很多的米色框條，它的材料跟美秀美術館用來遮陽的材料一樣，都是鋁條加上木質感處理，這兩個案子之間，我相信一定有某種程度的連結與學習。

環境與生活加上美學的觀點，在我這兩天看完六本木之丘跟Midtown後，真的收穫很多。不只是設計本身，也包含了對都市更新的土地利用作最有效分配，加上對環境整合的重視，以及創造二十一世紀生活美學的嘗試與呈現。我獲得

Tokyo Midtown

地址：107-0052 東京都港区赤坂9-7-1
電話：+81- 3-3475-3100
交通：搭乘地鐵至「六本木」下車，沿指標步行前往。

的體會與感觸無法單純用文字形容，只能銘記在心裡，將來有任何機會作設計，我都會把這兩天的體悟化作是對未來生活想像的原點，讓環境與空間能得到更完美的整合。

漣漪噴泉。

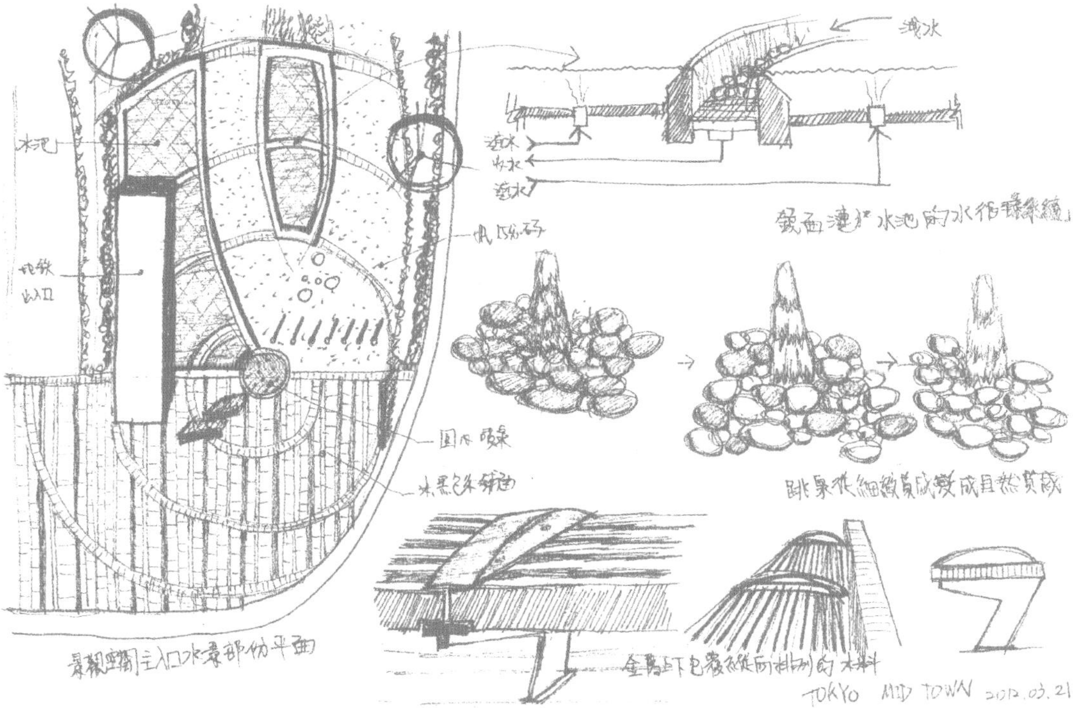

Midtown速寫。

東京・丸之內

丸之內，這個全東京，甚至是全日本最密集的公司總部聚集地，可以說是日本的心臟地帶。在經歷都市更新以及辦公空間需求大增的發展後，如何持續保留空間的實用性以及保有城市的活力，今天我在這裡發現不一樣的可能性。

都市需要更新，因為建築的使用年限或者是因應新的時代所需，但是完全汰舊換新，從丸之內的經驗得知，那絕非是最好的做法。延續城市發展既有的空間脈絡，保留城市居民的集體記憶，在新舊之間找尋發展的平衡點，這會是一個讓城市永遠保有故事和回憶的發展方式。

在丸之內，我深深的被那三十三米的建築退縮線所吸

記憶三十三米線。

引，那條線迷人的勾勒出這個地區將近一個世紀的城市發展脈絡。即便新大樓為滿足空間需求而必須愈蓋愈高，但是大部分的建築都在退縮線之後才開始向上竄升。走在丸之內的街道，雖然看得到頭頂大樓，可是因為那一條退縮線的關係，反而降低了大樓的壓迫感，加上街道上也會有江戶時代的古地圖，說明上一個世代的繁華，兩相對照反而更能體會時代的變遷以及發展的脈絡，深感用心。

三菱地產是丸之內地區都市更新的幕後推手，公司的總部也設在此地，同時也有一個

說明丸之內地區發展的歷史資料館，甚至新大樓也和舊建築結合，開闢了一處綠地空間，也成立了三菱一號美術館。

這個案子對我來說是體驗丸之內地區歷史與現代共存的感動空間，因為我真的體會到了新舊空間結合後，人們在這裡真實使用及活動的可能。中間的這座小廣場綠意盎然，步道及座椅曲線安排得宜，既可以讓大批人潮通過，也可以讓一個人在樹下的座椅享受午餐，這個歐風韻味十足的小廣場，再結合舊建築改建成的美術館，無疑的成為忙碌上班族放鬆心情的好去處。我在這裡讀到了一種感覺，讀到了一種人們想要嘗試為既定的空間模式注入一股新生活方式的努力；這樣的美麗，不僅來自於空間氛圍的塑造，更來自於人們得以放鬆心情使用空間的那

和田倉噴水公園。

份閒適與喜悅。

在丸之內和皇宮之間有一座公園叫和田倉噴水公園。公園雖然不大，但是各種噴水設施的多樣變化，讓這個公園變成了忙碌上班族放慢腳步駐足欣賞的有趣空間。這是一個能和水從多面向交會的有趣公園，不同水舞隨時間而變化，有時噴高，有時發散，有時螺旋，有時落瀑，有時冒泡，又有時靜止，而這幾種樣式在公園的四周此起彼落的交互變換著，就好像是演奏了一場水的交響曲，只不過觀眾不用坐著，而是可以在這一方綠地之間，自由移動。

當夜幕低垂，辦公大樓亮起了一盞盞加班的燈光時，整個丸之內又變換成另一種樣貌。雖然大部分的人群是要趕搭地鐵回家，但是也有不少上班族是踩著相對輕鬆的步伐，在大樓間的角落找一間咖啡館，開心的聊天。那是一個有趣的對比，同樣是夜晚的燈光，但是卻照亮了兩種不一樣的心情；一樓的燈光照亮了下班人群輕鬆的腳步，而大樓的燈光又點亮了加班人群忙碌的身影。每天周而復始的戲碼在丸之內不斷上演，伴隨著城市邁進的腳步，不斷向前。

好的城市發展，好的都市更新，取決於生活在其中的人群要用什麼態度來適應它、改變它。丸之內的都市更新還稱不上完美，但是那種想要邁向完美的態度卻令我印象深刻。那迷人的三十三米線，使我看到了東京的過去與現在，而身在其中，我也深刻的感覺到他們即將想要改變的未來。

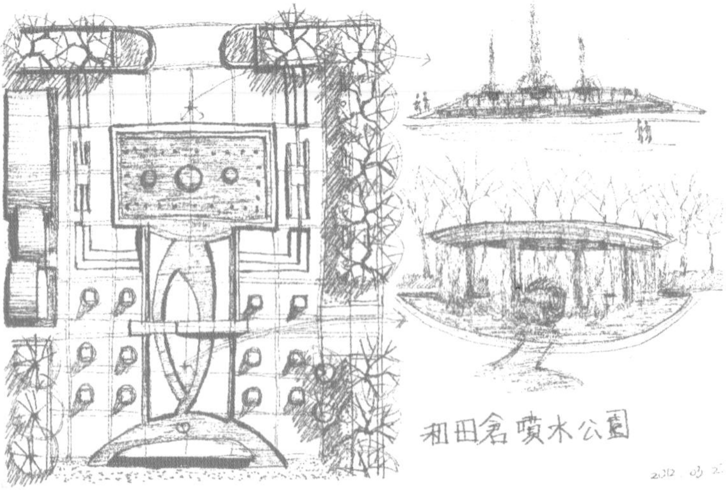

丸之內

交通：搭乘JR山手線、地鐵至「東京」下車，往皇宮方向步行前往。

東京・早稻田

旅行中，我總是對城市的歷史交通工具特別感興趣，所以今天的旅行，要從東京最具歷史意義的電車「都電荒川線」開始。

都電荒川線是目前東京僅存的一條地面電車路線，只有一節車廂，要等紅綠燈，起步和煞車都會有叮叮聲，感覺跟香港的「叮叮車」有些類似。我喜歡荒川線，因為它走在地面，欣賞城市的角度可以更全面；我喜歡荒川線，因為它速度不快，反而可以更輕鬆的欣賞窗外美景；我喜歡荒川線，因為它韻味十足，屬於上個世紀前期的東京交通歷史仍然在今日被保存使用。不論這條電車路線現在的功用是觀光或是日常交通，搭上了電車，彷彿就像進了時光機一樣，回到了一百年前的東京，它背後象徵的城市發展過程是我最喜歡的一個故事。在JR大塚站前看著荒川線電車緩緩進站，而頭上的JR山手線呼嘯而

百年記憶荒川線。

過的強烈對比，就讓我感覺荒川線電車像是個不疾不徐的老大哥，只等著願意欣賞它的人們，優雅地前往下一個目的地。

下了電車，沿著河邊的山坡向上走，我來到丹下健三設計的聖瑪麗亞大教堂。這座赫赫有名的教堂在不少有年代的書籍或雜誌都不斷被提及，而今天有幸親身感受這座教堂的空間震撼，讓我不得不佩服日本國寶級建築大師的功力。

教堂的外觀是由平面十字架的四個角點各自向上抬升，再與平面連結，創造出豐富變化的曲面屋頂，再加上金屬質感的外觀，無論從那一個角落欣賞都可以感受到陽光反射的角度，外觀從幾個角度看起來其實跟東海大學的路思義教堂相當類似。順著入口走進教堂內部，當從昏暗的前庭轉個彎進入主堂後，才發現丹下先生設計的空間魔法正要施展。清水混凝土厚重的感覺在這裡似乎完全不存在，光線從屋頂十字架的天窗灑落，照射在混凝土牆體再反射地面，這時會發現牆體的光線和陰影的層次，架構出了整個教堂空間

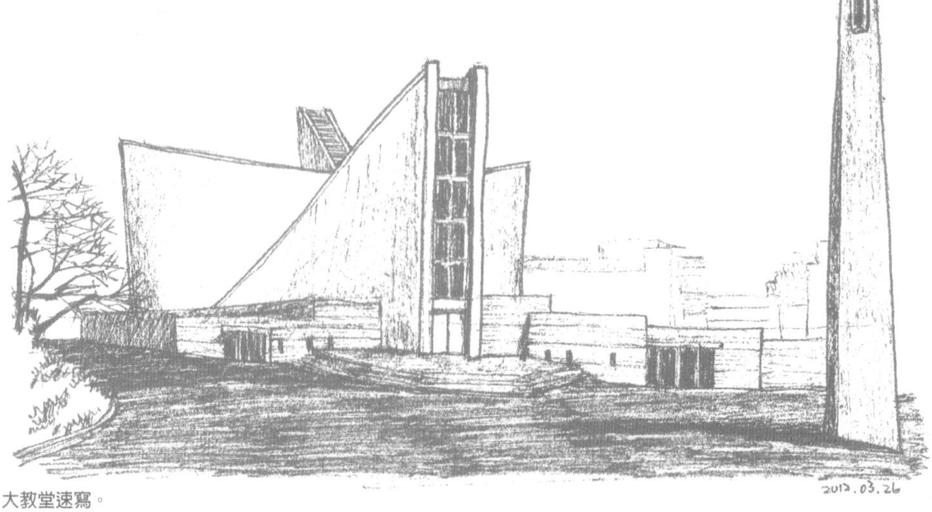

大教堂速寫。

空間震撼。

最震撼人心的空間氛圍。那樣的空間效果，會讓人感覺時間都靜止，空間也跟著凝結，整個人會陷在那撼動人心的感受中，久久無法回神。一樣是教堂，一樣用光線創造空間效果，在我看過的幾個案例中，仍然是各自有巧妙之處，不會有一絲的雷同，感受其中，真的令我多所驚艷，多所感動。

不論是都電荒川線的電車或是丹下健三的教堂，都讓我跟在地的歷史有了對話的機會。屬於城市上一個時代的記憶要如何保存？漫步早稻田的這一整天，我有很深刻的體會。

聖瑪麗亞大教堂

交通：(推薦路線)搭乘JR山手線至「大塚」下車，換乘都電荒川線至「早稻田」。下車沿河道往四季飯店方向步行前往。

東京・新宿

在日本待了快一個月，感覺愈來愈能掌握天氣的變化，今天我等到了一個最完美的晴天，所以我要把這一天留給新宿。

新宿作為全東京最繁華的代表地區真的不是浪得虛名，一走出新宿車站便能感受摩天大樓帶來的氣勢，加上川流不息的人潮，的確不是東京其他地區可以相比擬的。還記得搭巴士到東京的那天早晨，我醒來看見的第一眼就是新宿的大樓群，比起那個灰濛陰沉的早晨和空蕩街道，今天我所看見的新宿街頭真的是充滿了無限活力。

在這個副都心區晃了一整天，我一直在研究這個區域當時在做都市設計的規範時，是如何去塑造人在這個空間中所感受的建築密集感。因為這裡不像是丸之內，有著先前的歷史可以依循，再依照既有的模式去發展新的都市樣貌；新宿是從無到有，所以一開始就要想得相當完備。

後來我發現，雖然這些大樓都只有一百八十至兩百五十米高，可是因為新宿有極為寬闊的人行空間，相對的屬於車道的馬路並不像台灣這麼寬，再加上每一棟建築物都有下沉的開放空間，更拉長了人在空間中與周遭大樓的關係。所以說，人

新宿垂直空間意象速寫。

新宿

交通：搭乘JR山手線、地鐵至「新宿」下車，往東京都廳方向步行前往。

們在這個區域中所能感受到的水平線條大概就是相對寬闊的人行道，其餘能感受到的，就是不斷向下延伸以及不斷向上竄升的垂直線條了。

一般來說，城市中最主要的火車站會有地下數層的垂直空間利用，這已經是司空見慣的事情，但是新宿令我驚艷的是它的空間垂直利用涵蓋了整個副都心區。不同樓層之間的穿越動線彼此交錯連結，也跟每一棟大樓前的下沉式開放廣場呼應，創造出了步行者在城市中另外一種的生活模式。

更令我好奇的是，新宿最一開始的地形是怎麼樣的樣貌？因為這個區域中的馬路有兩種高程，彼此交錯時會像是高架橋之間的穿越，可是馬路又各自像是屬於原有的高程與建築物的開口對應，所以從地下穿越通道層層向上堆疊，一

直到雙層的道路系統，整個新宿區域的地面都市空間都被塑造成垂直向度的空間利用，不得不佩服當初規劃這片副都心區的人所具有的遠見與深思熟慮！

在日本，廣域的避難空間設計相當重要，新宿的高樓林立，這樣的思維更顯重要。每一棟大樓前的下沉廣場設計的空間層次都很豐富，落瀑、座椅、階梯平台一應俱全；可是無論設計得多麼豐富，一定會有一塊相當面積的開放廣場，作為緊急避難時的疏散廣場。其中一棟大樓前的下沉廣場全部用暗紅色的面磚創造多層次的景觀空間，看著人們中午休息使用空間的情景，讓我不禁想起十幾年前去波特蘭時，坐在拓荒者廣場上的種種回憶。

在這裡每個設計除了美學考量之外，都有它背後的目的與動機，新宿副都心區作為東京最具代表性的現代都會空間真的實至名歸。

新宿大樓空間速寫。

東京都廳。

橫濱・21世紀未來港

橫濱的二十一世紀未來港區是一塊結合海埔新生地以及原有橫濱港歷史建築物和港灣開發區。對橫濱而言，這個港區象徵的是港口城市的未來發展樣貌，所以整個港區周邊的高樓大廈建構了橫濱新的天際線和都市水岸風情。舊有的港區設施和倉庫建築被改造留下另作他用，搭配新穎高聳的摩天大樓，在海水和藍天的映照之下，屬於橫濱的海岸風情，更加迷人。

水岸公園有一個區域我非常喜歡，是一個可以和潮汐對話的親水階梯廣場。這個小廣場的親水區域與海水相連，一段緩坡伸向海水，所以海水的潮汐也會流進這個區域，看著小浪拍打上岸，想像著漲潮時便可以讓小孩在岸邊戲水，這個親水廣場的設計雖然很簡單，可是它與海水潮汐對話的強烈感受，卻讓我印象深刻。

港區邊的紅磚倉庫，曾經是碼頭卸貨的貨物屯放空間，若從歷史照片看這兩棟紅磚倉庫，在過去黑白照片，還有碼頭周邊凌亂的年代，那還真沒有什麼；可是當事過境遷，紅磚倉庫被整理改造成藝文空間，周邊的景觀重新設計整理後，整個區域的古蹟文化魅力頓時煥然一新。紅磚倉庫內創意市集的店家林立，靠向海岸邊的區域也是一間設計典雅的景觀餐廳，今天更剛好有某一所大學設計科系的學生在這裡辦畢業展。隨著馬路上的紅綠燈不斷變換，一波波

的人潮也就跟著來到紅磚倉庫前的廣場，那人潮湧現的景象，看了真是好不熱鬧！

台灣現在也很熱衷於舊建築再利用的古蹟再造，當然其中也有不錯的案例，不過我覺得我們可以多看看別人經營的方式，把錢花在刀口上，讓人潮可以持續，文化創意產業也可以蓬勃發展，而不是花了錢弄出一堆蚊子館。

一整天在港區的探索，我最喜歡的是舊鐵軌與舊鐵橋的保存以及與新景觀空間結合的設計。過去港口的大動脈是鐵路，一列列的火車載著貨物來來去去，造就了港口的繁榮，如今功成身退，橫濱的未來港灣依舊讓這段過去的歷史和現在連結。舊鐵軌被保留，新的鋪面與它相互呼應，而人行的動線就順著過去的鐵軌與現在的商業大樓連結，要過河的地方，就會穿越別具歷史意義的花樑鋼橋。這段穿越與連結的過程，讓人在步行中也同樣在感受歷史，眼前的「舊」配上身旁的「新」，那種感受是很深刻的。連結過去的現在，我想這就是橫濱港想要傳達的「未來」吧！

當我坐在大棧橋碼頭的木甲板回頭望向一路走來的橫濱港灣時，我覺得我當下內心的情緒很激動、很複雜。一方面我的心情很輕鬆、很開心；可是另一方面我的心情也很緊張、很難過。我開心的是一整天看到橫濱港灣的水岸設計，還有人們在這些空間中呈現的各種表情，讓我收穫很多；但是另一方面也很緊張自己的城市，看著建名學長分享的影片——「高雄，亞洲新灣區」，我們也有好多不錯的計畫，可是卻一直都還停留在編織一個美麗的夢，看著別人進步的腳步愈走愈快，我的心情就像我眼前的夕陽一樣愈沉愈快。我們真的應該加緊腳步多做點事，不要再浪費內耗；假如有一天，我也能為我的城市做一些事情，我相信我會是準備好的！而現在的我，正走在準備的道路上！

21世紀未來港

交通：搭乘JR根岸線至「櫻木町」下車，往港口方向步行前往。

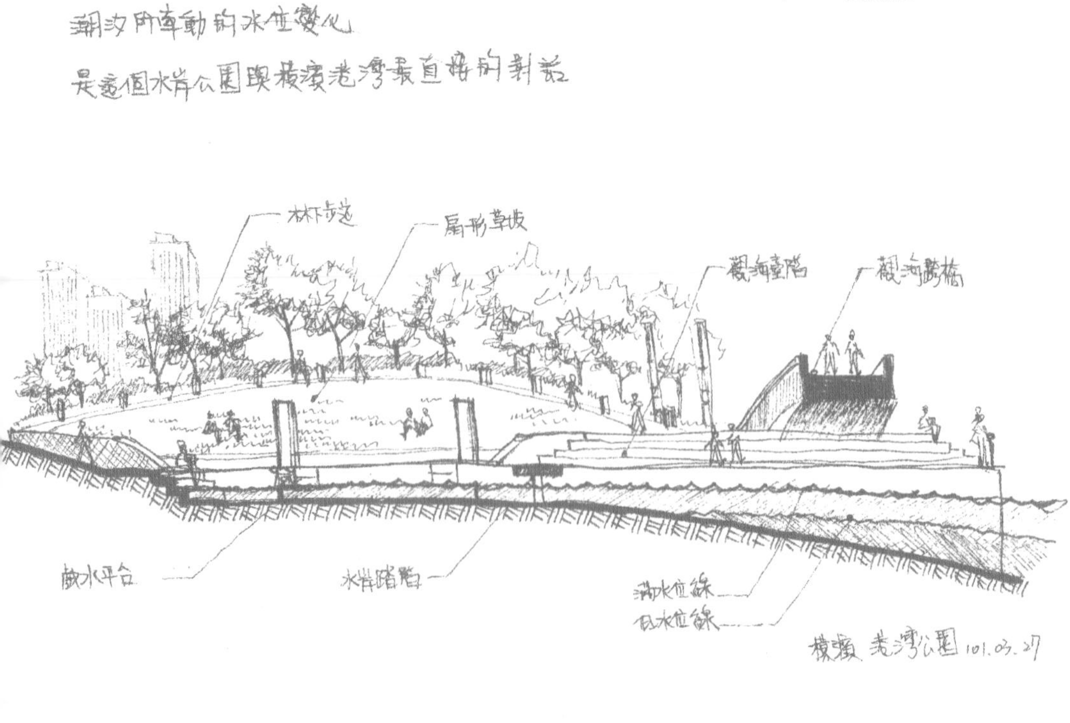

JAPAN COAST GUARD

鎌倉・關東古城回憶／東京・隅田公園・御茶之水

0308～0401

鎌倉・關東古城回憶

今天我的旅行多了一位在地嚮導，她是我在京都的「窩」認識的朋友，她的名字叫做川崎夕美。有了她的邀請與陪伴，今天鎌倉之旅非常的在地！

鎌倉和奈良很類似，是一座位於神奈川縣的海邊城市，是在幕府時代由武士所建立的歷史城市；擺脫了昨日的陰雨，今天的鎌倉是一個涼爽的好天氣。夕美帶著我穿越了鎌倉的大街小巷，跟我分享了很多關於這座城市的歷史故事，讓我在實地的造訪下，對鎌倉的過去有了粗淺的了解。

夕美帶我去很多私房景點，其中我印象最深刻的是護國寺內的一間竹林小茶屋。這間寺廟很特別，進了寺院大門後不是寺廟建築，反而是一片清幽的竹林，蜿蜒的小徑穿梭其中，兩邊高聳入天的竹林隨著視線轉移而形移影換，相當迷人。小徑的盡頭是一間竹造的別緻小茶屋，單排的座椅面向竹林，在這裡靜靜的喝著抹茶，配著櫻花小糖，是一件非常享受的事情。

夕美和我一邊喝著抹茶，一邊聊著日文漢字與中文讀音不同的趣事。她跟我說了很多漢字的日本讀音，我也跟她分享了「國」這

最招待我的日本朋友。

個字在中文代表的意義，也告訴她中文讀音「近世進士盡是近視」的有趣解釋。在這個涼爽的假日午後，我們坐在這兒討論很多中日文化上的異同，我相信會成為我人生中很特別的回憶。

關於文字的魔力似乎還要繼續。夕美帶我前往一間結合日式與西方風味的茶館，並介紹了她的朋友赤誠美知子給我認識。三個人喝著茶，漢字的讀音和中文的歷史愈聊愈多，也聊到了唐詩和俳句，甚至都把整張點選單的背面都寫滿了討論的文字，真的是非常有趣的經驗。

這一個下午的文學對談，讓我對於自己身為台灣人感到很自豪，雖然我也沒有多高深的國學造詣，但是我們的文學和文化的傳承是延續了五千年中華文化的精髓，不曾間斷，我們所使用的正體字也讓我們有更高的說服力告訴外國朋友屬於中國文字的奧祕，我真的非常開心。

真的很感謝夕美這一整天的熱情招待，讓我在日本旅行的生活層面更加寬廣。能在一個陌生的城市認識一位新朋友，是人生中的緣分；能在另一座城市與新朋友再相逢，更是難得的緣分。我認為友情的延續需要有共同的記憶，而我也會很珍惜這位很照顧我的日本朋友。

竹林間小徑。

東京・隅田公園、御茶之水

當想去的地方都去了，就是哪裡都可以去的時候到了。沒有目的變成了我今天旅行的目的。

隅田公園就在淺草旁邊，來這裡也打算看看之前唐真真老師說的莫田區役所。水岸邊有著上百隻白色的水鳥，一位婦人正在丟麵包餵牠們，整個呈現了一幅生動活潑的畫面。當水鳥一整排站在欄杆上，全部鳥的眼睛都盯著婦人手中的麵包移動時，真的讓我看了很想笑。當麵包丟向空中的那一刻，就好像是F1賽車紅燈變綠燈的那一刻，所有站在欄杆上的鳥都揮動著牠們的翅膀，就像賽車發出了震耳欲聾的引擎聲一樣，朝著麵包的方向衝刺。有的翱翔，有的盤旋，有的一個側身穿越，有的一個低空俯衝，極盡所能的往麵包的方向鑽，當然也有一些賴皮的，搶不到麵包就飛在婦人面前的半空中停留，揮動翅膀暗示婦人再丟一些。

在這個麵包一拋向高空，水鳥就一陣騷動的有趣畫面持續了幾回後，忽然跑來了一隻想湊熱鬧的鴿子，似乎也想分一杯羹，所有剛才爭搶麵包的水鳥忽然又統一陣線了起來，仗著鳥多欺負鳥少，一起欺負那隻鴿子。我雖然目睹了整個「施暴」的過程，但卻也愛莫能助，因為那隻鴿子嚇得立刻飛走了。在隅田公園，看見了這群水鳥為了麵包所做的爭搶與合作，也真是讓我明白了「鳥」情冷暖啊！

御茶之水應該是鐵道迷在東京的必到之處，因為這裡可以同時看見三條不同電車路線彼此相互穿越的過程，雖然不是什麼大景

排隊等麵包。

點，可是十分吸引我。因為我好喜歡看這種集約式的空間利用，那種密集到恰到好處的擁擠，我覺得真的是日本很厲害的地方。當我站在橋上，欣賞電車的來去，感受涼爽春風吻過臉龐的舒服感受，當下真的覺得是一段很愜意的午後時光！

御茶之水

交通：搭乘JR中央線、地鐵至「御茶之水」下車，往河邊步行前往。

三鐵交會御茶之水速寫。

東京・展開下一段旅程

一轉眼，很快的日本旅行要結束了，坐在機場等待的時間，我閉上眼睛，仔細回想一個月來的所見所聞。大阪、奈良、神戶、京都、東京、鎌倉還有橫濱，每一座城市都有我印象深刻的回憶、感動與體會。無論是永續設計、空間氛圍、細節處理或是文化感受，日本真的讓我學到很多東西。

曾經，歷史課本教我們上個世紀前期的日本對整個亞洲做出了侵略的舉動，讓我們很多人都帶著仇恨的刻板印象來看待這個國家。日本雖然為侵略付出了慘痛的代價，但是他們卻立刻又站了起來，為什麼？我覺得以前的我也有刻板印象，但是體會與交流之後，我看見了他們對於工作的盡心盡力與盡忠職守的態度；不斷創新，一直在思考更好的未來而努力；傳統文化與現代社會的融合，持續在傳統之上結合現代文化上的用心，我才知道那是必然發生的結果。當我們覺得日本做得很好，而日本卻已經在做得更好的同時，差距就這樣拉開了！在日本我結交了一些不錯的朋友，相互的交流討論會讓文化產生更多的激盪，也因為我有了實際的體會，所以我也會改變我的想法，讓彼此能傳承好的文化。

當明天睜開眼睛，我將身處在熱帶的吉隆坡，睡夢中也將會是這趟旅行最接近台灣的時刻，新的旅程即將開始。馬來西亞，I am coming！

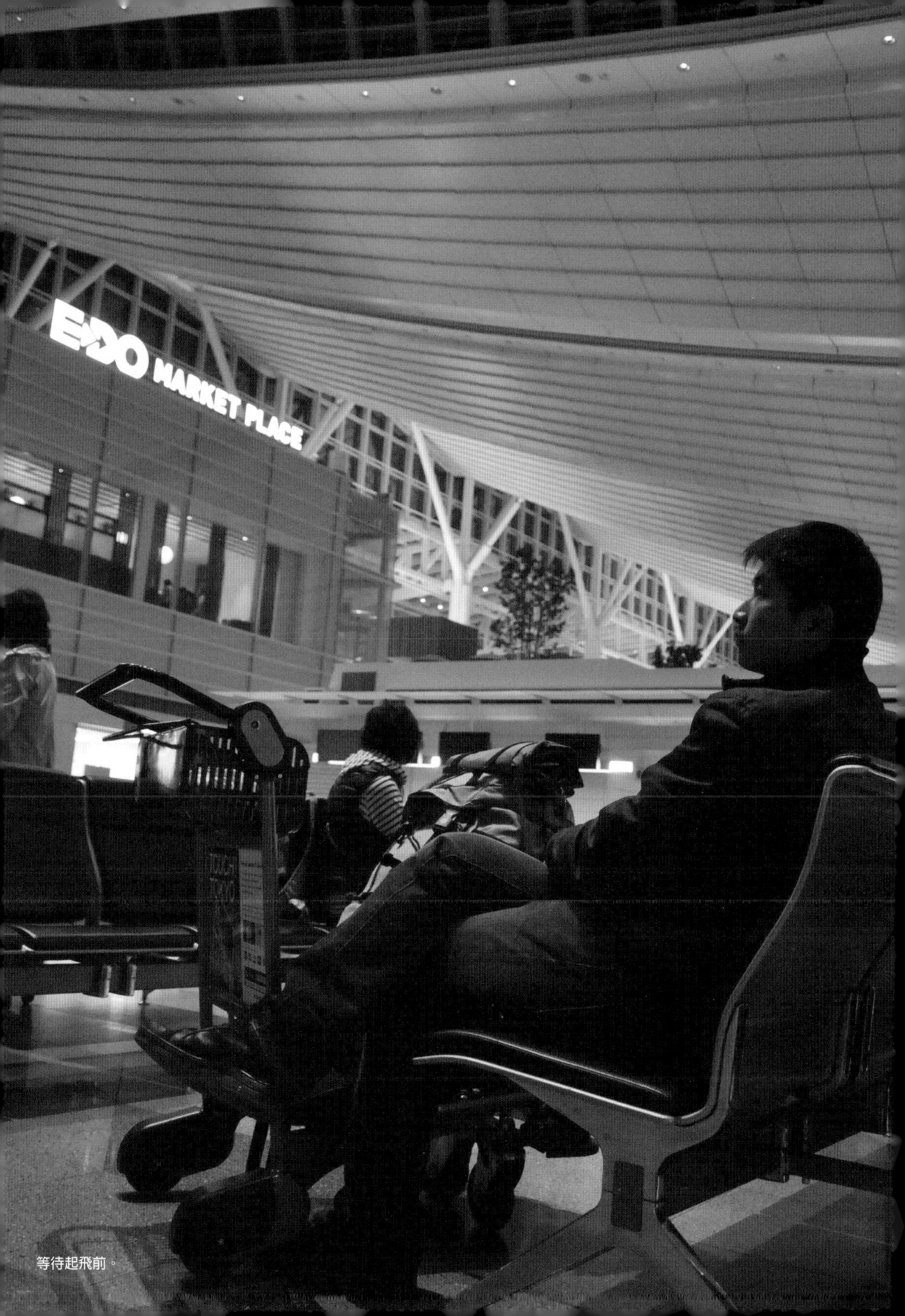

等待起飛前。

Country 2

馬來西亞

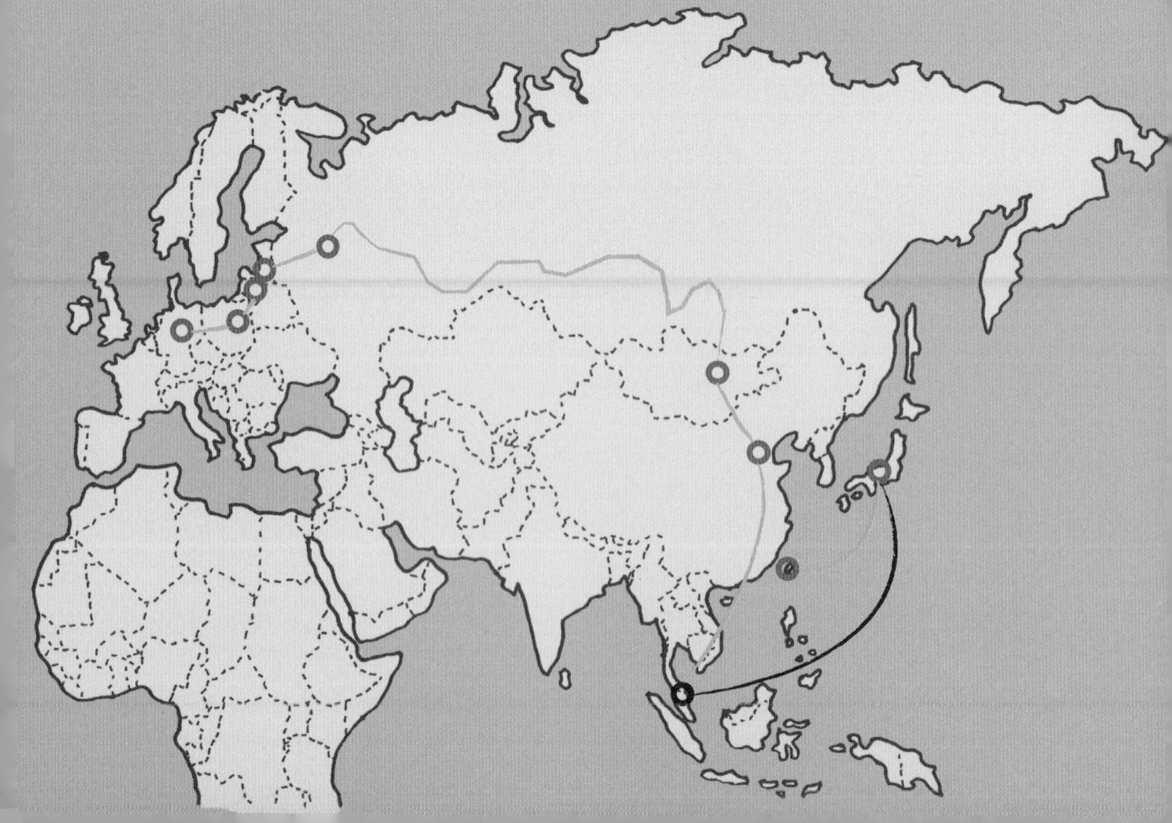

Stop 4 馬來西亞・吉隆坡

12 0402~ 12 0404

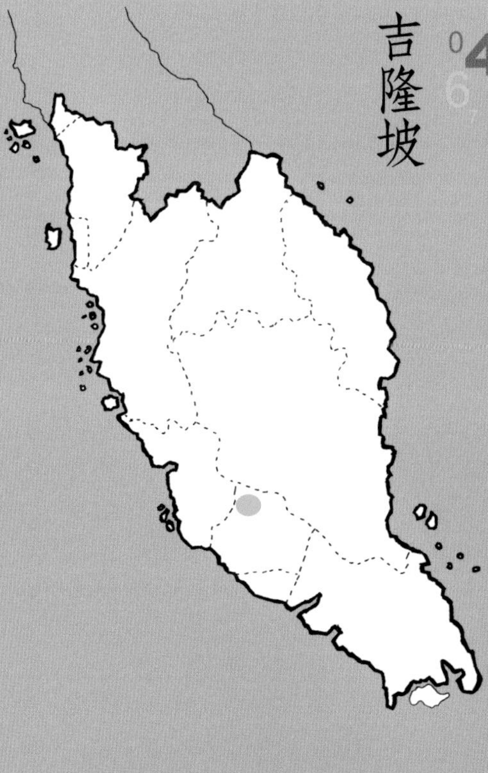

旅行印象

從溫帶到熱帶的「震撼」・吉隆坡的街頭回憶・再次回到溫帶前的插曲

從溫帶到熱帶的「震撼」

為期兩天的馬來西亞過境轉機旅行從今天開始，一呼吸到吉隆坡的空氣和濕氣，就讓我想起了和老妹一起展開人生中第一次的新、馬自助旅行。這座六年前擦身而過的城市，即使今日初次到訪，但是味道卻讓我倍感熟悉。

從東京飛吉隆坡的夜間飛機，我可以用三種曲子來形容這段航程，分別是浪漫《夜曲》、燦爛《行星組曲》還有錯愕的《驚魂曲》。

浪漫《夜曲》的開頭是當飛機平穩起飛，適合睡覺的角度也調整就緒後，從天空中看著東京灣璀璨的浪漫夜景，我靜靜的和日本說了再見，然後安然的進入夢鄉。

燦爛的《行星組曲》發生在凌晨三點，不知為何我突然醒了，迷濛看著窗外，雲層之上沒有一點光害，整個銀河系燦爛的星光像是一條銀色瀑布，從天上流下變成機艙下方的雲朵，那沒有雜質的璀璨星光，美得令我印象深刻。

錯愕的《驚魂曲》，算是旅行至今發生最意料之外的事情。當我清晨剛踏上馬來西亞，準備拿背包離開時，竟然發現沐浴乳在背包裡打翻了！整個背包都是黏黏的沐浴乳，讓我一大清早可有得忙。我把機場廁所洗手台弄得全部都是泡泡和香氣，連在一旁的清潔人員都不斷地用奇怪的眼神看我。滿手濕黏的觸感在濕熱的吉隆坡，真是黏膩啊！雖然顯得狼狽不堪，但是我的吉隆坡之旅總算展開！

昨晚東京只有攝氏八度，今早吉隆坡卻有三十三度，相差二十五度的溫差，讓忙著處理「沐浴乳事件」沒有時間換短袖的我，在市區尋找住宿旅館時吃足了苦頭。全身還是冬天打扮的我，在秩序雜亂、濕熱難耐的吉隆坡街頭，歷經了一段又熱又累又暈頭轉向的路程。幸好後來我順利找到了吉隆坡的「窩」，旅行的步調才在卸下裝備後開始漸漸順利。

我似乎立刻就融入了新的生活方式，這裡不需要太多秩序，一切只要過得去，沒有人會有意見，所以我就跟著當地人一起橫越馬路，穿梭在來往人群之間；畢竟當大家都這麼隨性的時候，還要一個人墨守成規，那會顯得相當不入境隨俗。

吉隆坡的窩位在熱鬧的市中心，步行至附近的歷史景點都很近，於是下午就造訪了著名的大鐘樓、伊斯蘭博物館，還有古典美的吉隆坡火車站。當身邊所有的裝飾都變成了伊斯蘭的圖騰時，再和前一天的日式風格相比，忽然間，文化的差異變成是一件非常奇妙的事情。

我的吉隆坡之旅在傍晚時多了一位朋友，是我在東京認識的新加坡人，名叫張啟勝。我們在日本時就約好了吉隆坡再見，所以傍晚我們就在吉隆坡的窩碰面，一起走這兩天短暫的小旅行。

與日本相比，吉隆坡的物價，讓我覺得在這裡花錢的感覺好爽快！不須再為了吃個兩百元以下的食物找半天。這裡的食物便宜又大碗，是最令人開心的事情。我和啟勝就在一間只有馬來西亞才有的速食店享用了一餐豐盛而平價的天堂級美食。

坐在吉隆坡窩的屋頂陽台躺椅上，聽著音樂，配著燭光，再加上大家開心的聊天聲與清脆的乾杯聲，眼前輕軌電車通過，再配上後方吉隆坡塔和雙子星大樓的夜景燈光，身

雙子星大樓夜景。

邊吹來徐徐的熱風，這個吉隆坡的夜晚，好悠閒！好悠閒！

吉隆坡的街頭回憶

氣象預報說今天會下雨，內心有些興奮，因為知道熱帶國家下的雨是那種痛快的大雷雨，只要大雨過後，氣候就會涼爽宜人，所以今天就在這滂沱大雨中開始了我吉隆坡第二天的旅行。

一路走在吉隆坡不甚平整又高低不平的人行道上，我和啟勝走訪了馬來西亞國家劇院、國家藝廊，還有國家圖書館，這三棟建築都很有馬來文化的傳統特色，也有相當程度的氣勢，只可惜雨下得太大，只能概略的欣賞，卻無法細細的品味。

伊斯蘭裝飾。

Sky Bar

地址：50088 Kuala Lumpur, Wilayah Persekutuan Kuala Lumpur, Malaysia

電話：+60-3-2332-9888

交通：從雙子星塔步行至後方公園對面的希爾斯飯店33F。

當雨漸漸小了，我們也剛好走到吉隆坡地標雙子星大樓前。從以前玩模擬城市到電影《將計就計》，這棟大樓一直是我來吉隆坡的首選地點，此時這兩棟大樓就聳立在我面前，真的感覺不虛此行！

雙子星大樓可以說是馬來西亞伊斯蘭裝飾的最高級作品，從建築配置到大廳的石材分割圖騰，甚至是牆壁上的馬賽克語彙，都顯現出伊斯蘭文化的精髓與淬煉，即便它是一棟商辦大樓，但是仍然美得讓人目不轉睛。

今天最動人的時刻，是我和啟勝來到公園另一側的一間五星級酒店上方的sky bar，從這裡欣賞吉隆坡的天際線與夜景，是我認為最完美的角度！因為前面寬廣的大公園，反而更突顯後方此起彼落的大樓天際線，尤其是從這裡看雙子星大樓，角度簡直美翻了！當夜幕低垂，華燈初上，所有的大樓打上迷人的燈光後，這裡就成了欣賞夜景最漂亮的角度。為了慶祝我和啟勝在日本和馬來西亞的兩次相遇，我們點了一些酒和點心，搭配著眼前的絕佳美景，邊聊天邊欣賞，度過了我在吉隆坡印象最深刻的一個夜晚。

當回到吉隆坡的窩，我又要準備收拾行李離開了。因為是清晨的飛機，所以也就打算不睡覺，我選擇坐在戶外陽台的躺椅上，看著夜景，吹著涼風，度過我在吉隆坡的最後一夜。

雖然停留吉隆坡的時間不長，但是我卻覺得這座城市很親切，很自在，很勇於跳脫，很勇於追求，我很喜歡這裡。

吉隆坡天際線速寫。

再次回到温帶前的插曲

四月的旅行開始變得緊湊，每天都要提高警覺，同時要注意的事情很多，也同時要做很多判斷與修正，這過程很刺激也很有趣。當每天在思考明天我可能在哪裡的時候，這樣的旅行又來到另一個境界。

要從接近赤道的熱帶回到涼爽的溫帶了！比起從東京前往吉隆坡，這次要再出發前往北京，心情顯得自在許多，對於這種長距離的國際跨越，無論是氣候或是文化適應，也都變得愈來愈習慣。

為了凌晨四點走去車站坐車，暫待在吉隆坡旅館的露天沙發，整晚未眠。清晨的吉隆坡很安靜，只有街邊整理早報的攤販會偶爾發出堆疊報紙與捆綁繩子的聲音。揹著前後背包，我在這座城市新的一天啟動之前，繼續我旅行的步伐。

想步行至車站真是一個天真的想法，清晨即使溫度不高，但是空氣中的濕氣卻一樣悶熱，我走得汗流浹背、上氣不接下氣，加上後來又飄起小雨，全身衣服褲子都很濕黏，分不清究竟是汗水還是雨水，也就更加不舒服。好不容易走到車站，但是要搭的巴士卻已經發車，不想再浪費時間的我，一心只想快點到機場！

身上所剩的馬幣也不多，隨手攔了一輛計程車，剛好是一位年輕華人，跟他來回喊價了幾回，他看我夠可憐，就答應我的喊價，繞了一大圈總算順利也及時到達機場。拖著疲憊的身軀，我順利搭上飛機離開吉隆坡。中國，I am coming！

吉隆坡舊火車站速寫

描繪雙峰塔。

Country 3 中國

Stop 5 中國・北京・二連浩特

12 0402～
12 0408

城市永續設計

北京・奧運園區

0402~0408

把握北京難得天空晴朗的好天氣，我要仔細的探索睽違四年的奧運園區。

還記得四年前，我在北京見證了歷史性的時刻，感受著整座城市被奧運渲染的歡樂氣氛。當時唯一的遺憾就是買不到入場門票，無法進入奧運園區；如今再次前來，已經沒有那時戒備森嚴的緊張感，整個園區變成了一座大公園，完全向市民及遊客開放。無論是森林公園、水立方，還是鳥巢，四年前只能站在外圍乾瞪眼的我，今天終於能夠親身造訪，一探究竟！

我一直都記得北京奧運申辦時的承諾之一便是打造「綠色奧運」，所以，此次旅行刻意停留北京，希望親眼見識究竟當時世界最高規格的永續設計案例做到何種的程度？

我今天從森林公園的北邊一路向南前進至體育場前，直線長度大約三公里多，再加上蜿蜒的園林小徑，我想我在整個園區內應該走了六公里多，真的是一個超級大的空間尺度！我一直都很喜歡北京這座城市中貫穿南北的中軸

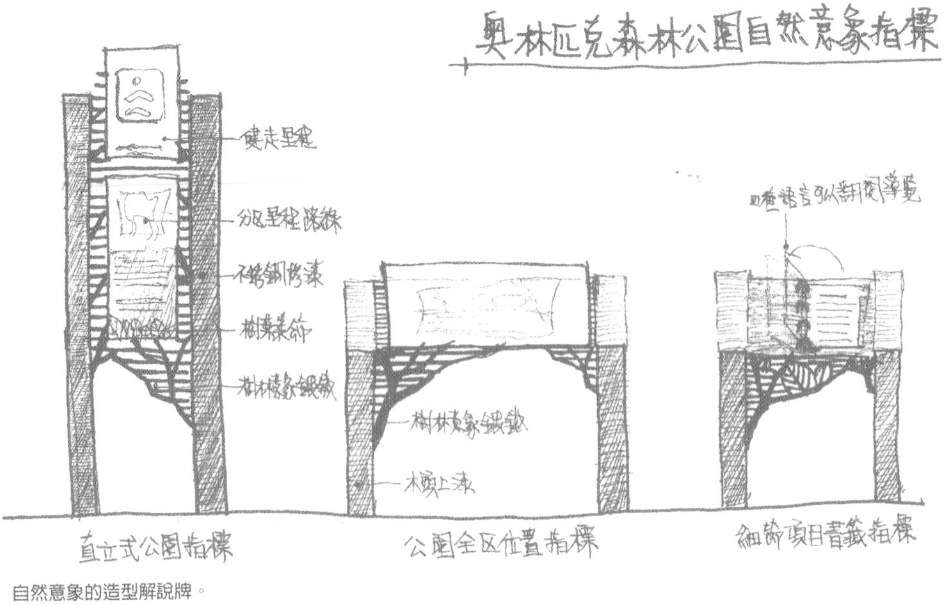

自然意象的造型解說牌。

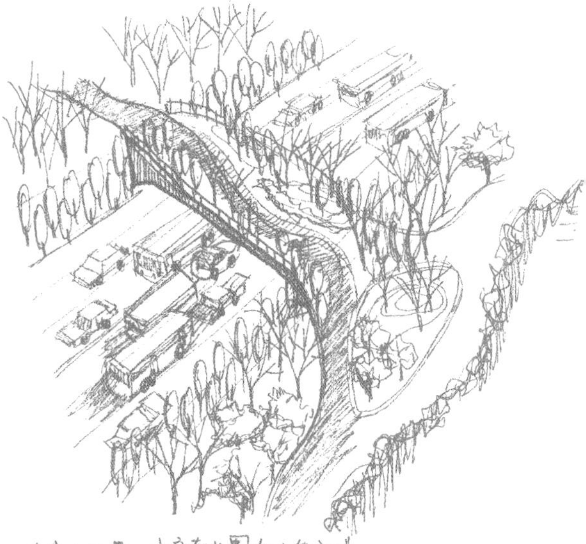

跨越北五環，連結南北園的生態廊道

線配置，因為歷史的種種因素，所以造就城市空間有如此不可撼動的特色。奧運園區作為中軸線的北端點，也象徵著歷史脈絡的腳步，連通貫穿園區的龍形水池，更是傳統文化結合現代美學的具體表徵。

奧運森林公園有三種類型的設計特別讓我注意，分別是園區標示系統、連結南北公園的生態廊道，還有龍頭奧海的生態跳島。

奧運森林公園的各類型標示都用了很多自然元素的語彙，像是鍛鐵雷射切割出樹枝和樹葉的形狀，更加強了整個公園的自然意象。身在其中，除了感受身旁自然環境的綠意，同時也可以透過充滿設計感的標示系統，體驗自然的另一種風情。

整座奧運公園被北京的北五環道路一分為二，公園在車速極快的大馬路兩邊，自然不利於生物之間的串聯，所以奧運公園在北五環上搭了一條橋，上面植栽豐富，專門為了生物的跨越而建，也是中國的現代公園中第一個為公園生物所做的生態廊道系統。

奧海上的幾座生態跳島是我認為整座公園動線最豐富多元的一個部分，不同的孤島之間都有小橋相互連結，島上的步道有的穿越樹林，有的沿湖繞行，利用小橋穿梭在不同的小島之間真的是很有趣的空間變化，感覺像是把中國南方園林的特色放到了尺度大上好幾十倍的北方園林之中，別具巧思。

奧運園區的設計更是別具氣勢，多所用心，我真的感受到當年全世界一流團隊共同努力所完成的成果。即使距離當年激烈的運動拚搏已經過了四年，但是整個園區依然會不定時播放著《北京歡迎你》、《我和你》等等經典的奧運代表歌曲。當這些歌聲在耳邊繚繞，真的勾起了許多和北京奧運有關的種種回憶！

除了氣氛之外，其中關於永續設計的細節，更是讓我獲益良多，包含了中軸線上的太陽能探照大燈，還有鳥巢體育館的地熱回收利用。

奧運會場的大探照燈是我覺得到目前為止將太陽能發電結合設計美學與涼亭休憩的最佳設計。適當的比例關係與造型美感，讓這座高聳的探照燈反而很容易親近，即使有些相見恨晚，但我仍然相當興奮，

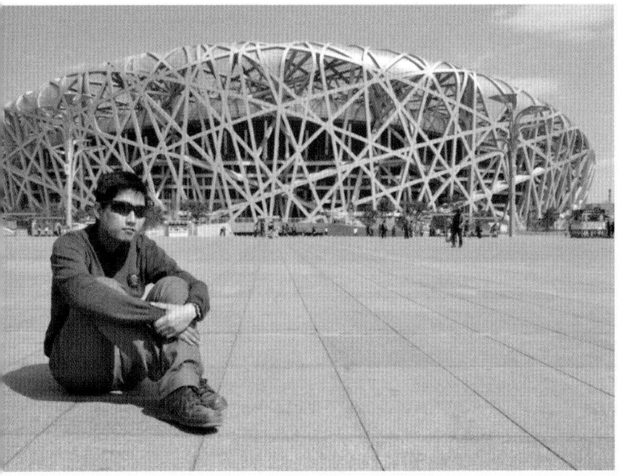

鳥巢與我。

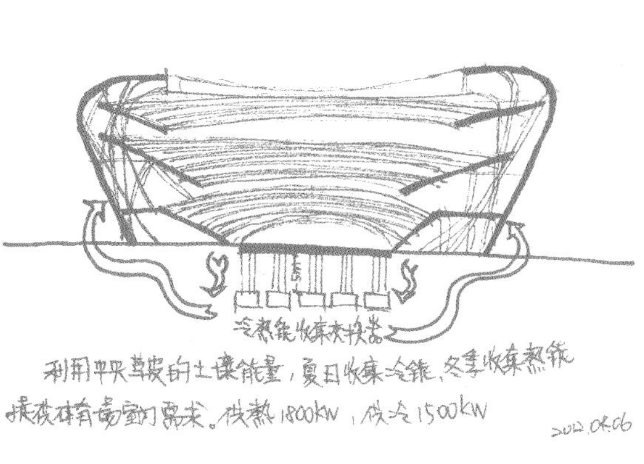

冷熱能收集交換器
利用中央草皮的土壤能量，夏日收集冷能、冬季收集熱能
提供體育場館的需求。供熱1800kW，供冷1500kW
2012.04.06

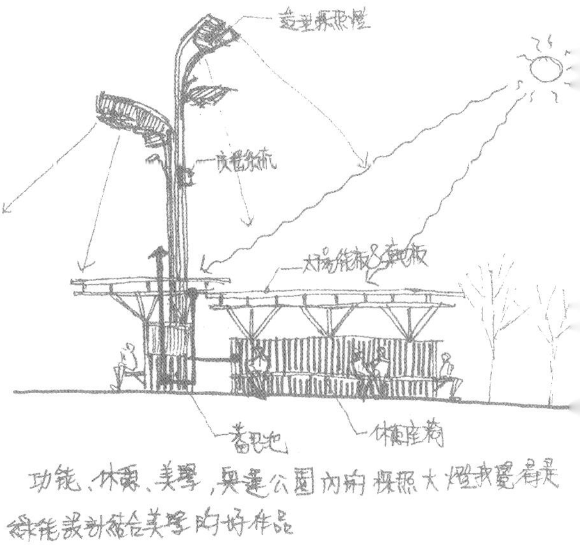

造型探照燈
夜燈系統
太陽能板&遮板
蓄電池
休憩座椅
功能、休憩、美學，奧運公園內的探照大燈我覺得是
綠能設計結合美學的好作品

因為我看到了未來更多永續設計手法的可能性。

另一個永續的設計是鳥巢跑道中央的大草皮，它藉由吸收土壤中冷熱能量轉換，調節室內空間的溫度。雖然鳥巢花了極大量的鋼打造複雜的金屬結構並不符合永續的要求，但是針對土壤冷熱能量的轉換利用，我給予相當高的評價。

今天的旅行我看見了北京的先進之處；不可否認，這的確是一個不斷在進步中的城市！看見別人的好，我希望我們也能更加虛心學習。

奧運園區

交通：搭乘地鐵8號線「奧體中心」至「森林公園南門」站之間範圍。

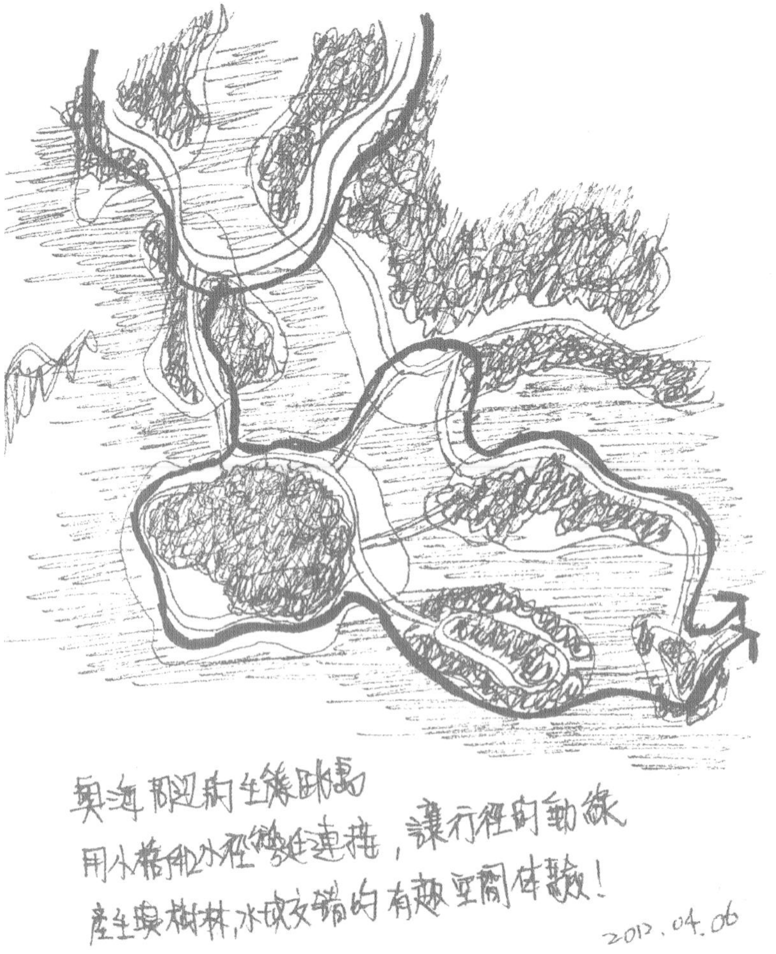

讓行程的動線
產生與樹林,水域交錯的有趣空間体驗!
2012.04.06

109 中國／北京・二連浩特

旅行印象

北京・第四印象／二連浩特・永生難忘的中、蒙過境

北京・第四印象

從小到大這是我第四次來到北京，還記得上次來時是奧運期間，那次整個北京的城市建設大改造給了我很深刻的震撼，讓我知道原來北京的都市硬體建設已經到了這樣的程度！這次再度來到北京，即使各個地方都仍然有持續在建設，但是整體上跨越的幅度與奧運時期相比相差並不多，不過對於城市人民的素質提升，我感受到相當大的進步。

在北京搭乘公共交通，我一向的記憶都是擁擠、插隊、先搶先贏，但是這次感覺真的變了！大部分的北京民眾開始排隊，先下後上，即使車子來了也沒有爭先恐後。這樣子的改變讓我感覺非常開心，因為這座城市的人民已經懂得文明的概念與實踐，曾經給我擁擠自私不禮讓印象的中國首都，已經變得更友善也更追求文明了。

能感受到北京一次比一次更加進步，更具有文明素質，這是此行最大的收穫；我的北京第四印象，既深刻且難忘。

地鐵站的森林意象。

臥舖巴士。

長途巴士目的地車牌。

二連浩特‧永生難忘的中、蒙過境

前往蒙古的旅程，為了節省旅費，所以我選擇搭巴士，從北京先到內蒙古的二連浩特，再前往蒙古。

前往二連浩特搭乘臥舖巴士，這也是我第一次的臥舖巴士體驗。明明是下午六點發車，可是不知為何突然在四點的時候就叫大家要開始上車；當下還好我是提早到車站，不然這突如其來的上車時間，真的會令人不知所措！搭乘這個巴士的人也是形形色色，有要回家的蒙古人，也有要去蒙古打工的中國人，還有我這位要去蒙古探險旅行的台灣年輕人；大家一起擠在這巴士上，也是一段很奇妙的緣分。

在開車之前發生了一個很有「味道」的小插曲，讓我憋笑到全身發抖。我們的司機似乎是私自攬客想要賺外快，所以走道上都是滿滿的大陸農民工。司機拿著自己簡單準備的枕頭被子要發給他們，經過我身邊時，聞到了我隔壁上舖一位大叔的超級臭腳，令他當下破口大罵；「你的腳是要臭死人啊？比鹹魚還臭！自己去前面再拿兩個塑膠袋把腳給我綁起來，有沒有公德心啊？」當下我真的好想鼓掌叫好，因為我一上車就被那位大叔給臭得暈頭轉向，經過司機這麼一罵，我也總算是「鬆」了一口氣。

凌晨三點半，巴士正行駛在一條荒漠的道路上，今晨的月光好耀眼，整片大漠被月光反射出一片銀白，除了車頭燈以外沒有其餘臥舖巴士。

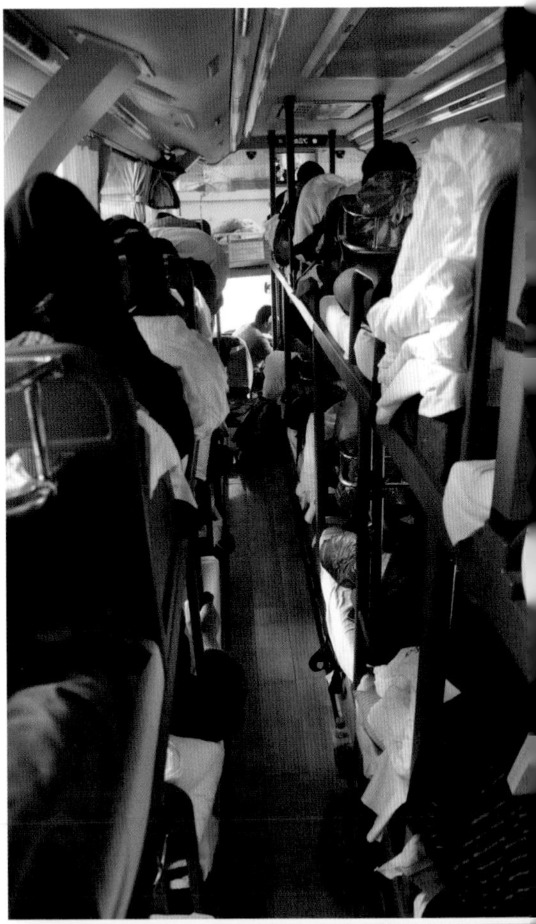

吉普車過境。

燈光，整片浩瀚的銀色沙漠，這是第一次體驗到如此壯闊場景。凌晨四點半，巴士抵達了中國內蒙古通往蒙古國的通道——二連浩特。

天沒亮，燈沒亮，整座小鎮寧靜得不像樣！內蒙古刺骨的風從褲管陣陣吹上，走在人行道上不知道方向，我心裡一直想著為什麼要把自己搞成這樣？這個早晨是我在這趟旅程中感到最徬徨的時光。

好不容易等到東邊的天色漸漸露出曙光，我所遇到的遭遇也開始出現希望，而且蒙古人的好客與熱心讓我難忘。路上遇到了一位蒙古青年名叫木力，很熱心的指引我方向，還親自帶我走到火車站。木力另外提醒我，今天好像沒有從二連開往蒙古的國際列車，要我問清楚，因為那代表我必須多待在二連一天。聽到這個消息我心中的不確定感又油然而生。我在車站對面的一間小旅館先住下，至少可以先補眠，等到天亮後再隨機應變。

在半夢半醒之間，我依稀想起了另外一個通過邊境的方式，當時因為過程太過複雜，不確定因素太多，我就沒有仔細研究，但是現在我決定拼了！一切見招拆招。我立刻從充滿煙味的床上彈起來，打算出門問個清楚。也真的要感謝二連人民的人情味，讓我在拼湊之間對於從公路出境的方式有了片段的概念。

我先是到了二連的南市場跟一群熱心大媽換接下來要用的蒙古幣，接下來一切的事情，就忽然間順利的發生了。我隨口問了大媽出境的方式，她們竟然就這樣拉著我走到市場口找吉普車，幫我跟蒙古人溝通，也幫我談價錢，來回說了半天當確定今天可以出境後，我也就半信半疑的上了這台已經塞滿人的吉普車，周圍的人都在說蒙古話，接下來會怎樣？我完全不知道。不過幸運的是跟我一起坐在後行李箱的蒙古青年會說中文，名叫特蒙斯，有他的一路照應，接下來一切的出入境問題，都順利克服解決了。

在我跟二連邊境的中國海關說完謝謝後，中文英文就一切不管用，接下來就完全是「唏哩呼嚕」的蒙古文充斥在耳邊。當從蒙古海關手中拿到入境章，吉普車也順利開進蒙古扎門烏德的邊境之後，我總算是放下了心中的大石頭。特蒙斯非常熱心的幫助我，他一直幫我翻譯，直到我確定買好從扎門烏德到烏蘭巴托的火車票後，才瀟灑的轉身離開。

蒙古人豪邁爽朗的性格，讓我一入境就留下美好的印象。蒙古，I am coming！

中國蒙古邊界。

Country 4 蒙古

Stop 6

蒙古．扎門烏德、烏蘭巴托

120408～120412

城市空間記憶

草原的國度

扎門烏德・蒙古的南方門戶

0408～0412

接近中午，閒晃在扎門烏德的街頭讓我非常興奮，回想清晨到剛才一段不可思議的旅程，現在又踏上這片從未接觸過的土地，即使眼前所見荒涼，但是因為知道一切得來不易，所以內心仍然覺得此時此景格外迷人。走在這條唯一稱得上馬路的路上，看著身邊湛藍的天與遍地黃沙，我很認真的期待蒙古將會帶給我的一切驚喜！

微笑真的是最好的溝通語言，即便無法言談依然能夠傳達情感。下午在候車室等火車，跟幾位前後坐在我旁邊的蒙古人微笑示意，沒想到他們就特別關照我，比手畫腳告訴我車來了，也主動幫我看車次位置。排隊等待上火車也讓我見識到蒙古火車女列車長的凶悍，只要有人插隊或是沒票偷上車，全部會被她抓起來往外「扔」，並且遭到一頓痛罵。原則上我覺得蒙古人就是豪邁又主動熱心助人，但是只要你做了他們認為不對的事情，他們也會立刻變臉並嚴厲糾正，這樣一個豪邁爽朗的民族，在一次次的和他們相處後，我愈來愈欣賞他們的民族個性。

一陣兵荒馬亂之後，火車總算從扎門烏德出發，當車窗

踏上蒙古的土地。

外的風景只剩下一望無際的黃色大漠和偶爾幾隻牛羊在遠方吃乾草時，天色也緩緩的暗了，讓我留下很好第一印象的蒙古，烏蘭巴托明天見。

扎門烏德街景。

扎門烏德火車站。

烏蘭巴托・草原首都

經過了十六個小時的車程，從一片黃沙到漸漸有幾個蒙古包，再慢慢出現了汽車與樓房，我來到了蒙古首都——烏蘭巴托。

即使大家因搭上火車才認識，短暫的相處又會各自離去，可是蒙古人互相幫助、不分你我的個性很讓我感動。每一個搭火車的蒙古人，無論大人小孩都帶著又多又重而且包得密不透風的行李。在烏蘭巴托的前幾站已經陸續有人下車，我發現蒙古人非常團結，即使還沒要下車，但是卻不自私的幫忙下車的人搬行李、拖到走道上，呈現出一種亂中有序的畫面。

當火車停靠在烏蘭巴托的月台，我和大家一起陸續下車，即使語言不通，但是彼此微笑示意再見，偶爾幾個大漢也過來拍拍我的肩膀，我感覺一點都不緊張了。因為火車上受到蒙古人「高規格」的接待，讓我一下車就覺得烏蘭巴托格外親切。

烏蘭巴托街景。

旅館的老闆已經在車站等我，一樣又是親切的招待。從火車站到蒙古的「窩」不過步行十五分鐘的路程，這短短的路程我發現一件有趣的事情，那就是蒙古的汽車雖然是靠右駕駛，可是駕駛座卻有左邊和右邊兩種，看個人喜好。這件事讓我覺得非常神奇，竟然還有這種事？想像一下雙向四線道的馬路，駕駛因為方向不同的關係，可以搖下車窗直接聊天，也可以直接對罵，甚至可以一起狂按喇叭，這就是烏蘭巴托的大馬路上最生動的風景！

烏蘭巴托街景。

烏蘭巴托的街頭很多采多姿，有打扮時髦的年輕女子，也有穿著迷彩褲加馬靴的壯碩男子，更有穿著傳統蒙服的老婦，搭配兩旁街道略帶俄羅斯式的裝飾風格和一塌糊塗的交通，好一幅熱鬧的街頭景象。其實一整個下午在街頭亂逛，發現市區範圍真的不大，除了幾個主要廣場稍微有點品質外，其他的公共設施都有待加強；不過也許對蒙古人來說根本不成問題。所以體驗烏蘭巴托不能看它的細節，必須要綜觀一切，把所有的不完美加起來，那就是屬於烏蘭巴托這座城市的綜合美感。

夜晚的烏蘭巴托只有零下一度，是旅程中遇到的最低溫，即使如此，我仍然期待明天與蒙古大草原的對話。

烏蘭巴托・蒙古大草原風情

早上起床，氣溫零下八度，今天要去的是烏蘭巴托近郊的國家公園，這樣的溫度有點嚇到我，我已經不知道要怎麼穿衣服了？能穿就穿，能套就套，硬著頭皮就這樣出門了！

和旅館老闆娘買了一天的草原風情體驗，所以有一位專門的司機隨行，而我一整天的草原之旅也就在車上播放輕快的蒙古歌曲聲中展開。

遠離烏蘭巴托可怕的交通之後，房子、車子漸漸少了，兩旁的牛羊漸漸多了，視線開始向水平的方向快速延伸，變成一望無際的大草原。即便現在仍算冬天，草原並不茂盛，但是我仍然相當興奮，因為如此廣闊壯麗的空間，是我的第一次體驗。

進入國家公園後不久，眼前出現了一個銀光閃閃的巨大量體，當車子開到它的面前時，我被它的氣勢震懾住了！好壯觀的成吉思汗陵墓！它的尺度超乎想像，甚至遠觀整片草原和山丘都能夠感受到這座銀色大雕像的分量。成吉思汗坐在他的座騎上，雄糾糾的望向遠方的天空，右手拿著權杖朝前方指去，似乎隨時準備好要繼續征服下一片土地。看著遼闊的草原，想像著蒙古大軍曾經馳騁在這片廣闊歐亞大陸上所踏起的滾滾黃沙，以及所建立的龐大帝國，這一位偉大的歷史人物，讓我有一種穿越時空的身心靈交會。綿延的草原看不到邊界，我相信在這片土地成長的人民一定也有如此壯闊的心胸，能夠勇敢去追求心中那份對世界的想像。

成吉思汗陵墓。

通往草原的公路。

河冰

車子逐漸往草原深處開，越過了壯觀的風蝕地形，也穿過了大片的冰凍河流，當眼前的牛羊離我愈來愈近時，我來到了位在草原一處小緩坡上的傳統蒙古包人家，這裡就是今天我享用傳統蒙古午餐和體驗真正蒙古包生活的地方。

頂著冷颼颼的風進入屋內，忽然感受到蒙古包內的暖和，再加上主人立刻倒了一碗熱羊奶給我喝，溫暖的感覺瞬間充滿身軀。坐在他們是床也是椅子的床椅上，看著女主人用傳統的方式料理午餐，陣陣香氣撲鼻而來，我也就在旁觀察感受蒙古包內的一切。

圓形的蒙古包雖然是一個大空間，可是使用的分區卻相當清楚，女主人在靠近門口的地方張羅午餐，男主人在蒙古包中央的暖爐和餐桌上準備傳

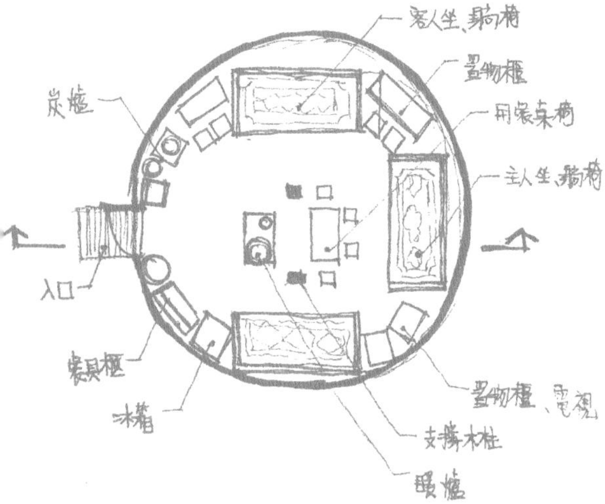

我與蒙古小女孩合照。

蒙古包空間形態速寫。

蒙古包內的生活。

統點心，而我這位客人就坐在旁邊的床椅上感受全新體驗的蒙古包生活。午餐是有蒙古風味的羊肉炒麵和傳統蒙古點心再配熱羊奶，味道品嘗起來真的就是充滿了草原的想像，很令我難忘的口感和風味。

午餐後，在草原騎馬的重頭戲緊接著開始，女主人給我加了一件蒙古外套，非常保暖。帶我騎馬的是位穿著蒙服的年輕壯漢，他帶領我走向汽車無法到達的草原更深處。草原上安靜到只聽得見馬兒的腳步聲，這樣靜靜的感受草原，少了吵雜的聽覺干擾，只需要用眼睛和心去體會，這對從小在擁擠台灣長大的我來說，實在是一次身心靈的完全釋放。

所謂「風吹草低見牛羊」這句話在寒冷的四月天打了一點折扣，因為草還沒長高，一下子就看見牛羊了；但是我相信夏天的蒙古草原景象，絕對是那句話的最佳詮釋。

假如我還有多一些時間，我好

希望可以住在蒙古包一個晚上，在沒有燈光的草原上，我相信那樣的星空絕對會是一個動人的畫面，只可惜當車子再次回到了擁擠吵雜的烏蘭巴托後，今天的草原之旅也必須畫下完美句點。壯闊的美景也壯大我的心，我也要像草原的人民一樣，在無邊際的草原上往下一個草坡邁進！

草原騎馬。

草原風情意象。

烏蘭巴托．為了橫跨亞歐而準備

感覺今天不像在旅行，反而像是在烏蘭巴托過生活，所有今天的一切都是為了明天開始的西伯利亞鐵路而準備。

來到國際列車售票中心，不知為何我自己感覺要買這張火車票的心情好慎重，心跳也有點急促，等訂位程序一切完成後，手上的二十五萬多蒙圖也就這樣爽快的花了下去，這也是我旅行至今單筆開銷的最大金額。當我從售票小姐的手中拿到了前往莫斯科的火車票，橫跨亞歐的最後一個不確定因素，總算順利解決！

關於吃，烏蘭巴托真是一個好地方。物價便宜，品質良好，花小錢可以享受很滿足的美食體驗。為了接下來五天的火車之旅，下午就開始採買準備食物，愈買愈開心，因為我總共只花了一天吃的預算，就買足了五天火車上營養均衡的食物。在大街的水果小販買了四樣品質良好的蔬果，也在超市買了水和乾糧，總共台幣四百元有找，提著兩大袋戰利品回到烏蘭巴托的窩，真的覺得賺到了！

一切準備就緒，明天之後的旅行真正開始橫跨亞歐，我的旅行將繼續朝著下一個未知的階段前進。俄羅斯，I am coming！

烏蘭巴托街景：便宜又好吃的水果攤。

Country 5 俄羅斯

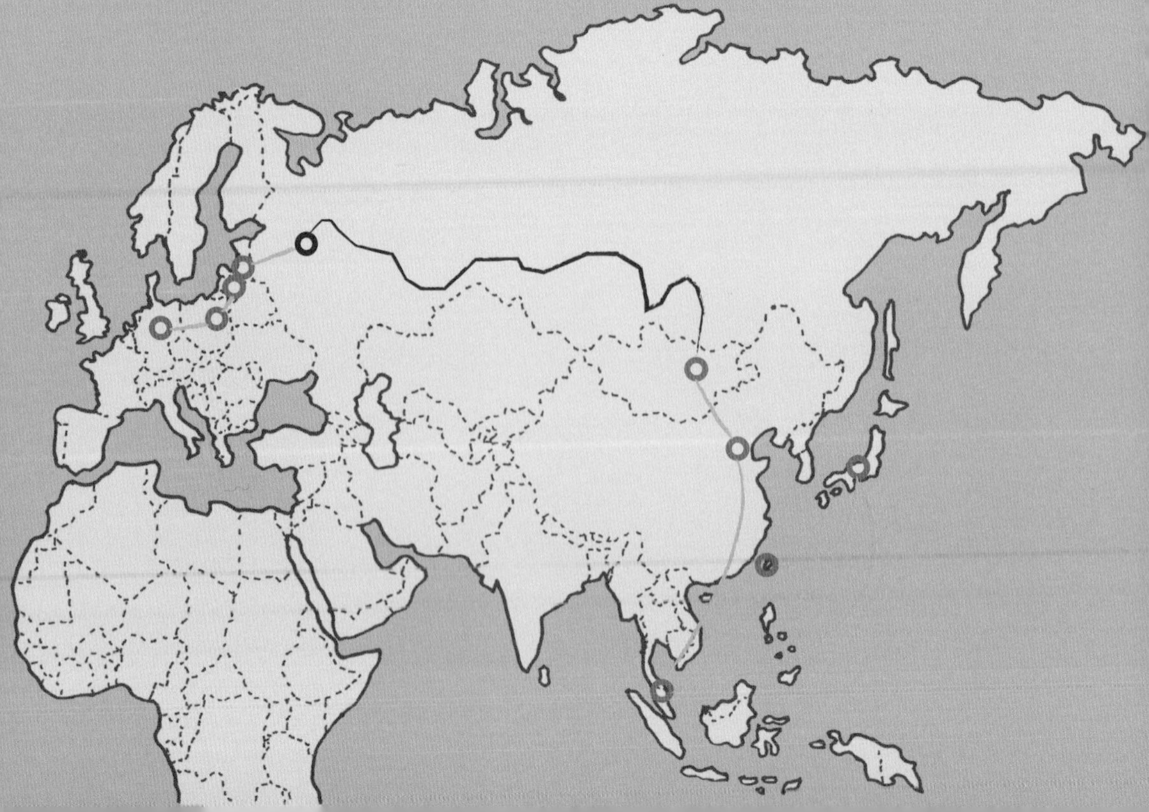

Stop 7

俄羅斯・西伯利亞鐵路・莫斯科

12
0412~
12
0421

序章

西伯利亞鐵路

西伯利亞鐵路・第一天

0412～

0421

坐在烏蘭巴托火車站，等著列車進站時間一秒一秒的來到，想著一旦踏上了火車，接下來便會有五天的時光要在車上度過，就竟會是什麼樣的一種感覺？真是一個從未經歷過的時間尺度。

當時間到了下午一點二十分，微微的聽見了遠方火車的鳴笛聲，我再也無法安心的坐在候車室裡等待，興奮的快步走上月台，我想要親眼看見這列將要帶我橫跨亞歐的火車進站。列車緩緩駛進車站月台，看著那充滿力量的雙節火車頭牽引著後方一長串的車廂，我就這樣靜靜的望著它直到列車完全停下。

這個車次是中國的列車，刻意選這個車班，除了不想領教俄羅斯冰冷的服務之外，至少語言相通碰到了問題還能即時處理。果然，中國的列車員王大哥知道我從台灣來之後，給了我一個親切微笑，要我有問題就去找他，有這麼一句溫暖的話，讓我對接下來五天的旅程

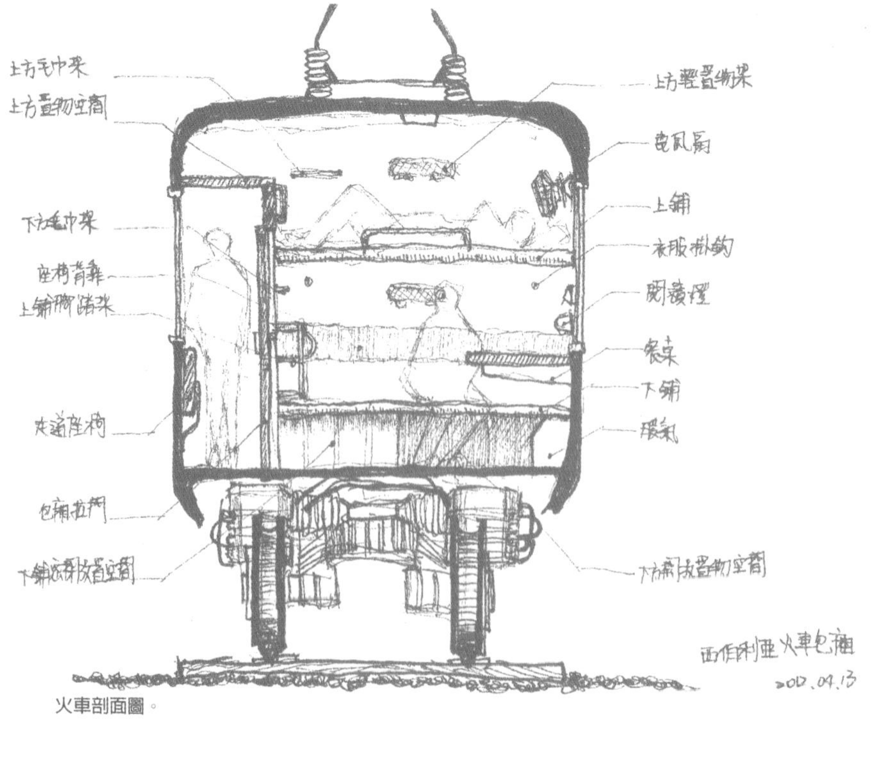

火車剖面圖。

安心不少。

硬臥車廂是四個人一間，和我同間的是兩位蒙古婦人，要去俄羅斯賣皮包，我倆只能用最簡單的英文溝通，可是她人很不錯，還讓我品嘗了蒙古道地的羊肉包子，邊吃邊欣賞車窗外草原的景緻，雖然言語無法溝通，但是似乎也不是什麼太大的問題。

列車一路往北行駛，晚上九點來到了蒙古的最後一站——蘇赫巴托，在這邊除了要辦理出境手續之外，火車也要進行「餐車更換」。出境檢查的蒙古女海關走上火車來查驗護照蓋章，檢查貨物的緝毒犬也跟著嗅每一個旅客的行李，整個過程相當親切溫和，查驗過程感覺相當好。查驗的同時，火車也正在車站的軌道上前後來回行駛，放掉蒙古的餐車然後掛上俄羅斯的餐車，在一個小時後全部的流程順利結束，列車也將正式離開蒙古，駛向俄羅斯。

第一個晚上的鐵路之旅平安的結束，期待接下來會看見更美麗的鐵道風光！

西伯利亞鐵路・第二天

當車窗外的景色不再是草原，而是一株株細長的針葉林時，我的旅行也跟著正式的踏進雪白的俄羅斯。

半夜在睡夢中列車來到了俄羅斯邊境，俄羅斯海關也是一樣上車檢查，可是規格陣仗和態度比起蒙古海關真的有很大的不同，雖然不凶，但是一張撲克臉，當我看到了這個大家常說的「一號表

結冰的貝加爾湖。

情」時，我相信我是真的來到俄羅斯了。

有趣的事情是，兩位蒙古婦人和同伴為了要藏皮包而開始大變裝，換上寬鬆的衣褲再把要賣的皮包全部綁在身上，折騰了老半天，她們總算是變裝完成。當俄羅斯海關上來檢查時只要我把床掀開稍微看一下；但是卻要求蒙古婦人把行李的每一個袋子都打開檢查，一旁的我真是看傻了眼！在邊境檢查停了三個多小時後，列車才又緩緩的在黑夜中前進。

當我早上醒來時，蒙古婦人已經下車了，整個包廂剩我一個人，雖然其他包廂還有一些人，但是列車員告訴我不會再有其他人上車，也就是說到達莫斯科前，我就是在這個人包廂內度過接下來的火車旅行。感覺不錯但是也很奇怪，因為拉門關上後的包廂變得好安靜，一個人坐在裡面雖然自由，但是卻也有種被關起來的感覺。無論如何，接下來的時間至少我可以自由運用，無拘無束。

國中理化老師曾經問過我們班「全世界最深的淡水湖在哪裡？」當後來公布答案是貝加爾湖後，我便對這個湖泊有了很深刻的印象。貝加爾湖，現在正出現在我眼前，在我心中擺放了十一年的想像，終於見面了！

寒冷的西伯利亞在四月仍是一片雪白，我所見到的不是湖水，而是宛如南極大冰原般的「湖冰」，對我而言這是搭乘西伯利亞鐵路的最高潮，因為鐵軌會沿著貝加爾湖從東往南一路繞到西邊才轉彎繼續向西前進。今天整整一個早上都可以欣賞不同角度的貝加爾湖風光，結冰的湖水看得到波浪的痕跡，冰封的波浪在雪白的映襯下猶如一片靜止的大地，波浪不動而火車在動，感覺好像拍電影般的手法讓物件靜止而鏡頭轉移，是一種非常奇妙的體驗。

鐵軌時而離湖水很近，低頭就可以看到湖畔；時而又會穿梭在針葉林裡，視線要穿越快速移動的樹幹才能看見廣闊的湖面；偶爾湖畔會有幾間斜屋頂的民房，與樹林和湖冰結合成

一幅美麗畫面。貝加爾湖寬闊到有點像海岸，雖然它只有夏季會變成水的狀態，但是今天我能圍繞著它，欣賞北國風情的冰封狀態，也是人生中一個難得的體會與感動。

火車之旅的第二天結束了，回想著白天美麗的貝加爾湖風光入睡，期待接下來三天的火車旅行。

西伯利亞鐵路・第三天

今天溫度變得很溫暖，外面也不積雪了，加上過了貝加爾湖後的景色開始大同小異，所以我開始在車廂之間穿梭，找一些有趣的事情來做。

餐車須經過好幾節車廂，因為時間接近中午，所以每節車廂的列車員都在煮午餐。有人煮麵條，有人煮魚湯，有人包水餃，有人炒青菜，每節車廂的味道都不一樣，真的是服了這群列車員可以在這樣的環境下變出如此多樣的美食。

我人還沒走到餐車，可是這一路的香味已經讓我肚子咕嚕咕嚕叫了。

列車員王大哥一有時間就找我聊天，他對台灣的事情特別感興趣，我們甚至坐在一間空包廂聊了快兩個小

貝加爾湖鐵軌剖面。

時。我把我認為的台灣現況與他分享，他也告訴我他隨列車去北韓服務的景象。我很喜歡跟他聊天，除了消磨火車上的時間，也順便交個朋友，一舉兩得！

今天的時差已經比台灣慢兩個小時，開始有些不習慣，也感覺今天對時間特別難以掌握，難怪有些人說搭乘西伯利亞鐵路到第三天會最難以適應，我想時間調適應該是很大的一個難題。

無論如何，火車之旅都已經超過一半，該讓自己調整好時間差，開始以莫斯科時間來度過接下來的俄羅斯時光！

西伯利亞鐵路．第四天

今天四月十五日具有很多重的意義，因為今天剛好是旅行跨過一半的日子，也剛好是從亞洲跨越到歐洲的日子。

隨著列車來到Yekaterinburg站，我的心情也就跟著愈來愈興奮，因為王大哥告訴我只要過這站再開三十分鐘，就可以看到烏拉山上歐亞分界的地標。當列車再次啟動，我就拿著相機在窗邊興奮的等候，想要捕捉屬於自己人生中第一次來到歐洲的瞬間感動。隨著時間和地點愈來愈接近，我也就愈聚精會神的注視窗外的景色變化，連王大哥都走到我旁邊陪我一起等；可是，就當剩不到幾百公尺時，竟然對向軌道來了一列好長的火車，我們的列車和它交會好久；在列車交會的空隙中，我隱約看見了一個紀念碑從眼前稍縱即逝，而那個竟然就是我期待已久的亞歐分界地標。都怪這一切未免

鐵路窗外針葉林景色。

太巧合，那輛列車剛好擋在界標之前，讓我忽然間就從亞洲到了歐洲，不但沒有拍到照片，連我想要象徵性的跨出個人一小步的機會都沒有。唉！雖然覺得遺憾，不過還是很開心自己來到了世界地理分區的歐洲大陸，而我的旅程也正式從亞洲跨越到了歐洲。

這兩天和前後幾節車廂的列車員全都聊開了，在火車上的時間也就在開心的聊天之中很快的度過。在列車上聽這群四五十歲的大哥們發牢騷，抱怨對大陸部分制度的不滿，以及對工資趕不上物價的種種描述，讓我從底層再次認識了現在中國的社會樣貌。每個人對台灣都充滿好奇，特別是台灣的水果，我也就盡我所能的回答他們對於台灣的種種疑問。

王大哥真的對我很不錯，一天比一天關照我，昨天和他分享了我的鐵路sketch，沒想到讓他留下深刻的印象，今天就說如果我想看，他可以帶我去高級臥鋪做個介紹，讓我體驗一下順便畫畫。在他這般熱情的邀約下，我也很幸運的前往高級臥鋪感受頂級西伯利亞鐵路之旅的樣貌，再加上王大哥對列車功能和環節項目的精闢解說，我覺得我的鐵路之旅除了我內心的感性之外，更多了份可貴的知性。

今晚是西伯利亞鐵路之旅的最後一夜，我覺得我開始習慣了火車上的生活，可是卻有點不適應時差，一天跨越一個時區，每天睜開眼睛，時間又比前一天慢一個小時。此刻看著車窗外接近午夜的夕陽，猜想明天此時此刻人在莫斯科的我，是否能適應新的環境與時間呢？

高級包廂速寫。

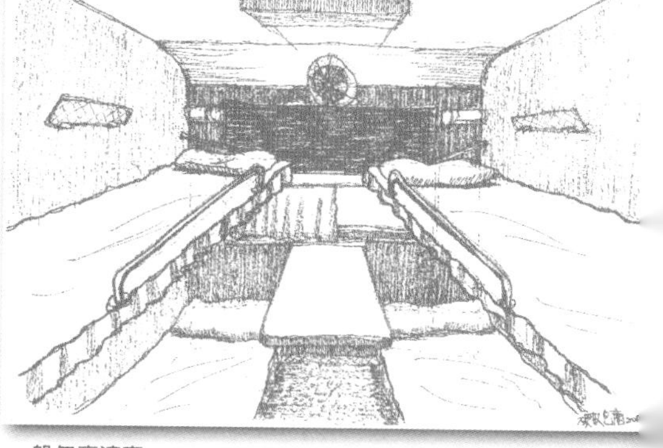

一般包廂速寫。

西伯利亞鐵路・第五天

五天的火車之旅想像起來很長，但實際搭乘卻不長，已經適應火車生活的我，今天就要告別鐵道旅行，到了莫斯科又是一個全新的旅程。

刻意多睡了三個小時，總共睡了十五個小時來調整時差，當我在莫斯科時間七點起床的時候，列車員牛哥已經依循著中原標準時間在做午餐。他自己揉麵糰，做麵條，雖然我知道在車廂狹小的空間感覺很辛苦，但是我從外人的角度看來其實有幾分浪漫。當牛哥和王大哥麵條煮好準備吃午餐時，陣陣飄來醋加麵條的香氣，忽然讓我好想好想家。

站在走道上我雖然看的是窗外的風景，可是心裡想的卻是「故鄉」，熟悉的香氣讓我感覺家的距離好近，可是列車卻用更快的速度往背道而馳的方向前進。那陣陣香氣讓我想再多吸幾口，但是我卻遲遲不敢再深呼吸，我無法再站在走道上了！回到包廂，關緊了門，直到我聞不到外面的香氣；忽然一陣鼻酸，這是第一次，我在旅程中因為想家紅了眼眶！

上火車前，我完全沒有想到在這趟列車上我會交到列車員的朋友，可是我跟王大哥這一路上真的是無話不聊。當列車緩緩的停靠在莫斯科火車站的月台，代表漫長的火車之旅將要結束。我跟王大哥互相說了再見，雖然下一次要在西伯利亞的火車上相遇不知道會是何年何月？甚至可能沒有下一次的機會，但是至少我多了這位朋友；也許在北京，也許在台灣，我相信，此刻在莫斯科的道別，是為了下一次再碰面，所以我並不哀傷。走在莫斯科火車站的月台，我朝著莫斯科旅行的腳步繼續前進。

走出地鐵站，我才真正覺得自己已經身在莫斯科。身旁的街景和人群已經不再熟悉，我是街頭上少數黃皮膚黑頭髮的東方人，旅行愈往西走，文化的差異就愈深刻。回想自己這兩個禮拜一路從東北亞、東南亞、北亞一路跨越到歐陸，如今身在莫斯科，這一路文化和風土民情的轉變連我自己都覺得有些不可思議！

莫斯科給我的第一印象不差，我想是因為我帶著太多的成見來到這座城市；不好的治安、冷漠的人群、差勁的服務態度，即使街頭所見確實有三分真實，但是我仍希望能透過這幾天的親身體驗，用我自己的感受還給莫斯科一個公道，我也希望這座充滿神祕色彩的城市不要讓我失望。

一路照顧的王大哥。

城市空間記憶

莫斯科・紅場・莫斯科大學・城市藝文饗宴・太空展覽館・勝利廣場・地下宮殿

0412~0421

莫斯科・紅場

來到莫斯科，對我來說第一個要去探索的地方絕對沒有第二個選擇，一定是紅場！我在莫斯科的「窩」離紅場很近，所以起了一個大早就出發，想要早點掀開紅場那神祕的面紗。

在旅行開始之前，我就已經閱讀了不少關於紅場的旅行文學，那些作家造訪的時間多半是帶有蕭瑟氣息的十月，描述的紅場都帶有一絲絲的神祕與緊張；今天我所感受到的紅場並不神祕也並不緊張，廣場上的人群反而給我活力與自由的感覺。當我沿著通往紅場的大街一路走去時，在兩旁歐式風格建築街道的端點上，遠遠的我就看到了克里姆林宮高聳的紅色圍牆，我加快了步伐，心中期待著與紅場更早一點的接觸。眼前紅色圍牆愈來愈高，高聳的塔樓也一根一根的出現，最後連充滿戲劇性的聖瓦西里大教堂都出現在我眼前時，我放慢了前進的步伐。正當我停止前進，腳踩在充滿歷史痕跡的石材舖面上；那一刻，我閉上了眼睛，靜靜的感受我與紅場的第一次邂逅！

紅場氣息。

紅場

紅場
交通：搭乘地鐵至「Охотный Ряд」、「Театральная」、「Площадь Революции」下車，依指標步行前往。

眼前所看見的紅場比我心中想像的紅場，在尺度上顯得親切得多，它並沒有像北京天安門廣場那樣大得令人卻步，但是作為展現壯盛軍容的廣場功能來說，它顯得游刃有餘。站在廣場中央，感受著現在過往的人群，也回想著曾經過往的歷史，當陽光從廣場東南角灑在紅場周邊所有紅色的建築物上時，那恰如其分的光線角度與稍微刺眼的紅色反光，這迷人的十點四十五分，是我沉浸在紅場空間氛圍的最美時光！

成就紅場的美除了建築物的磚紅，更讓我感受深刻的是的「血腥」紅。我環繞著紅場，甚至是整個俄羅斯精神地標的聖瓦西里大教堂，看著它用色鮮明大膽且造型獨樹一格的彩色洋蔥塔頂，九座尖塔宛

聖瓦西亞大教堂。

如牽著手在歡樂唱歌的活潑意象，為嚴肅紅場帶來輕鬆的氣息；可是，當我想著恐怖伊凡挖掉了蓋這座教堂工匠的眼睛時，那用鮮血換來的美麗，格外珍貴！

另外，教堂旁的一個圓形平台也留著歷史的紅色印記，曾經這裡是行刑的斷頭台，頭顱落地所飛濺的鮮血，一次又一次的染紅了平台上的石材，即使現在已經事過境遷，過往的鮮紅如今也只剩下褐色，但是想像當年的血腥，依然令人毛骨悚然！有這樣的歷史背景陪襯，這座大廣場被稱為「紅場」顯得更加名副其實。

走過了華麗的GUM百貨，穿過了紅得很徹底的國家歷史博物館和耶穌復活門，我來到了紅場的北端，這裡有一些街頭藝人和紀念品小販，整個廣場的氣氛和南邊的大廣場相比，顯得更加輕鬆自在。走在這裡，有著充滿童話故事元素的造型雕像和活潑生動的水底拼貼，周遭綠樹成蔭，這樣浪漫的場景，讓我真的很難想像大家口中的俄羅斯人會有那麼暴力的一面。或許只能說環境的本質是善良美麗的，可是後天的政治操作喚起了人們心中凶惡的那一面。

待在紅場一整天，真的好喜歡它因為豐富歷史而造就的燦爛現在，也許今天只能感受來往人群的自由自在，暫時無法體會閱兵遊行的戒嚴狀態，可是今天在廣場上所有心靈與視覺的震撼，都將成為我美好的記憶，並化作對於紅場未來的想像與期盼。

紅場與我。

紅場氣息。

莫斯科・莫斯科大學

為什麼大學要蓋得那麼高？這是我小時候對於莫斯科大學的第一印象。當後來慢慢了解這是史達林眾多彰顯前蘇聯強盛國力的其中一棟建築物後，我便對它充滿了好奇，究竟站在它的下方仰望是一種什麼樣的感覺？

不一樣，很不一樣，它跟我所有看過的大學都不一樣，大學給人的感覺應該是自由的學風與開放的空間；可是莫斯科大學卻讓我覺得在這裡求學是「使命」大過於學問本身。幾乎是完全中軸對稱的校園配置，學院建築被周遭大量的綠化所包圍，校園中心的行政大樓是一棟完全展現霸權象徵的摩天大樓；樓高一八六公尺，主要立面朝向克里姆林宮，可以說是俄羅斯最高權力核心與最高學術殿堂的連結與呼應，也似乎明白的告訴從這裡走出去的學生將來的使命就在前方。

這棟摩天行政大樓不開放給一般人參觀，連學生和職員入內都必須接受安檢，如此的高規格與大陣仗，是我走訪各大學之中，頭一次領教。

莫斯科大學。

莫斯科大學

地址：улица Ленинские Горы, ГСП-1, Москва, Россия 119991
電話：+7-495-939-1000
交通：搭乘地鐵Сокольническая線至「Университет」下車，向西步行約500m。

莫斯科・城市藝文饗宴

莫斯科深度的藝術與文化內涵，我在今天的旅行中有了最直接的體會。文化的層次包羅萬象，光是今天我就體會到了莫斯科的前衛美、街頭美，還有古典美，一整天下來真的是視覺與聽覺的雙重饗宴。

前衛美，指的是Mayakovskiy博物館。他是一位前蘇聯時代的詩人，年僅三十七歲，雖然我對他的作品不了解，可是在這座博物館裡，我卻能感受到他的作品為俄羅斯社會所帶來的巨大影響。這座博物館充滿了解構再重組的元素，運用大量的色彩和拆解實體物件並融合成一個片段且連續的虛幻空間。我從來沒有這樣參觀博物館的經驗，原來文學的創作精神是可以用這樣大膽的手法加以分解重組，並用空間序列的方式鋪陳描述。文學最美的地方在於作家能夠用文字堆疊出想像，而想像卻能隨著讀者的體驗而有無限的變化，這座博物館的空間配置就好像是讓人走在想像之中，從觀賞的想像再延伸自己的想像，也許搭配俄文更能體會深層的意義，但是即使多了這道文字的隔閡，我仍然從空間之中感受到Mayakovskiy的文

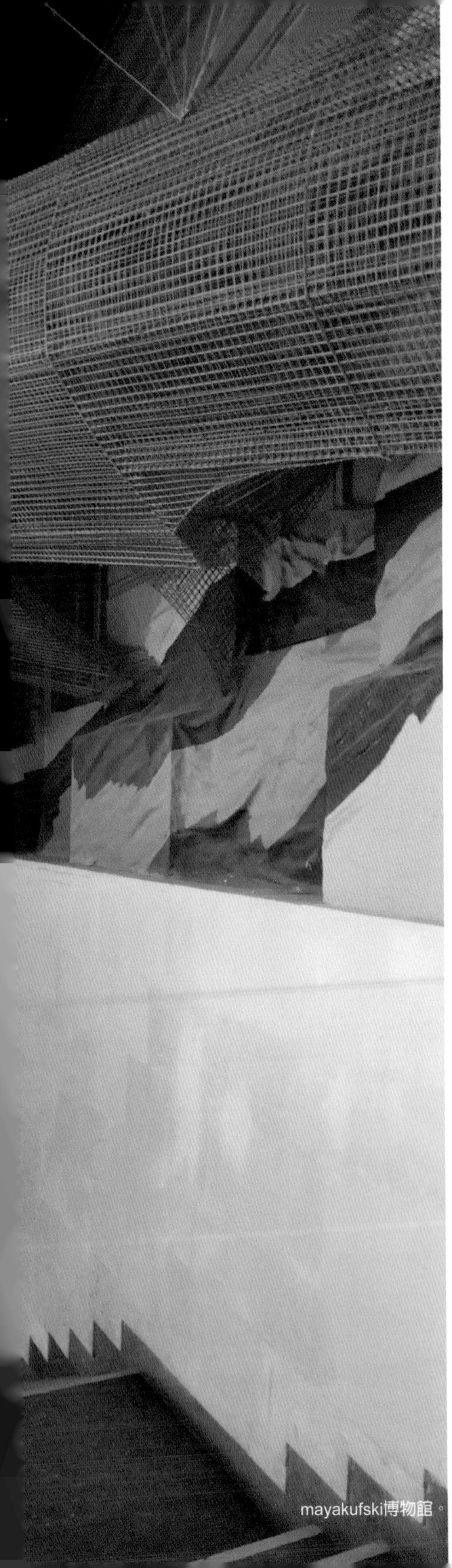

mayakufski博物館。

Mayakovskiy博物館

地址：проезд Лубянский, 3/6, в музее В.В. Маяковского, город Москва, Россия 101000

電話：+7-495 621-9387

交通：搭乘地鐵Сокольническая線至「Лубянка」下車，沿指標前往。

字魔力。不同藝術創作的對話，竟然可以用如此前衛又白話的手法加以呈現，與其說是欣賞，我更覺得是上了一課。

街頭美，指的是莫斯科老城區西邊一條富有歷史意義的特色街道——阿爾巴特街。五百年來這條街道都充滿著各式各樣的故事，特別是俄國名人普西金在此住過，更增添了這條歷史街道的話題性。現在這條街道是一條行人徒步的商店街，有著各式各樣的特色商店和多元型態的街頭藝人表演，讓莫斯科街頭文化的魅力在這裡一覽無遺。特別是街頭藝人的表演穿插在整條長長的街道之間，彷彿是約定好了一般各自分區，無論是饒舌電音、自彈自唱，或是樂器演奏，都讓

阿爾巴特街

交通：搭乘地鐵Филевская線至「Арбатская」下車，沿指標前往。

mayakufski博物館。

我體會到莫斯科人冰冷外表下的火熱內心。屬於莫斯科街頭的藝術表演，讓我印象深刻。

古典美，這是我今天旅行的高潮，彷彿用朝聖的心情來到俄羅斯音樂的最高殿堂——柴可夫斯基音樂院。即使我不是學習音樂，但是身處在美的樂聲之中，仍然讓我的聽覺有了豐富且多層次的感受。幾乎不用問路，當廣告看板出現的都是音樂表演的相關訊息，來往人群身上揹著一個比一個大的樂器時，我知道我已經離音樂院不遠了。

柴可夫斯基音樂院並沒有明顯的邊界，幾座舊建築融合在周遭的街道環境之中，看起來沒什麼不同，可是當窗戶傳來陣陣的樂聲時，那便是音樂院的魅力所在。音樂院正大門前有一個小廣場，柴可夫斯基陶醉在音樂之中的雕像就高高的位在正中間，周遭所有裝飾的元素都和音樂有關，幾位音樂院的學生彼此在廣場上討論著，也有休息的教授在這裡放鬆抽菸，感覺這裡發生的一切都好「優雅」。

尋著樂音，我開始向音樂院的深處探索，在建築物相互錯落的後院空間中，我找到了今天心裡最美的感動！遠方琴房傳出的練習曲牽引著我前進的步伐；回頭，又聽見法國號傳來低沉的樂音；轉身，高

柴可夫斯基音樂院。

樓層的窗戶傳來了高亢有力的聲樂；身後，又傳來小喇叭略帶急促的旋律。即便這些都只是練習的樂音，但是當所有的旋律疊加在一起，就讓我感受到了一股因為努力不懈而演奏出的感動旋律。也許今日我們只是在相同的時空用聽覺和心靈交流，但是說不定數年後某一天我就會成為正在練習的其中一位演奏家的台下聽眾。在柴可夫斯基音樂院的這個下午，不只是聽覺，我連心靈都感受到浪漫。

每天的回程我都會刻意穿過紅場，很開心它可以成為我人生中曾經生活的一部分。隨著每天在莫斯科不同的發現，每天再走回到紅場都有不一樣的體驗。今天我的藝文饗宴，就好像是又拼湊出對莫斯科未知想像的其中一塊拼圖，讓我看見了俄羅斯嚴肅外表下浪漫的另一面！

柴可夫斯基音樂院

地址：улица Большая Никитская, 13/6, Москва, Россия 125009

電話：+7-495-629-9401

交通：搭乘地鐵Филевская線至「Арбатская」下車，跟著身上揹大樂器的人群走。

柴可夫斯基音樂院。

莫斯科・太空展覽館、勝利廣場

今天是一段和近代歷史連結的旅行，明確來說可以稱作是俄羅斯的歷史榮耀與國家存亡。為了今天的探索，我事前做足了功課，也因為如此，今天的感觸特別深。

對於前蘇聯時期的歷史我充滿著好奇，莫斯科的東北角有著前蘇聯時代的輝煌產物——太空展覽館，讓我有機會一窺前蘇聯曾經的樣貌。共產黨擅長營造國家正面的氣氛與想像，身處在這個大廣場中，我強烈的感受到這股力量的影響。

我必須說，太空展覽館的整個廣場設計、太空紀念碑以及展覽館本身，真是設計得太吸引人了！從南邊入口一路向北端的紀念碑與展覽館前進，是一條軸線明確的空間與動線，遠遠的便可看見那一飛沖天的火箭紀念碑，但是在到達它之前，卻會先看見一座座整塊原石切割成星型的重大太空事蹟里程碑。每一個星型基座以及重大事蹟都象徵著前蘇聯的國家榮耀，一路延伸排列到高聳的紀念碑之前，也意味著因為無數次太空任務經驗的累積，才能完成最後一飛沖天的夢想。多麼具有國家民族情感和正面教育意義？這座廣場一定讓上一代的俄羅斯人感到無比光榮。

當軸線空間轉變為開放的廣場時，一切的線條都開始一步步的向天空竄升，簡潔的造型和俐落的線條，明快且清楚的表達前蘇聯在太空科技的成就與自信。紀念碑的下方空間就是太空展覽館，在這裡很清楚看見了前蘇聯在太空發展的過程與努力。在台灣，太空

太空展覽館的國旗。

勝利廣場平面圖。

勝利廣場

的知識多半都是美國ＮＡＳＡ的系統與資訊，我很開心也很仔細的研究俄羅斯在太空科技的細節與設計；在這個過程中，我也再次體會當年冷戰的太空競賽究竟耗費了美蘇雙方多少的資源與金錢，才能留給後世如此豐富的太空知識。展場內有一處角落特別讓我感動，我們中華民國的國旗竟然懸掛在眾多國家旗幟之間，而且位置相當醒目，這是否也意味著台灣曾經也為了蘇聯的太空科技而貢獻過心力呢？

位在城市西邊的勝利廣場，刻意挑四月二十日來也有歷史的意義，因為今天剛好是希特勒的誕辰，與這段過往歷史連結呼應，讓我探索勝利廣場的想像也更具故事性。來俄羅斯前特地讀了「衛國戰爭」的歷史，昨天晚上更是再次複習，希望今天能有更深刻的體會。當年納粹德國在一九四一至一九四五年間侵略前蘇聯，造成前蘇聯兩千五百萬人死亡，最

太空展覽館

地址：проспект Мира (дублер), 111, Москва, Россия 129515

電話：+7-495-683-7968

交通：搭乘地鐵Калужско-Рижская線至「ВДНХ」下車，出站便可看見紀念碑。

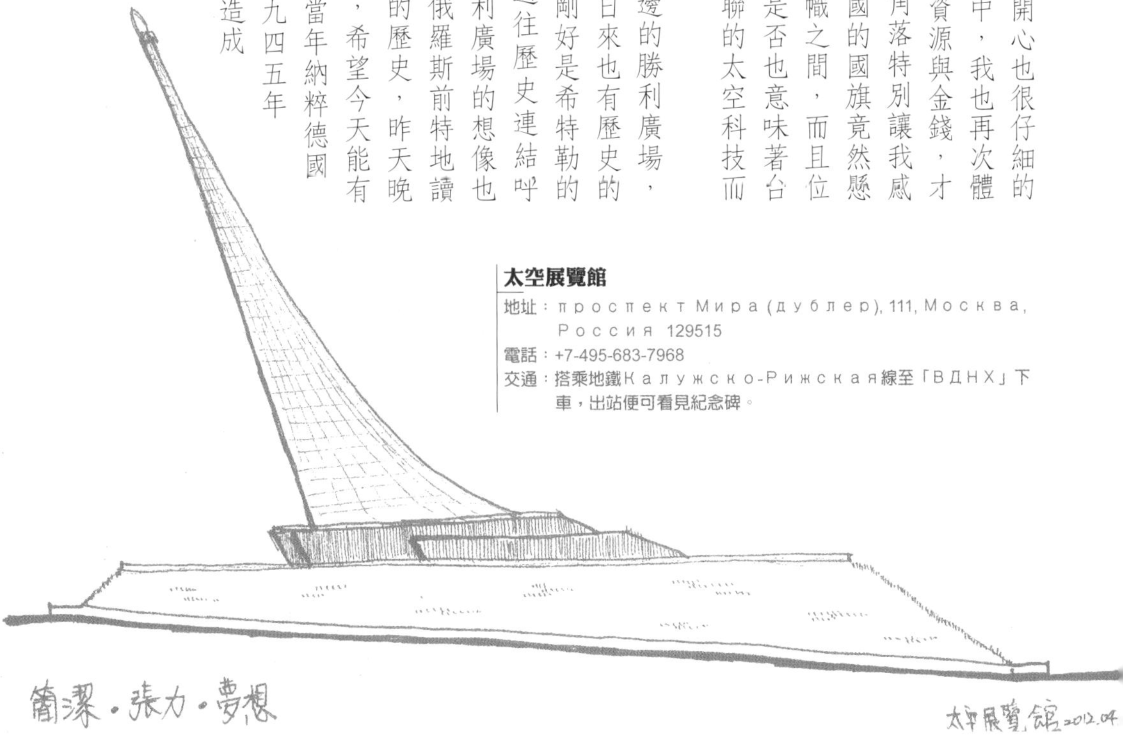

後前蘇聯成功守護家園，取得勝利。整段戰爭歷史的過程被轉化為勝利廣場的配置元素與空間序列，彷彿讓我親身經歷了這一場俄羅斯國家存亡的保衛戰。整座廣場的設計結合了好多關鍵的數字，讓設計的概念更加與衛國戰爭相互呼應。

通往紀念碑的路徑一樣是一條軸線的空間，腳下踩的石材大約有二千五百萬塊，象徵著前蘇聯在戰爭中犧牲的人民；一路前行，時間沉重的印記開始出現在動線之上，一個階段的高程就代表戰爭經歷的一年，象徵著戰爭經歷的漫長時間與等待；每往上踏一個高程，就會看見石材因鐵銹而產生的斑駁褐色，放眼望去，似乎又象徵著戰爭所留下的大片血跡，歷歷在目，讓人心開始糾結；好不容易跨越了一九四五年，以為戰爭可以結束，沒想到眼前卻看見通往紀念碑的樓梯，用紅色系石材舖設，感覺像是戰爭到了最後血流成河的慘痛景象，踩著階梯一步步往上，心情也愈加沉重；一路走來這四年多，總共一四一八天的漫長日子，轉化成眼前高一百四十一點八公尺的紀念碑，期待戰爭結束的渴望此時到達了臨界點；紀念碑前的英勇雕塑，古代戰士用長矛切斷了象徵邪惡力量的蛇頭，象徵戰爭結束以及和平的到來，此刻糾結的心情才得以跟著釋放。

沒想到這個廣場的配置如此有故事性與張力，假如不了解這段歷史，可能一步步的走上去也沒有任何感覺，但是了解歷史後的體會，卻讓我跟著戰爭的過程陷入了複雜的情緒。好淒美的一座廣場，設計得如此勾動人心！

勝利廣場。

勝利廣場

交通：搭乘地鐵Арбатоко-Покровск線至「Парк Победы」下車，出站沿指標前往。

今晚是我在莫斯科的最後一夜，也是最後一次穿越紅場；陰沉的天色和略帶寒意的風，還沒忘掉的戰爭情緒；今天的紅場，蕭瑟，悲壯！

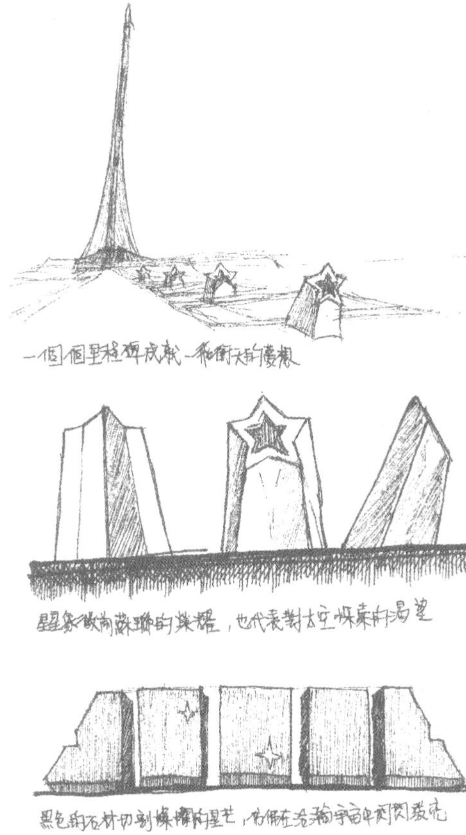

太空紀念碑。

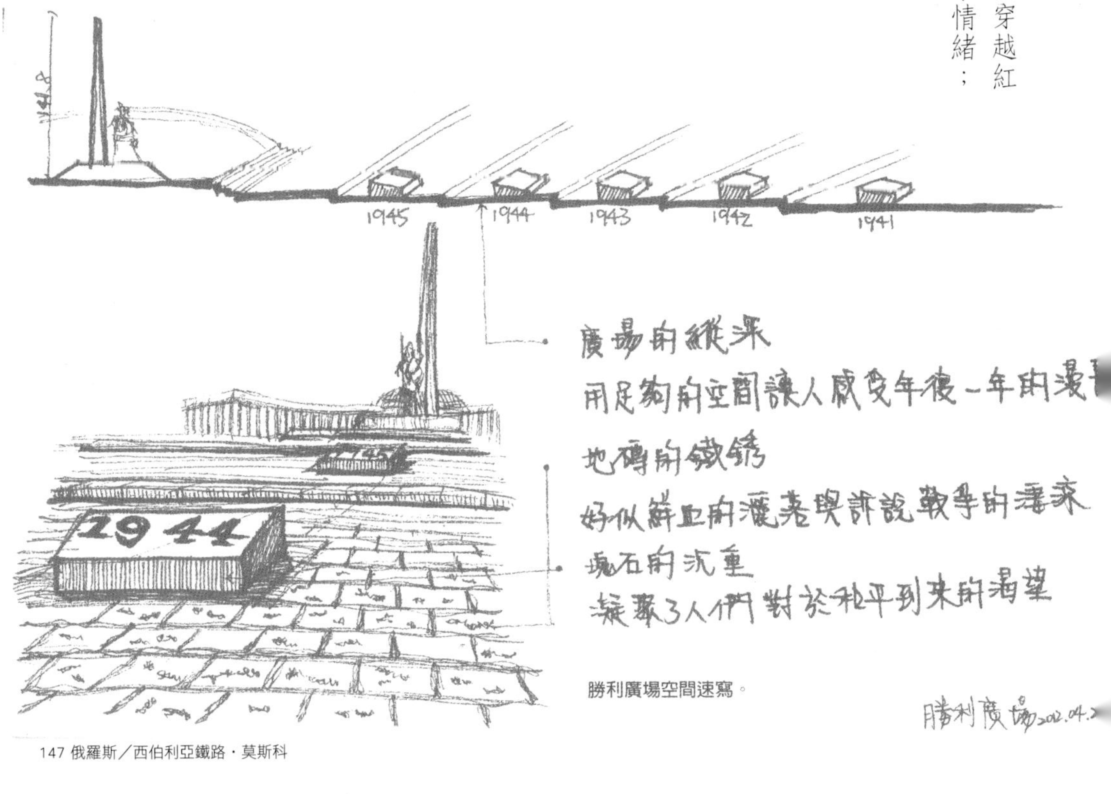

勝利廣場空間速寫。

莫斯科・地下宮殿

雖然今天是個豔陽天，但是天氣好壞都與我無關，因為今天的旅行都在地底下進行，在莫斯科的最後一天，我要好好探索這個地下大宮殿。

幾天搭地鐵下來也有一些心得，綜觀來說，莫斯科地鐵有幾個優點：第一，班次密集度非常高；第二，車站的設計真的很用心，別出心裁，看的出前蘇聯想要傳達的意念；第三，路線安排與車站交會有很高的連結性，換乘非常方便；第四，一票到底，價錢划算。

相對的，這個具有歷史的地鐵系統也有一些缺點：第一，看不見盡頭的地下隧道完全沒有無障礙設施，看著老人家氣喘吁吁，還有推嬰兒車的婦人手忙腳亂，真的很為他們心急；第二，全部俄文的標示

典型車站。

俄羅斯的警察文化。

和掛在高高的頭頂上的指標，很容易讓外國遊客迷失方向；第三，因為是一票制，而且只有進站有管制，所以票只要感應進了匝口就沒用了，應該換成投幣式的比較環保。

莫斯科地鐵真的讓我又愛又恨，它是我所搭乘過最感性但也最不人性，最美麗但也最吃力的地鐵系統。

今天我從環線十二站再加上轉乘交會站，總共二十七站的地下宮殿大探索，著實令我大開眼界。即便時間有限，每一站幾乎都只有用走馬看花的瀏覽方式走過，但是變化無窮的地鐵站仍然花了我四個小時，不過這一切真的太值得！我覺得讀設計的每一個人都應該走一遭莫斯科地鐵，體會這座風情萬種的地下大宮殿。

一整天我感覺自己好像是

型車站。

哈利波特電影的主角，打開一扇門就到另外一個世界，搭乘地鐵竟然會有期待下一站的感覺，真的不得不佩服當時設計這些地鐵站的設計團隊。車站無論是古典型、政治宣傳型、科幻型、華麗型還是文學型，每一站都是主題明確，搭配運用著高貴石材、馬賽克拼貼、彩繪玻璃和造型燈具等素材，打造成一座座美到無法形容的美麗車站。姑且不論有些車站設計的是否過於華麗浪費，但是單純的從美學角度來說，這真的是一場很頂級的美學體驗。

簡潔型車站。

地下鐵剖面速寫。

可以搭3~5分鐘的電扶梯。

科技型車站。

共產宣傳型車站。

旅行印象

莫斯科・帶著成見而來，帶著體驗離開

0412~0421

坐在莫斯科火車站的月台等待，我要搭上前往拉脫維亞的火車；體會過西伯利亞五天鐵路的考驗，這段路程只要十六個小時就到了，旅行至今我所適應的時間尺度似乎也跟著愈來愈寬。

從抵達車站到上車，一路受到很多俄羅斯人的幫忙，包括嚴肅但親切的警察帶我詢問票務問題，不懂英文但是認真指引我車廂方向的中年人，還有上車後碰到的一群俄羅斯好人。

唯有最直接的接觸才能體會最直接的感受，一上火車我也很緊張，每個人都面無表情，但是開車一個小時互相認識後，俄羅斯人僵硬的表情就不見了，他們開始開心的和我聊天，即使我聽不懂他們在說什麼。其中，一位親切的俄羅斯婦人請我品嘗她的俄式燻雞，另一位拉脫維亞婦人也與我分享她的乳酪麵包，那種互相幫助的感覺就跟我在蒙古火車感受到的一樣。

我帶著成見來到這個國家，要離開前我很開心用自己親身的體會得到了不一樣的答案。俄羅斯人表面冷漠，但是一旦突破心防，他們會熱情得超乎想像！也許有可能是我比較幸運，沒有碰到傳聞中不好的事情，但是這十天認識了一些很不錯的俄羅斯朋友，很棒！

明天醒來，旅行的腳步就要到達東歐了，究竟波羅的海國家是何模樣？我已經準備要好好探索。拉脫維亞，I am coming！

前往拉脫維亞的火車。

Country 6-8

波羅的海國家 波蘭

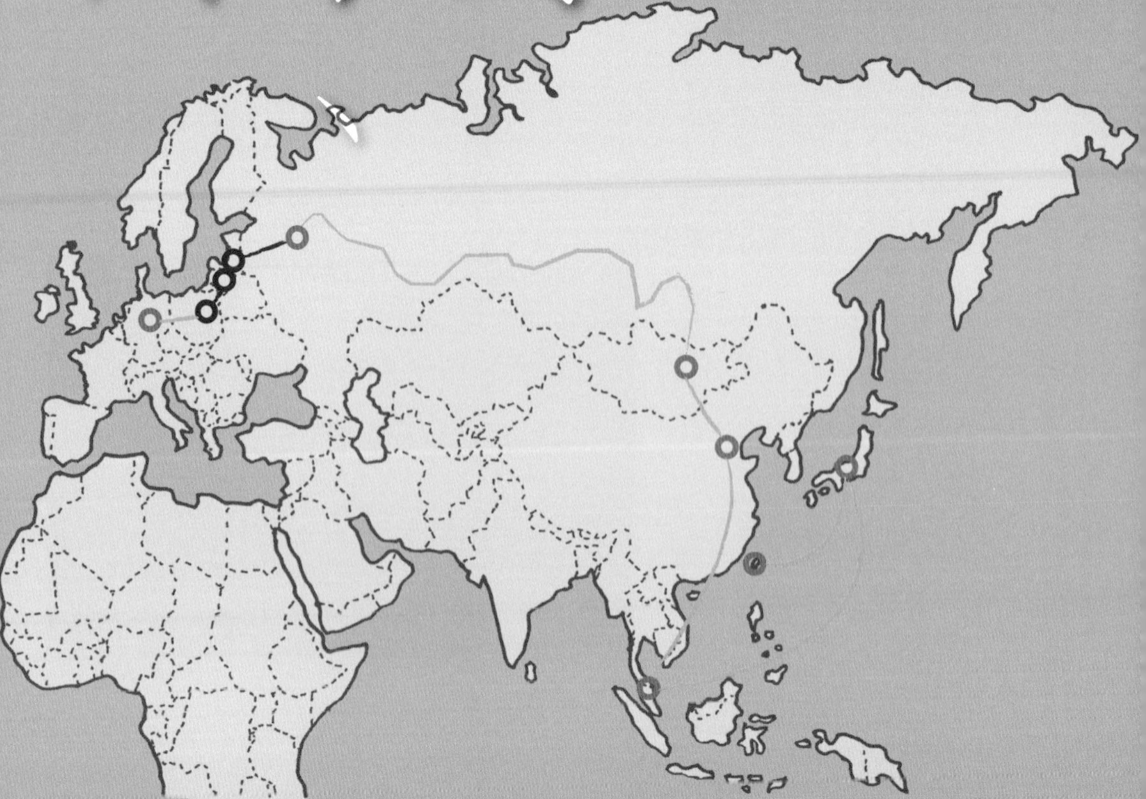

Stop 8 拉脫維亞・立陶宛

12 0422~
12 0428

拉脫維亞・里加

0422～0428

拉脫維亞・進入歐盟區的入境等待

清晨五點，火車來到了俄羅斯邊境，睡夢中被吵醒，天色仍是一片昏暗，火車來到了拉脫維亞邊境。當拉脫維亞海關上火車入境檢查時，卻讓我嚇出了一身冷汗！

雖然持中華民國護照已經可以直接入境，但是畢竟台灣人到這裡仍是少數，再加上我是搭火車從俄羅斯入境，更是讓海關來回檢查確認許久；海關問了我全部旅行的細節，就連我平常跟人聊天都沒有交代得那麼清楚。他們問完之後還是不放心，就連我拿出事先準備好的歐盟對台灣免簽證公報，他們仍是半信半疑，一直不斷來回翻我的護照想要找簽證；過了十分鐘還不蓋章我開始有點緊張了，後來全車檢查完只剩下我還沒蓋章，海關說要把我的護照帶下車確認；就這樣又過了十五分鐘，火車上的我坐立難安，很怕入境會有問題；直到火車開車前五分鐘，海關才終於拿了蓋章後的護照還我，這才讓我終於鬆了一口氣。

海關下車前回頭拍了拍我的肩膀並微笑跟我說再見，手拿著護照的我尚未平復緊張的情緒，不過海關這樣的舉動也讓我對拉脫維亞留下了很好的第一印象。

事實上，離開俄羅斯後到抵達德國之間的旅行我沒有做任何前期的規劃，我只確定了要走訪的國家，至於住宿或是交通方式都是走一步算一步，這也是這段旅行最有趣之處。我期待驚喜就這樣自然而然的發生，而我在里加的第一天真的也感受到了有趣的變化；從今天開始我會很自在的享受每天發生的驚喜，也期待自己可以發現更不一樣的東歐！

里加古城廣場速寫。

拉脫維亞・波羅的海城市的第一印象

里加是拉脫維亞的首都，鄰近道加瓦河旁，離波羅的海只有十公里，因為其特殊地理位置所造就複雜的歷史情節，也成就今日老城區豐富的觀光樣貌。這座以觀光為主要產業的城市，男女老少都說一口流利的英文，人民親切又樂於幫助他人，重點是大家都面帶微笑，這是我確定自己已經離開俄羅斯的最好證明。

我覺得里加就像是道加瓦河河畔的一顆水珠。從最早日耳曼人在這裡建城開始，逐漸像漣漪般的向外擴散；里加古城的發展就像是大樹的年輪，伴隨著拉脫維亞的發展歷史，一圈一圈的記錄城市發展的脈絡。從最核心的早期日耳曼風格，往外一圈的斯拉夫式語彙，再看見成為歐亞貿易樞紐後的多變樣貌，最後一圈是古城牆留下的印記。走在蜿蜒曲折的石板小道間，我很慶幸自己有稍微做功課，不然我要如何對得起眼前所見的美麗？

現在里加最大的綠帶公園就是歷史留下最美的痕跡，沿著古城牆護城河周邊所規劃的大片綠帶是我今天最大的感動。當城市發展要繼續，舊有開發必須捨去，怎麼做才能創造最大的利益？看著眼前的綠草如茵、樹林環抱的愜意水域，我滿腦子都在思考這個問題。

還記得剛來到里加時無意間在城市一處牆角發現一份古人描繪的里加古地圖，內容有五角星芒般的古城牆守護著城內的安全，連結道加瓦河的水道上也看見大小船隻穿梭。這個美麗的古代描繪讓

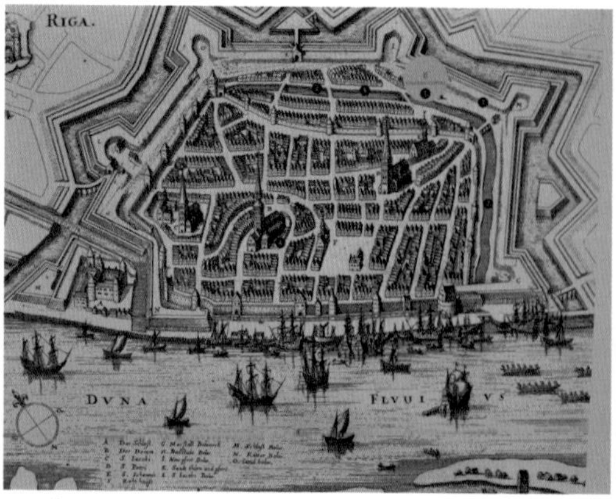

街角發現的城市記憶地圖。

記錄水岸。

我印象深刻，當我發現眼前水岸的彎折角度就是那份古圖所描繪的舊護城河時，我感動得停駐了！不是因為它有多美，重點在於當古城牆已經不存在的今天，里加如何找到和過去歷史的連結？並與今日的城市空間對話？

他們是這麼做的：歷史的護城河盡量維持原來的樣貌，河岸兩邊開闢綠坡，並穿插連綿與錯落的喬木，營造城市森林的感覺；而在草坡與水岸之間用木樁固定，除了護坡之外，也暗示過去古城牆的邊界。就這樣，古城牆雖然不見了，但是仍然可以從現有的脈絡中發現歷史的過往。同時，水岸與兩旁寬闊腹地的公園形成了軟性邊界，形式上分隔了里加舊城與目前市區，但是行人動線卻能相互連結，為這座迷人小城創造更便利的都市開放空間。

假如城市的發展必須拆除某些歷史與文化，那我們怎麼用剩下的「線索」去找出城市記憶新的連結？在里加，我看到了一個不錯的參考答案。

里加護城河公園速寫。

拉脫維亞・里加的動人旋律

美麗迷人的里加，今天晚上我找到了屬於它的動人旋律！這是一個意外的驚喜，可是卻美得讓我難以忘記。

室友是來自南韓的朋友，他因為想要開一間結合音樂與美食的麵包店，所以就沿路演奏賺旅費，並且以品嘗記錄各地傳統美食的方式旅行，好浪漫的一個旅行概念！無意間他看見我的sketch，我便與他分享在日本體驗且畫過的幾張餐廳圖，並且和他討論「他的夢想」在裝飾與空間配置上的建議；而他也隨手拿起吉他為我彈奏了一曲，他說這是送我的禮物。

窗外朦朧的小雨加上濕亮路面反射暈黃的街燈，我重複

聽著這段帶有淡淡感傷的旋律，享受窗外雨中的寂靜，回味我在迷人里加的感動旋律。

拉脫維亞・邂逅波羅的海

這天，搭著火車離開里加的市區，一路往郊區前進，看見鐵路周邊的綠化密度非常高，住家和環境之間的關係非常和諧有序，原來里加的郊區生活環境是那麼樣的高品質！站在MAJORI站的月台上看著眼前的一片翠綠，我期盼看見心中那片素未謀面的波羅的海。

邂逅波羅的海。

走著走著，當我看見了通往海邊方向的通道時，我不禁興奮了起來！因為只要往上走過那片樹林，就是我心中期盼已久的波羅的海。我開始放慢腳步，心中也期待著第一眼看見這片海水的感覺；一路順著坡向上前進，當我的視線慢慢高過斜坡時，我看見了！在沙灘後方那一望無盡的水平線，我忍不住心中的興奮也跟著大喊：是波羅的海！真的好開心，雖然它就是一片沙灘跟大海，可是這是我人生中第一次看見的大西洋海水，跟心中熟悉的太平洋就是不一樣。

踩過細柔的沙灘走向海邊，聽著熟悉的波浪聲，看著陌生的海水，望向無邊際的遠方，此刻是我這趟旅行中另一個感動的高潮！

昨晚里加的動人旋律和今

日大海的悸動，我很認真的想要把它們結合在一起，化作是拉脫維亞最美麗的回憶。當細微海浪的拍打聲，加上韓國朋友的吉他聲，再加上海鷗的鳴叫聲；此刻我閉上了眼睛，靜靜的感受，慢慢的享受；屬於拉脫維亞最美麗的回憶，已經悄悄伴隨著音律深印在我心底！

拉脫維亞・波羅的海驚奇的未完待續

拉脫維亞的旅行我已經覺得是一段「驚奇之旅」了，短短四天，我從對這個國家的歷史懵懵懂懂，到感受人民親切與每天感受到意料之外的人事物，我發現我已經愛上這個迷人的小國家！即便人口只有兩百多萬人，即使因為歷史複雜的因素而必須要靠全體國民努力向前，即使技術資金不足，使得他們沒有足以誇耀的偉大建設；但是，他們的人民願意用微笑和全世界做朋友，與他們相處讓我深知國家開放對自身的重要。

明天我即將離開這個國家，接觸它，感受它，我就愈想了解它！這不只是一個小國家，它有很多值得台灣學習的地方。我的旅行也即將邁向三小國的第二國——立陶宛，我會用更開放的態度，更全面的角度來探索它。立陶宛，**I am coming**！

波羅的海驚奇未完待續。

旅行印象

立陶宛・維爾紐斯、寇納斯

0422～0428

立陶宛・邂逅維爾紐斯

雖然今天的旅行又跨越一個國家，可是從距離和搭車時間的感覺，卻好像只是到另一座城市。不過，下了巴士之後，發現大家說的語言又變得不一樣，我才真的覺得來到了立陶宛。

比起里加的新舊分明，維爾紐斯的城市感覺是比較新舊交雜的，而且因為地處內陸，所以城市地形的變化也比較豐富。這兩座波羅的海城市各自有自己的表情和風格，雖然這次旅行沒有造訪愛沙尼亞，但是卻也讓我忽然好奇地想要看看波羅的海三小國最北端的塔林是何模樣？

立陶宛・里加旋律的昇華

意料之外的旅行在維爾紐斯又發生了！當我在古城區中找尋城市舊有記憶氛圍，嘴裡也哼著令我感動的里加旋律時，隱隱約約聽見了一段熟悉的樂曲，我閉上嘴巴再仔細聆聽，是真的！廣場的另一邊傳來了我熟悉的里加旋律；當下我心想哪有這麼巧的事情，可是下一秒我就興奮的往音樂傳來的方向狂奔，因為我猜那一定是我在里加認識的韓國朋友。有點令人難以置信，不過真的是他，我們竟然又再次見面了！他來自韓國，我來自台灣，我們曾經在里加留下不錯的回憶，如今卻在維爾紐斯再次相遇，緣分的安排真是出奇不意啊！我內心不斷地湧現「他鄉遇故知」的感動。

里加旋律從此刻開始不再只是代表里加，這段感動的旋律不斷在我波羅的海的旅行中出現，感動我無數美好的瞬間；它在我心中已經升格為「波羅的海之曲」，感動的不只是里加，而是這一切不斷充滿驚奇與巧遇的波羅的海國家。

韓國朋友的再相遇。

這位韓國朋友叫做Sunguk，緣分使我們約好一定要共進晚餐，好好紀念這段得來不易的「再相聚」。假如說「緣分」讓我們再次相遇，那麼我說是因為「夢想」讓我們一起在這裡。這是旅人之間對於夢想與人生觀互相的鼓勵與肯定。對於過去，我們都認為自己的國家有一些不完美；對於未來，我們一樣充滿信心，因為我們都相信彼此的國家會因為有彼此的存在而有一點點改變的可能性。在那一聲清脆乾杯聲的背後，代表的是繼續追求夢想，還有不斷超越自我的深刻意義。

古城就是古城，幾百年來就是這個樣子，幾百年後也是同個模樣，重點在於發生在這裡的故事卻會因人而異，往往美麗的感動就是在巷弄間意外的驚喜；那已經不只是空間或氛圍的問題，而是人與人之間奇妙緣分的距離。在里加和維爾紐斯我體會到最深刻的道理，就是人生在追逐夢想的途中，要永遠隨時準備好接受下一個挑戰與驚喜。

立陶宛・立陶宛的光明與黑暗

波羅的海國家的共同命運就是夾在強國之間的悲壯歷史。KGB博物館，這座原來由前蘇聯在立陶宛設立的情報總部改建的博物館，讓初來乍到的我有了一次面對歷史的深刻體驗。這真的是一座讓我心情沉重的博物館，有些博物館展覽的內容會適度增加一些情感，但是這座博物館卻讓我感覺完全的「真實」。我說它真實，是因為在進入每一個展覽廳之前都會有一段文字介紹，描述的方式是先簡單說出當時的歷史背景，接下來會告訴觀賞者在這段歷史裡面立陶宛留下了什麼東西，然後才是踏入展廳內看展示的文物。沒有太多的情緒加諸在字裡行間，但是卻很清楚的傳達立陶宛人民到底是為了什麼而反抗，走完一圈後，我深受感動。

當我看到前蘇聯用悲慘的手段迫害立陶宛人民的時候，我腦袋裡一直想起在莫斯科旅行時造訪勝利廣場所看到的衛國戰爭歷史。在歷史轉動的巨輪下，誰是值得同情的被害者？誰又是令人撻伐的侵略者？誰可以片面的決定他國人民的自由與生命？

相較於早上在博物館的黑暗惆悵，下午在獨立廣場時相對顯得光明希望。我一邊畫圖一邊回想，這段黑暗與光明的反差體驗讓我對眼前所見的立陶宛人有一股新的體認。也許

廣場上的年輕人。

廣場上新一代的年輕人開心的玩著滑板卻不知道身後獨立紀念碑所代表為自由犧牲的意義；但是看著年長的人們，緩慢的走在廣場上曬太陽，也許他們所感受的幸福，就是經過年輕時不斷反抗而爭取換來的自由吧！

在旅行中，可以直接感受歷史與現實的關係，也可以直接比較書本和生活的差距。今天我在回程的路上，對於此刻我所擁有的幸福與機會感到特別地難得與珍惜。

維爾紐斯的廣潮人潮速寫。

立陶宛・波羅的海驚奇的起頭與結尾

波羅的海驚奇之旅在今天就要接近尾聲了，驚奇的起頭是在里加因為城市導覽而認識的一群西班牙朋友，驚奇的結束我一樣留給了他們。在Hector和Jesus的邀約下，我把立陶宛的最後一天留給了第二大城冠納斯。

冠納斯離維爾紐斯搭火車要一個小時，雖說是第二大城，但是人口也只有四十多萬人。曾經它是立陶宛的首都，也是第一大城，但是隨著工廠陸續移往中國，這座城市也就漸漸的沒落；不過這座城市卻是立陶宛的大學城，整個城市有九所大學，所以街上處處都可以看見年輕的學生，整體看起來這座古城仍然是充滿了活力。

這座小城市若不求甚解的隨便晃晃，可能半天就結束，但是和「人」的相處，卻是永恆的回憶。對西班牙朋友來說，這裡是他們住了將近快一年的城市，所以沿路介紹給我聽的內容加入了他們的

與西班牙朋友的草地聚會。

寇納斯古鎮。

感情與生活，如此生活化的介紹，讓我聽得津津有味。

這座城市有座教堂特別可愛，他們稱它為「微笑教堂」，非常名副其實，站在山丘上鳥瞰整個古城區，可以看見進入寇納斯最主要的大橋；而那座微笑教堂似乎就成了最鮮明的城市意象，在人們進入寇納斯之前，遠遠的就先送上甜美的微笑。

這群西班牙朋友真的很熱情，中午在宿舍做了西班牙的傳統美食招待我。因為他們說要感受西班牙美食最好的方法就是要在戶外享用食物，所以我們便帶了食物和啤酒，一起走到河邊草皮的樹蔭下，一邊享用傳統的西班牙美食，一邊開心的搭配啤酒聊天；在假日午後的悠閒氣氛下，配襯著藍天、綠草和流水，我們或坐或躺的度過一段很難忘的時光。

來到波羅的海之前，我不曾聽過寇納斯這座城市，沒有想到離開前，卻在這裡留下難忘的回憶。在火車站與Hector和Jesus道別時，我也很熱情的邀約他們下次來台灣，由我做東。我好喜歡這種互相招待，互相幫忙的感覺，彷彿全世界就像一個大家庭，讓每一座城市都可以充滿大家歡樂的回憶，真棒！

今晚又要搭夜車，我早已習慣在車上度過漫漫長夜。這趟走訪波羅的海兩個國家，帶走了滿滿拖不動的驚奇與回憶，對於歷史的感受以及人民的熱情親切，我想有機會我會再次回到這個地方，對這些國家做更深刻的了解與體會。

旅行繼續往南走，即將前往也是充滿悲痛歷史的波蘭，有了波羅的海經驗，我相信在波蘭一樣也會是充滿驚奇的旅行。波蘭，I am coming！

Stop 9 波蘭・華沙・科拉克

0429～0505

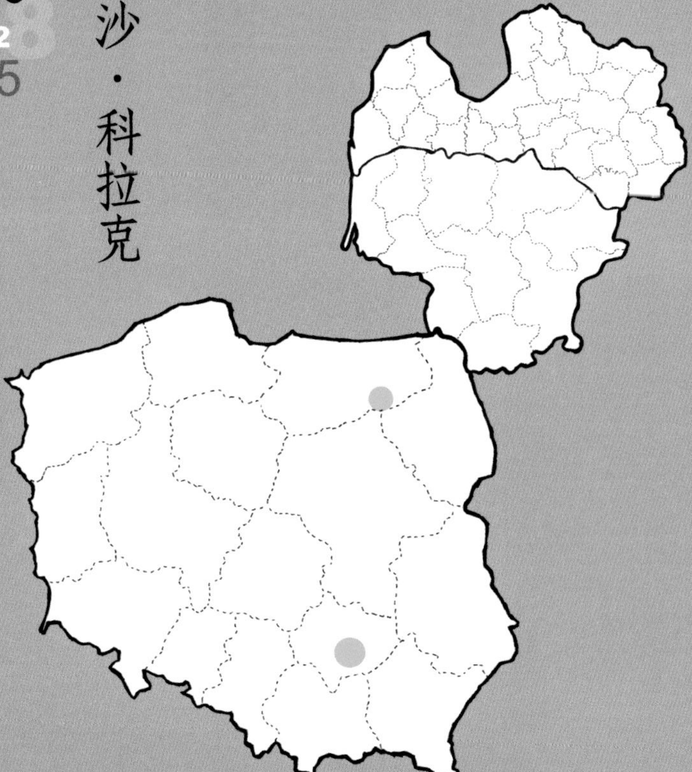

序章

華沙邂逅

0429～0505

今天我比清晨的太陽還要早抵達華沙，下車後不久東方的晨曦才從水平線上升起，射進我的眼睛，好一個朝氣活力的早晨。蕭邦一心想要回來的祖國，今日我有幸親自造訪，何其有幸！

在旅途中認識不少來自波蘭的朋友，似乎他們對於華沙普遍都不是特別推薦，反而都推薦我一定要去科拉克；今天當我來到華沙，我終於明白他們心中的想法。科拉克是波蘭十三到十八世紀的首都，也是這個國家擁有最輝煌歷史的時刻；相對的，華沙代表的是波蘭慘痛的近代史，幾乎所有城市的建設都是在二戰之後重新開始。對波蘭人來說，我想他們更希望來到他們國家的人可以看看曾經的輝煌，而不是只專注在他們悲慘的近代史。對我而言，華沙就是因為歷史賦予了一個特殊意義，我才更加想要看看這座城市，這個國家，是如何在面對重大艱難後再勇敢站起來。特別是今年波蘭將在六月主辦二〇一二年的歐洲盃足球賽，此刻的他們必定也是希望呈現最好的一面來告訴全歐洲，波蘭已經不一樣了！

的確，華沙幾乎所有重要的建築物都從廢墟再被重建，稱不上古蹟，可是這也是我欣賞這座城市的另一個角度。二戰之前，華沙是欣欣向榮的時期，很多畫家和攝影家記錄下了當時的華沙街景；二戰之後，所有東西都必須重建的同時，這些畫作也就跟著一起被

漫步華沙。

當作是還原歷史場景的重要依據。當看著眼前「新蓋好」的古蹟，再同時比較一旁解說牌的歷史回憶，我很深刻的感受到華沙人想要帶著過去的記憶一起面對未來的決心。

來到波蘭，感覺好設計又開始慢慢豐富，希望接下來可以持續循著蕭邦的樂曲，在這座浴火重生的城市中找到更多的發現與體會。

用畫作連結的歷史。

華沙・蕭邦音樂的街頭體驗・蕭邦博物館・華沙大學圖書館

華沙・蕭邦音樂的街頭體驗

探索一個城市最好的切入角度就是從它最美好的故事開始著手。來到華沙，這個故事非蕭邦莫屬。

整個波蘭都以蕭邦為榮，整個華沙更是以蕭邦為主題的做了一系列設計與觀光導覽，其中我最喜歡的一個系列，就是專門為了介紹蕭邦故事而訂做的「蕭邦椅」。靠近華沙現在的老城區附近，是蕭邦在華沙居住時主要活動的區域，所以蕭邦椅就成了這個區域中認識早期蕭邦最好的街道傢俱。黑色亮面的石材上有每一處蕭邦留下記錄的地圖索引，旁邊也刻著介紹蕭邦在此地的生活與啟發，但是最讓我為之傾倒的，是蕭邦椅上的一個特殊按鈕，只要按下去整張椅子就會開始彈奏蕭邦的著名樂曲。人們可以循著樂音探索蕭邦在華沙的足跡，怎麼會有這麼有創意的想法？也許眼前所見的華沙沒有太多真正的「古蹟」，但又何妨？只要處處都能聽見勾動人心的蕭邦樂曲，那就是這座城市連結過去與現在最美麗動聽的風景！

蕭邦椅。

華沙・蕭邦博物館

造訪蕭邦博物館的這天剛好是勞動節，所以很幸運可以免費參觀，真是天外飛來的禮物。

這座博物館在二〇一〇年，也就是蕭邦冥誕兩百周年時，曾大力翻修改建，變成一座互動式體驗的蕭邦音樂博物館，對我來說是一個新奇的博物館體驗。我對蕭邦的故事沒有太多的了解，對於音樂的造詣又不夠深入，加上對波蘭文的完全聽不懂，所以我只能用走馬看花的瀏覽圖片方式欣賞；雖然如此，在觀展過程中與蕭邦音樂的互動仍然讓我的聽覺感受到美麗音符的悸動，我相信對於蕭邦生平與音樂有研究的人來到這座博物館一定會處處充滿感動。

這裡的互動展覽方式令我著迷，特別是聽覺感受的體驗，別出心裁又充滿創意；像是其中一個橢圓型空間，可以讓一個人在裡面感受蕭邦鋼琴的音符跳動，有非常好的音響效果。幾張桌子的抽屜拉開有不同的樂譜，桌上的擴音喇叭便會同時為你彈奏這首曲子。在一架古典鋼琴旁放了幾本完整樂譜，只要拿起來打開放在琴架上，鋼琴便會自動彈奏這本樂譜。有好多不同的方式可以和蕭邦音樂做聽覺互動，真的是一座音樂與展覽結合天衣無縫的博物館。

走出博物館，聽見前方蕭邦音樂院的學生正在練習彈奏鋼琴，與剛才博物館內完美的演奏相比，明顯感受到琴音略顯青澀，可是我喜歡這種感覺，因為我可以感受到裡面的學生正在努力練習，朝著蕭邦偉大的音樂腳步前進。

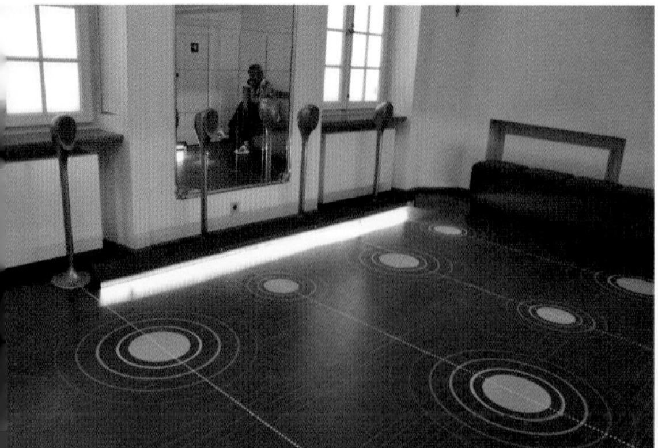
換位置，換音樂。

樂譜擺好，鋼琴自動彈奏。

個人劇場。

蕭邦博物館

地址：Okólnik 1 Warszawa, Polska
電話：+48-22-441-6251
交通：搭乘輕軌7、8、9、22、24、25、43線至「Muzeum Narodowe」下車，向北步行約500m。

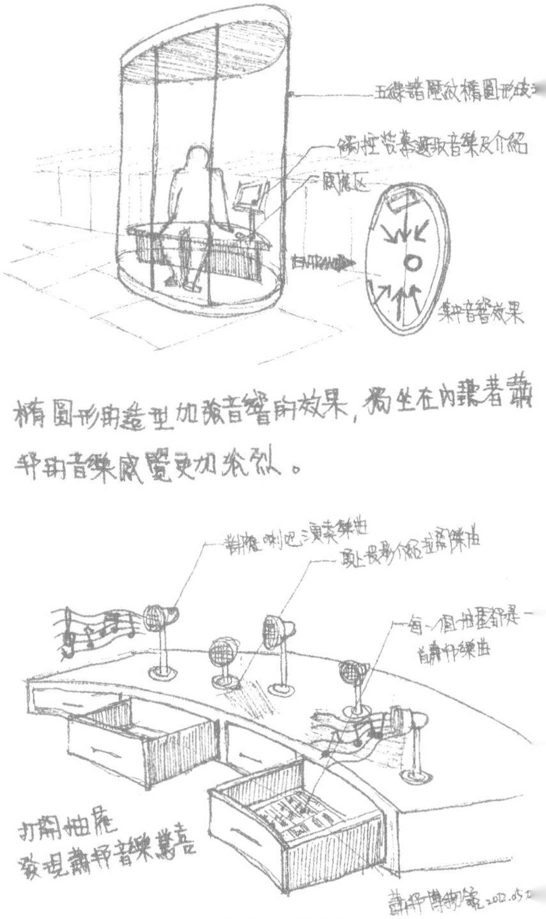

互動的蕭邦音樂。

華沙・華沙大學圖書館

我今天在華沙挖到寶了！旅行自從離開中國到現在，便很少著重在永續設計，當我今天在華沙探索的主軸又回到永續設計時，我得到了非常大的收穫。

華沙大學的新圖書館是我今天發現最大的寶藏。這座圖書館充滿了令我吃驚的立面表情還有令我讚嘆的永續環境，我想這間圖書館稱它為全波蘭最永續節能的環境設計應該是當之無愧。

它驚人的立面表情在於它真的是一棟「綠」建築，從大學主要校區走過來時我以為這是一棟包覆施工圍籬的建築物，我還特別問了學生說這裡就是圖書館嗎？這麼「大膽」的用色我想在剛落成時應該充滿了很多褒貶不一的評價，但是除了立面用色讓我不敢恭維之外，其他的一切我都給予極高的肯定。因為是圖書館，所以立面也有幾片超大鋼板，上面刻著波蘭著名詩人的文學作品，放大來欣賞這樣的文字其實別有一番感覺。地處中高緯度所以屋頂全部包覆玻璃，充足的室內自然採光讓建築物內外立面百分之八十都是被爬藤植物攀附，雖然效果還不是最完美的狀態，但是企圖心卻展露無疑。

所謂令人驚嘆的永續環境，是包圍在圖書館周

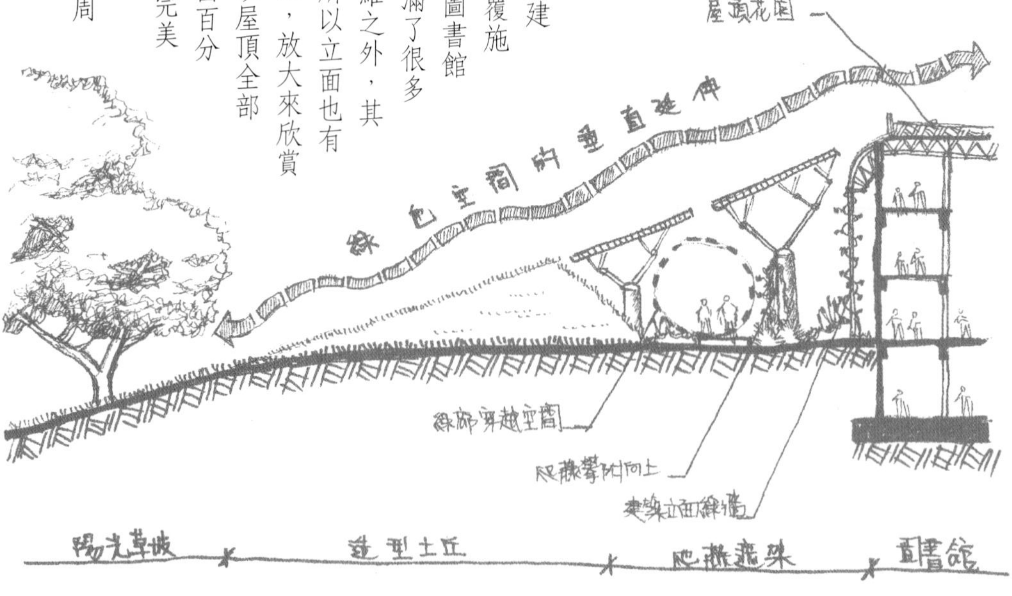

垂直綠意空間剖面。

華沙大學圖書館

邊的景觀空間，還有大面積的屋頂花園。在地下停車場的上方是一整片地形微微起伏的造型草坡，幾顆大樹點綴其中，成了學生和家庭最棒的戶外休閒空間。我想這個設計的其中一個主要概念應該是「綠的立體延續」，除了攀附在外牆的植栽之外，這個案子還用了一些空間虛實的手法來表達這個概念；實體的部分像是刻意形塑的造型土丘，而虛空間則是用大型的樹枝結構遮架來表達，就這樣讓綠色的意象從地面一路向上延伸到屋頂花園。

通往屋頂花園的大斜坡階梯我覺得是這個案子設計最精彩的高潮，因為水的利用在這裡充滿豐富

「綠」建築。

伸向屋頂的綠意。

而多變的樣貌。這個案子在雨水和空調冷凝水的回收利用上直接和景觀空間連結，無論是功能、造型或是美感都非常具有水準。

建築物大片玻璃斜屋頂不僅加強自然採光，更可以在下雨天直接匯集雨水，玻璃下方的引水渠道再將水分流，用增加視覺美感的方式將水導入生態河道內，整個過程一氣呵成，讓人工與自然的介面輕巧的被結合在一起。生態河道圍繞在大草坡的外圍，造型簡單優美，除了增加視覺美感，也同時當作草坡低點的排水。

建築物上方屋頂花園設計可說是能收能放，所謂能收指的是它用植栽創造出很多隱蔽空間，讓人可以靜靜閱讀與休息；所謂能放指的是它善用地理優勢，在特定高點設計觀景空間，把整條維斯拉河的景色

屋頂花園。

建築與景觀的集水整合。

都給借了進來；在收放之間的空間再用連續的動線將其串聯，有拱圈棚架也有排氣設施的造型綠化，穿梭其中的感受很多變，非常耐人尋味。

多麼有收穫的一天，看到了如此精彩的設計作品。看見每一座城市都在用不同的方式為達到永續環境的設計而努力，我也很想加快腳步多看多學多吸收，為我們的環境改造而努力！

華沙大學圖書館

地址：Dobra 56/66 Warszawa, Polska
電話：+48-22-552-5178
交通：搭乘輕軌15、18、35、39線至「Królewska」下車，向東穿越公園，進入華沙大學校園後往河邊方向步行約200m，便可看見一棟綠色建築物。

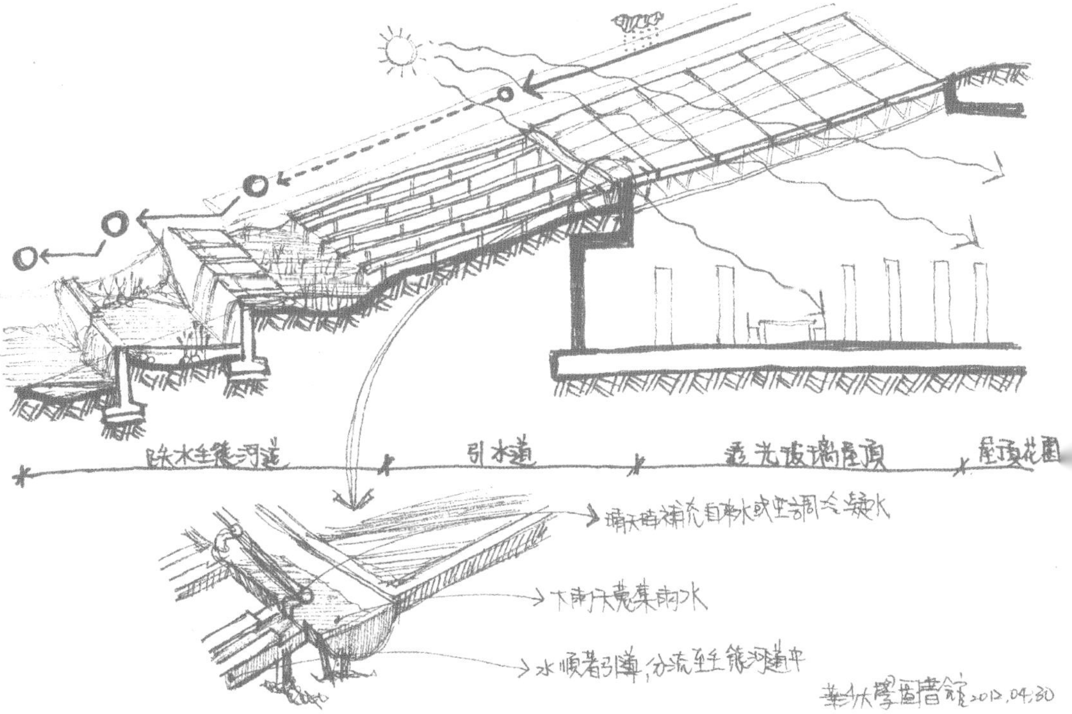

引水道
透光玻璃屋頂
屋頂花園
晴天時補充自來水或空調冷凝水
下雨天蒐集雨水
水順著引導，分流至生態河道中
華沙大學圖書館 2012.04.30

檢竹與景觀的集水整合。

城市空間記憶

科拉克・科拉克古城

0429~0505

離開了華沙，搭乘前往科拉克的巴士，雖然車上有提供無線網路是非常棒的服務，可是波蘭的鄉間卻有著跟台灣品質一樣爛的馬路，一路顛簸搖晃，非常不舒服。總算是到了科拉克，這座波蘭朋友一致推薦的城市，讓我放慢腳步細細的品味！

密集的看了好幾個國家城市的古城，說真的會有一些精神疲勞，因為每一個古城的標準配備一定都有賣不完的紀念品、開不完的酒吧、看不完的教堂還有數不完的人群。若是純粹觀光，很有可能會在每一座不同的古城做一樣的事情；因為如此，要如何在這樣類似條件下找出不同古城之間的特色與吸引力，就變成我今天一直在想的問題。

原則上，科拉克是我目前體驗過覺得古城作為觀光區中包裝最完善的城市，假如一座城市真的有心發展觀光，那整體的水準至少也必須要跟科拉克達到同一個水準，才稱得上用心。

這座保存完好的中世紀城市，以豐富的歷史建築作基礎，並搭配遊客不同的觀光型態來區分主題，在城市觀光指標系統上提供不同的路線參考指引，順著不同的顏色路線探索這座城市，會很容易發現這座城市不同的個性。在古城區舖面設計上也別有用心，線條

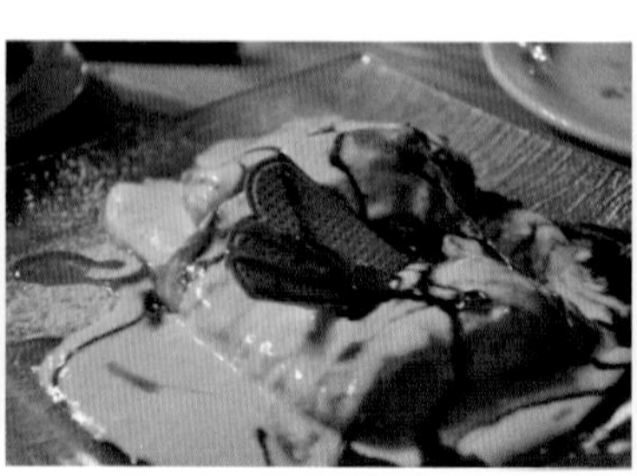

波蘭傳統美食。

古城教堂。

以傳統波蘭裝飾線條為基礎，用小塊的石材展現質感，編織在古城區周圍的人行道上，比起單純的石板路，顯得更加細緻與迷人。

曾經發生的故事也讓教堂更添戲劇性，廣場上一座最負盛名的教堂每個整點都會有喇叭手在高塔上吹奏樂曲，據說是當年警告民眾蒙古軍隊來犯的英勇故事，轉換成今日的喇叭吹奏整點報時，也是一段歷史延續的美麗故事。保存豐富且完整的科拉克中世紀教堂，讓我第一次的歐洲哥德式教堂體驗非常難忘。

穿梭這座城市一整天，我用了一個下午的時間，才摸索出我對於科拉克城市個性的完整體驗。若要問科拉克的哪一個表情最吸引我？我會說我最喜歡這座城市被綿密地面電車網包圍的感覺。科拉克地面電車不長，最多三節，而且舊的很有古典美，新的很有科技美；穿梭在古城的道路間，也行走在林蔭大道的公園裡面，更往返於新舊城區之間。在中世紀寬幅有限的道路空間體會與地面電車交錯而過的擁擠感覺，是我最喜歡科拉克的一個空間體驗。另外在寬度有限的道路上要行走的不只是電車，連一般汽車和觀光馬車都走在同樣的道路上，看著這幾種不同的交通工具彼此有秩序的互相穿越，就更加讓我喜歡這座城市符合人性的空間尺度。

今天很有口福地大大品嘗了道地的波蘭美食，是難得一次物美價廉的美食饗宴。在科拉克的窩認識了兩位在瑞典交換的中國學生，叫做王鴻與梁雙燕，也認識了一位香港的朋友，叫做林敬業。他們客氣又親切，所以我們用共享的方式一起品嘗了老城區內一間頗負盛名的波蘭菜餐廳，開心聊天度過一個開心的夜晚。波蘭朋友推薦我必需品嘗的波式水餃、香腸馬鈴薯濃湯還有其他好吃的波蘭

美食的分享時光。

美食，今天全部都能夠一次品嘗，一股幸福感油然而生！

完整的觀光發展，豐富的中世紀歷史文化，特色的電車路網還有道地的波蘭美食，多種感受一次滿足的幸福感，我想這就是波蘭朋友千叮嚀萬交代叫我一定務必造訪科拉克的最直接原因！

雨後的古城廣場。

科拉克的電車街道畫面。

旅行印象

與科拉克的春雨約會

0429～0505

輕快的步伐踩踏著石板飛濺的雨滴，空氣中瀰漫著充滿生機的濕氣，我在波蘭的最後一天，迎著清爽的涼風，感受東歐詩意般的春雨。

當陰沉的天空渲染了這座城市的石壁，徐徐的微風讓青草彎下又站起，朦朧的水氣拉遠迷濛尖塔的距離；獨坐長椅，在呼吸之間感受潮濕的空氣，好一幅如詩如畫的東歐春雨記憶！

沿著科拉克的窩往城外方向走去，少了古城區喧鬧的觀光氣息，多了一份城市生活的閒適與寧靜。沒有任何目的地，只是順著鐵軌前進的方向走下去，穿過了歐足賽在科拉克的足球場地，看見了現代藝術館的戶外雕塑品，所有的景色都因為春雨而感到清新。

在雨中，我來到一片最大的城市草地，這是今天我所感受到最有意境的美景。沒有任何的人工設施，穿越的路徑也是人們走出來的自然足跡，眼前青綠色的草地開滿了黃色的小花，在雨點一滴一滴的打落下，好像跳舞般搖曳；空氣中迷濛的霧氣，刷淡了遠景那片樹林的清晰，也柔化了草地與樹林的距離。一位波蘭爺爺跟我有一樣的閒情，我們始終保持著適當的距離，讓彼此成為對方眼中孤獨的風景。這場雨，下進了我的心坎裡！

沿著河岸邊往古城區走去，我再次回到廣場上的聖瑪麗教堂，雖然依舊下著雨，但是我想再聽一次小喇叭的旋律。少了大量光線的哥德式教堂，在燭光的閃爍下，讓人的心情平和而寧靜。整點了，塔樓上準時吹奏出小喇叭悠揚的樂音；滿足了，終於捨得揹起行李，朝旅行下一個目的地前進。

搭五個小時的巴士再次回到華沙，等兩個小時便要再次搭上巴士前往柏林，坐在候車亭，我回想著這一週在波蘭的點滴。從地理的角度看波蘭，我同情它，因為與強國為鄰並不容易；從歷史的角度看波蘭，我尊敬它，因為他們一直都有化悲憤為力量的勇氣；從文化的角度看波蘭，我喜歡它，因為這裡的人民會大力介紹自己最好的東西。

從寒冷的四月開始橫跨亞歐，經過一個多月的旅程，來到溫暖的五月，終於要抵達最後一個國家了！這是一段充滿人生驚奇的橫跨旅行，接下來我更期望自己在六月回到台灣前，能夠從德國學到滿滿的東西。德國，I am coming！

翠綠小草朦朧古城。

Country 9 德國

Stop 10
德國・柏林

12
0506～
12
0513

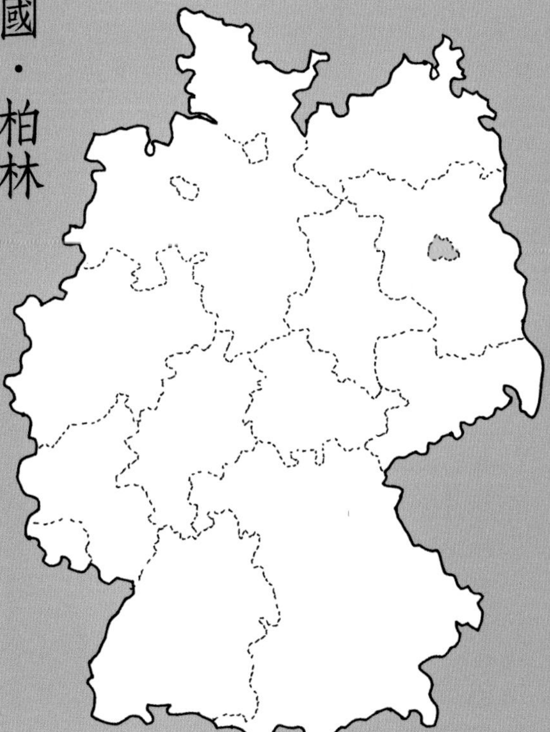

柏林・德國國會大樓・德國歷史博物館・猶太博物館

0506～0513

柏林・德國國會大樓

造訪德國國會大樓的過程可說是一波三折，為了這張得來不易的預約通知單，我的旅行甚至必須從漢堡專程再回到柏林，只為了入內參訪這座柏林最重要的國家象徵建築物。

拿著我熱騰騰的預約通知單，通過機場般的嚴格安檢，我終於如願以償的踏進德國國會大樓，在那一刻所有的辛苦都煙消雲散！將近一小時的導覽就在國會議事廳的二樓旁聽席，抬頭就可以看見嚮往已久的玻璃穹頂，我沒有想到距離國會議員開會的地方會那麼近，感覺就只有看電影坐二樓和一樓的距離。經過精闢的導覽後，我了解到許多國會建築以外的事情，像是德國國會的運作模式，議員與官員的分區界定，還有國會大樓一路走過的近代歷史。關於德國民主發展，感覺今天上了一堂很充實的實習課。

我才剛踏上屋頂，玻璃穹頂和陽光早已經迫不及待的在呼喚我！一整個下午我就在這驚為天人的大師設計之中，前後走動，內外感受，上下穿梭，試圖了解諾曼弗斯特在設計這棟高科技永續建築的設計細節。雖然穹頂外觀高科技，但是卻與自然三大基本要素

國會大廳內部。

德國國會大樓

地址：Platz der Republik 1，11011 Berlin, Deutschland

電話：+49-30-2270

交通：搭乘地鐵U55線至「Bundestag」下車，出站便可看見建築物。

備註：參觀要先上網預約，只能預約三天以後的日期，行程規畫須注意。

國會大廳的自然採光。

遮光板。

陽光、空氣、水有很直接的互動，這是我感受最深刻的部分。

陽光的運用，從我坐在議事廳聽導覽就一直在觀察。太陽光在經過鏡子反射後會均勻灑落在國會殿堂的每個角落，與穹頂連結突出的反光棒更能加強議事廳中央部分的集中採光，整個國會殿堂沒有開燈都能夠充滿著朝氣與希望。穹頂中央的八角型反光鏡巨塔除了具有造型與科技美感，多變的鏡面反射角度更可以反射任何方向的陽光導入議事廳內。另外，為了避免大量直接的陽光反射，在環型走道內緣有一大片自動追蹤日光的遮陽板，讓穹頂內側的陽光可以更柔和。

空氣的運用，主要是室內外的通風與對流。很明顯的，從議事廳的廁所我就感受到室外的風不斷吹進室內，而議事廳周邊也有多處的氣流導引口，熱空氣透過中央反光棒的縫隙飄升到玻璃穹頂，再自然流向戶外，形成室內自然的通風循環。而玻璃穹頂本身的底層和第一層玻璃也是完全通透，大量的風從周圍吹入，也可加速熱空氣的飄散。所以雖然是一個玻璃大穹頂，陽光照射的高溫也會因為強烈的通風對流而相對降低溫度，增加舒適度。

　水的運用，我看到的是雨水蒐集與重力排水的設計架

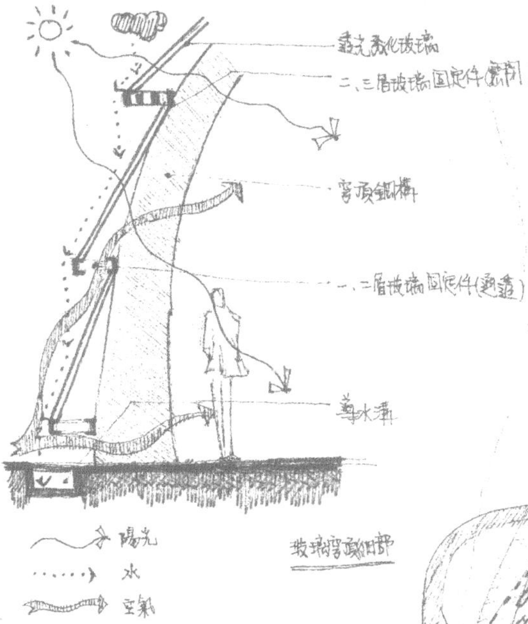

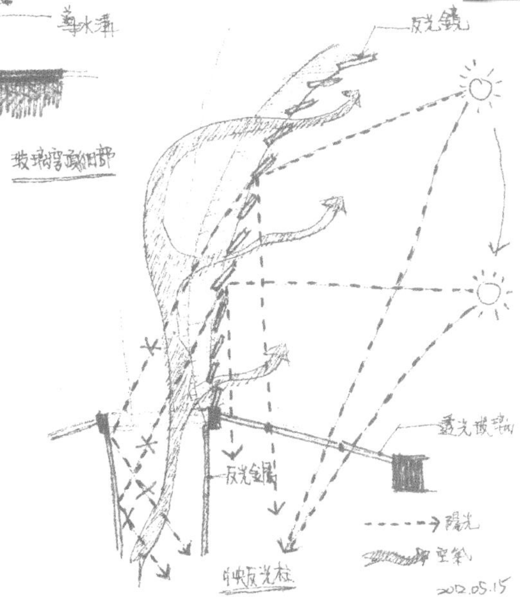

德國國會綠能設計觀察。

構。玻璃穹頂正上方有一個直徑十米的大洞，完全通透無遮蔽，不只有利通風，下雨或下雪也可同時收集水資源，也因為穹頂上方的洞，感覺室內外的界限變得更模糊。玻璃穹頂的排水我覺得好美，好簡潔！一片片的玻璃順著拱型鋼構依序排列而下，形成了一條條順著弧線產生的鋸尺，就像瓦片的原理一樣，水可以就這樣一片一片自然往下流，最後地表再收一條環型水溝，不只接受上方穹頂的水，也同時避免屋頂外圍的水流入穹頂內部，一舉兩得的簡潔設計。

除了永續設計，穹頂的環型動線更讓我喜歡。對角線的兩條坡道，像ＤＮＡ的雙螺旋環繞穹頂而上，上下動線在穹頂上方平台交會，人們就是可以自然的走到另一邊，再順著坡道緩緩向下；但是從穹頂底部往上看一點都不亂，就只是單純的看見一條接一條斜率相同的坡道，無論是幾何或邏輯，都設計的好完美！順著坡道走，看著中央的多角度反光鏡會有很奇妙的心境變化。在底層，鏡面會反射多種角度的自己，但是隨著坡度愈高，鏡面開始逐漸反射下方的國會議事廳，接近到高點，人們會完全看不到自己，在鏡面中只看到腳下的國會。也許是巧合，也許是我想太多，但是我覺得這隱喻著一種由個人逐漸昇華到公民的民主精神，我個人非常喜歡這樣的設計詮釋。

費盡千辛萬苦所得到的寶貴經驗與體會，此刻心中只有無限的充實與美好。堅持一定要看到，讓我最終如獲至寶；來得早不如來得巧，因為本來早就注定好。

不同角度的我。

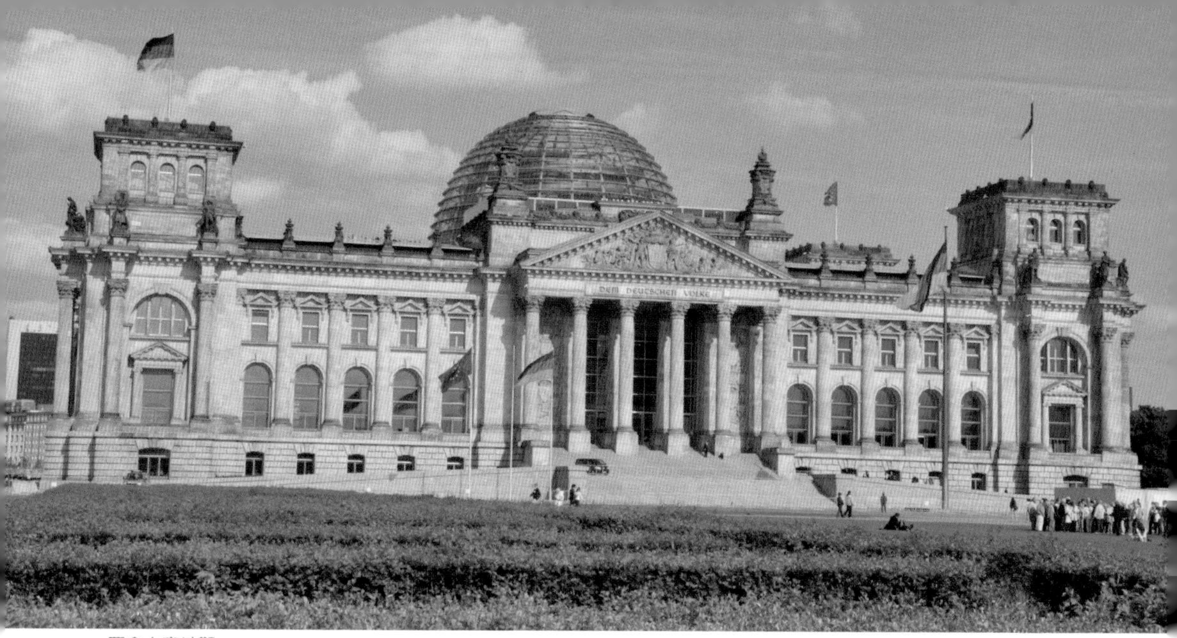

國會大廈外觀。

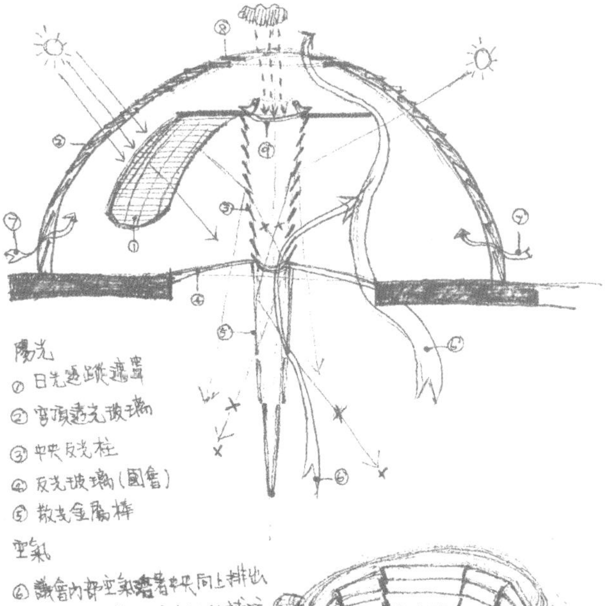

德國國會綠能設計觀察。

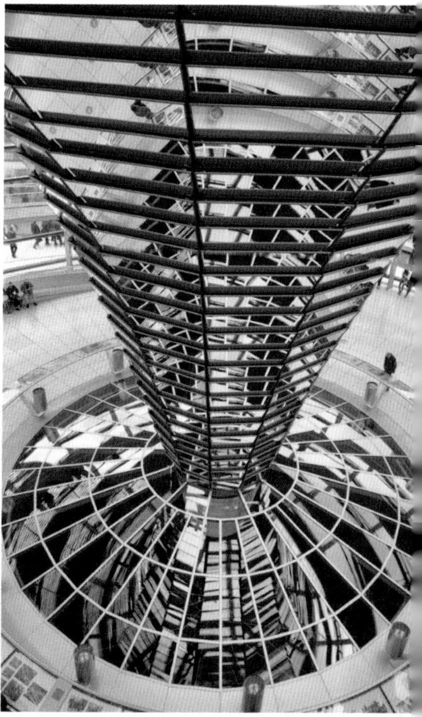

多角度反光鏡。

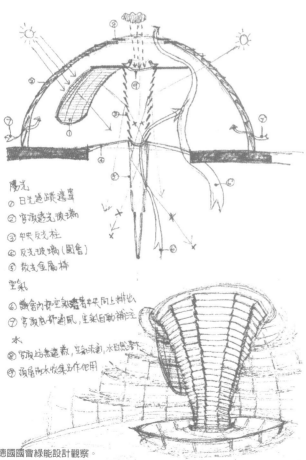

柏林・德國歷史博物館

繼日本美秀美術館之後，我造訪旅行中第二個貝聿銘先生的作品——德國歷史博物館。在周遭一片古典建築元素的建築群中，我看見了遠方露出那一角的弧形玻璃，就是那裡！夢寐以求想要造訪的地方。

貝先生設計的新館是原有博物館舊建築的延伸，將原來博物館的戶外空間用他擅長的玻璃與鋼構轉變為室內空間，並與原來的舊館做了很完美的結合。新館入口的弧形樓梯在天空中畫出了幾道美麗的弧線，就像是主人伸出了右手歡迎大家前來，是一個非常生動的入口意象。

因為有了美秀美術館的參觀經驗，當我走進歷史博物館內，我不再被充滿幾何秩序的線條給綁得動彈不得；相反的，我已經可以輕鬆穿梭在貝先生嚴謹的幾何秩序之中。我也發現到歷史博物館的牆壁一樣延續了羅浮宮和美秀美術館的乾掛萊姆石系列，這幾座展館之間的淵源，似乎就在材料元素之間悄悄的被連結了。

博物館展覽的內容雖然精彩，但卻不是我最關心的重點，看展的同時我一直在觀察，一直在等待，因為我始終相信更燦爛的陽光會從雲裡透出來，灑進博物館內創造豐富的陰影變化。皇天不負苦心人！似乎這是老天爺要送我的另一個禮物，只有短暫的十分鐘，燦爛陽光和豐富變化的陰影充滿了整座博物館空間。第一次深刻的體驗到貝先生設計空間中的光影魔術；線條陰影在不同角度的牆面

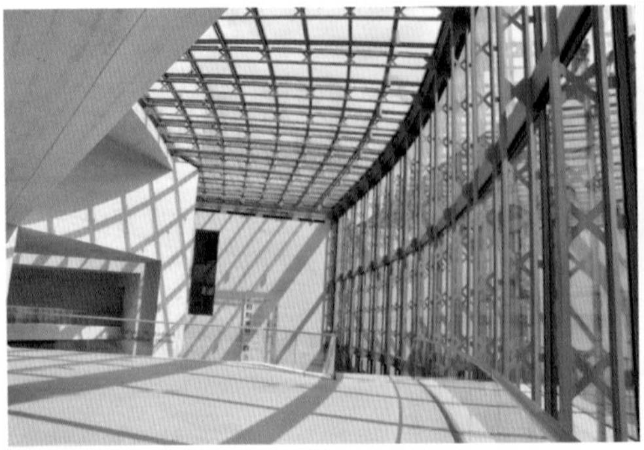

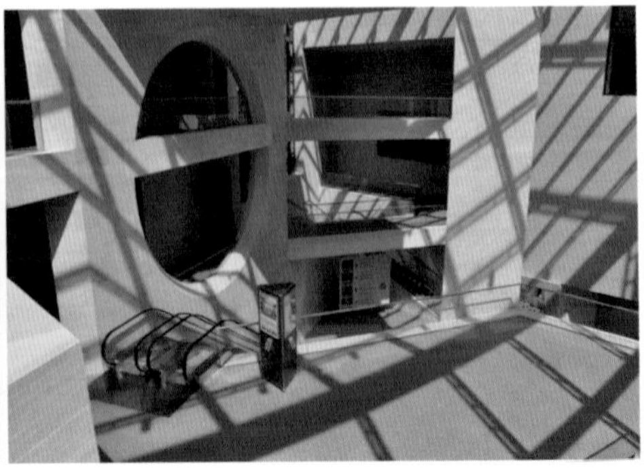

歷史博物館的光影遊戲。

仰望大師作品的我。

上創造不同的效果，灑在牆面上優美的曲線會無由的消失，轉眼間又會出現在地面變換成柔和的弧線；重複秩序的陰影線條會強勢的壓在原有三角分隔的石材上，主動創造出另一個方向的秩序。這個珍貴的十分鐘雖然短暫，可是卻非常美妙，不枉費我一整個下午在博物館內的耐心守候，一切都值得了！

多麼美妙的一天，有那麼多豐富的禮物讓我滿載而歸。柏林不只是充滿設計，更是處處驚奇，而它總是選擇在最完美的時刻，讓我體驗最美麗的瞬間！

德國歷史博物館

地址：Unter den Linden 2, 10117 Berlin, Deutschland
電話：+49-30-20304
交通：搭乘地鐵U6線至「Friedrichstraße」下車，出站後沿指標向東步行約400m。

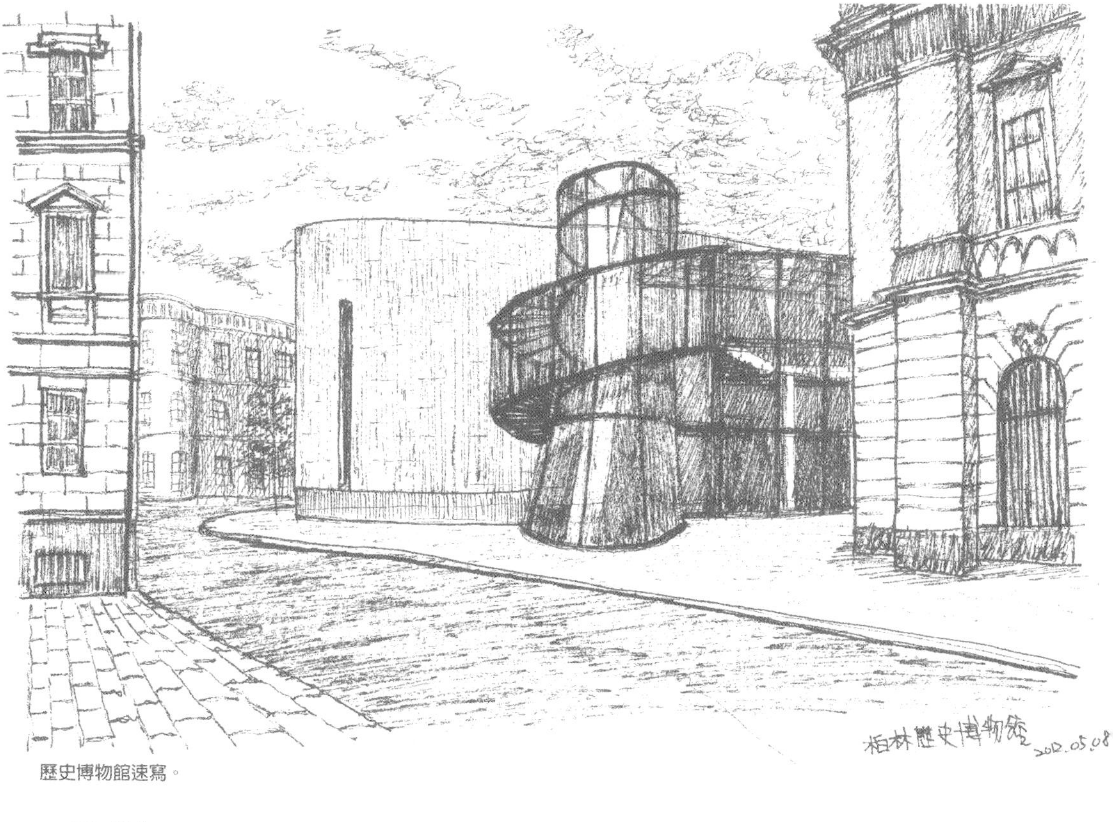

歷史博物館速寫。

柏林・猶太博物館

趁著東歐旅行所見屠殺猶太人的記憶還清晰，我打算從猶太博物館開始我在柏林的探索。

這一座博物館設計的非常有意義，雖然我對納粹德國很生氣，可是我卻對現在的德國非常尊敬；因為能夠勇於承認過去的錯誤，並且用表徵鮮明的意象作為博物館的概念，重新表達對待另一個民族的友善，看完這座博物館，讓我非常感動。雖然唸大學時這個博物館的設計已經讀過好幾遍，也以為自己大致清楚整個設計的概念，但是當親身感受過集中營內猶太人的悲慘生活時，我才對我今天眼前所見的猶太博物館重新再做一次認識。旅行對我來說的另一個意義，就是可以擺脫舊有的思維重新再看一次設計。

首先，在集中營內德國軍人用鞭子一鞭一鞭的抽打在猶太人身上的痕跡，轉化成建築物外觀沒有秩序的線條切割概念。外牆設計的很精細，極具張力的線條分割有粗有細，有深有淺；有的分隔同時也是室內開窗的玻璃，有的分隔在不同光線角度下創造出更深刻的陰影。這樣的設計我覺得非常不容易，不只是施作困難度的問題，而

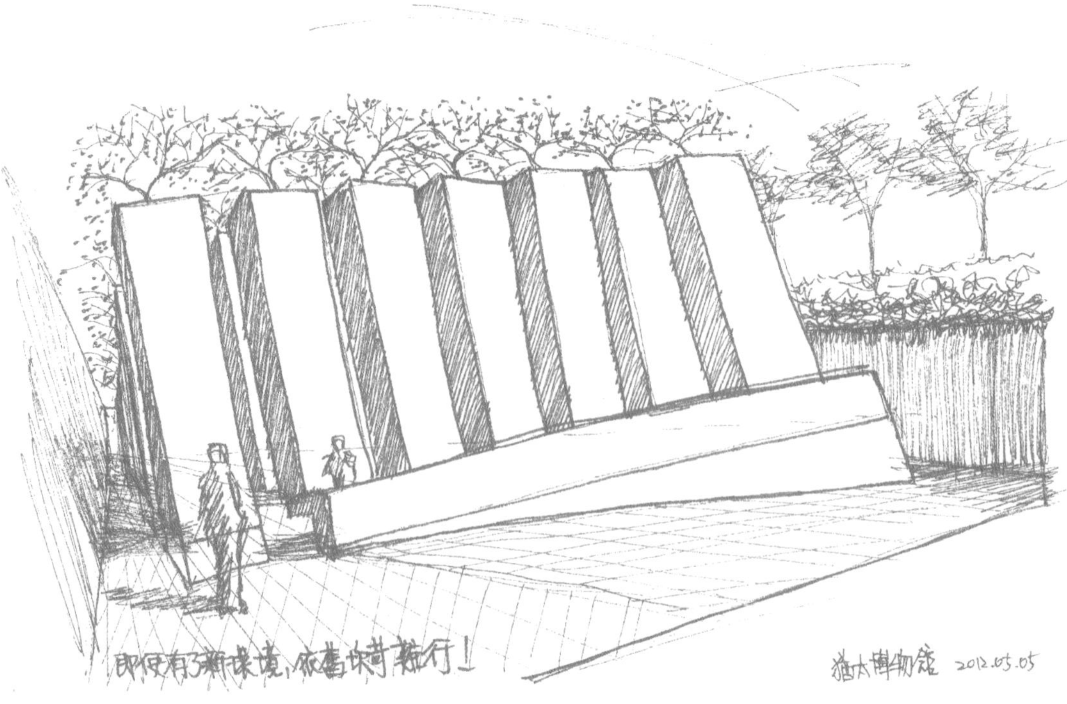

猶太博物館外觀。

猶太博物館互動展覽。

是德國願意如此坦然的面對過去，讓接近真實的歷史以概念的方式直接表現在建築物外觀供人參觀。

接下來，猶太人為了要躲避納粹無情的追殺，必須舉家遷移逃難，過著顛沛流離的流亡日子，這個概念轉化成博物館主要參觀動線的地坪。這個設計非常簡單，但是實在太過精彩！長長的動線是一段斜坡，但是前進的過程卻會感受到好幾種不同的斜面，或左或右，或急或緩，雖然都是很細微的變化，但是就沒有一段是正常的平面。人在看展覽的過程中並不舒服，要隨時瞻前顧後，但這不正是猶太人在逃亡時舉步為艱，步步為營以及風雨飄搖的真實心境？

另外，猶太人在上個世紀飽受摧殘，幾乎尊嚴掃地，這種任憑納粹德國羞辱的情景，轉換成博物館中我最佩服，也最痛心的場景。在其中一條動線通往的端點，遠遠的就可以聽見金屬的碰撞聲，走近看才發現地上滿布好幾層用鍛鐵打出來一張張微笑的臉。它就是要你走上去體驗，就當你一踩上去，臉跟臉就會因碰撞而發出聲響，你無法小心的走每一步；就這樣，觀賞者好像變成了加害者，踩踏在象徵猶太人的臉上；而那一張張笑臉，即使發出碰撞聲，它們依舊在微笑。我所踩踏的每一步，都讓我更明白猶太人曾經所受的痛苦。設計能做到讓人產生如此巨大的罪惡感，除了佩服，還是佩服！

再者，渴望自由的心人人都有，尤其是當猶太人遭受到如此劇烈的民族存亡感受，與鍛鐵笑臉空間對應；位在軸線另一端的空間，用光線和陰影清楚的表達這個心境，而我覺得這也是整個博物館體驗的最高潮感動。陰暗而狹長的空間，高度被刻意拉高，讓人

猶太博物館

地址：Lindenstraße 9-14, 10969 Berlin, Deutschland
電話：+49-30-25993300
交通：搭乘地鐵U6線至「Kochstraße」下車，出站後沿指標向東南步行約400m。

在其中感覺特別渺小無助，空間最細長的端點上方開了一條細縫，唯一的開口讓象徵希望的光線得以進入，可是那道光明離人們好遠好遠；當充足的光線到達地面時，只剩下微弱無力的光線了。殘存的光彷彿就像僅存的希望，但唯有持續抵抗堅持，才有到達光明燦爛的那一刻。多麼壯烈淒美！狹長的空間開一道細縫，卻可以表達這麼豐富的情感與故事！

還有，當猶太人輾轉來到世界各地的新環境求生存時，即使有了個避風港，但是身邊所面對的挑戰卻依然險峻，想要在新世界踏穩腳步也不是一件容易的事情；這樣的意境被轉化為博物館唯一的戶外體驗空間。用四十九根斜柱矩陣排列的空間，阡陌交織出好幾種空間方向的可能，意味著猶太人尋找新世界的多元方向；每一根斜柱上方各種了一株開展的中型灌木，象徵著新的避風港；可是地面空間卻又是一個雙向斜面，想從下到上是舉步為艱，藉此讓人感受新生活的不容易。多元而簡單的設計概念，卻能深刻表達扣人心弦的情感。

最後，猶太人在二次戰後在各領域的成就是令世人有目共睹，順著帶有光明的樓梯向上，博物館一層一層的用數位媒體展示猶太人在生活不易與受歧視的情況下如何達到今日的各項成就。

看完這座博物館雨也下得更大了！我此刻的內心卻感到有些欣慰，一方面看到如此豐富又多元的設計手法與空間變化，讓我收穫良多；另一方面從奧斯維辛集中營感受到不好的歷史場景，可以從猶太博物館中找到撫慰與平靜。我相信這座博物館是不可能撫平所有人心中的那道傷痕，但是當德國人為犯錯道歉而實際有所努力的

猶太博物館廊道空間。

時候，我是非常的佩服與肯定。

德國真的是一個非常精彩的國家，想看的東西好多，可是我卻覺得時間不夠用，我希望能一切順利把心中預留位置的拼圖，在時間截止前全部拼貼完成！

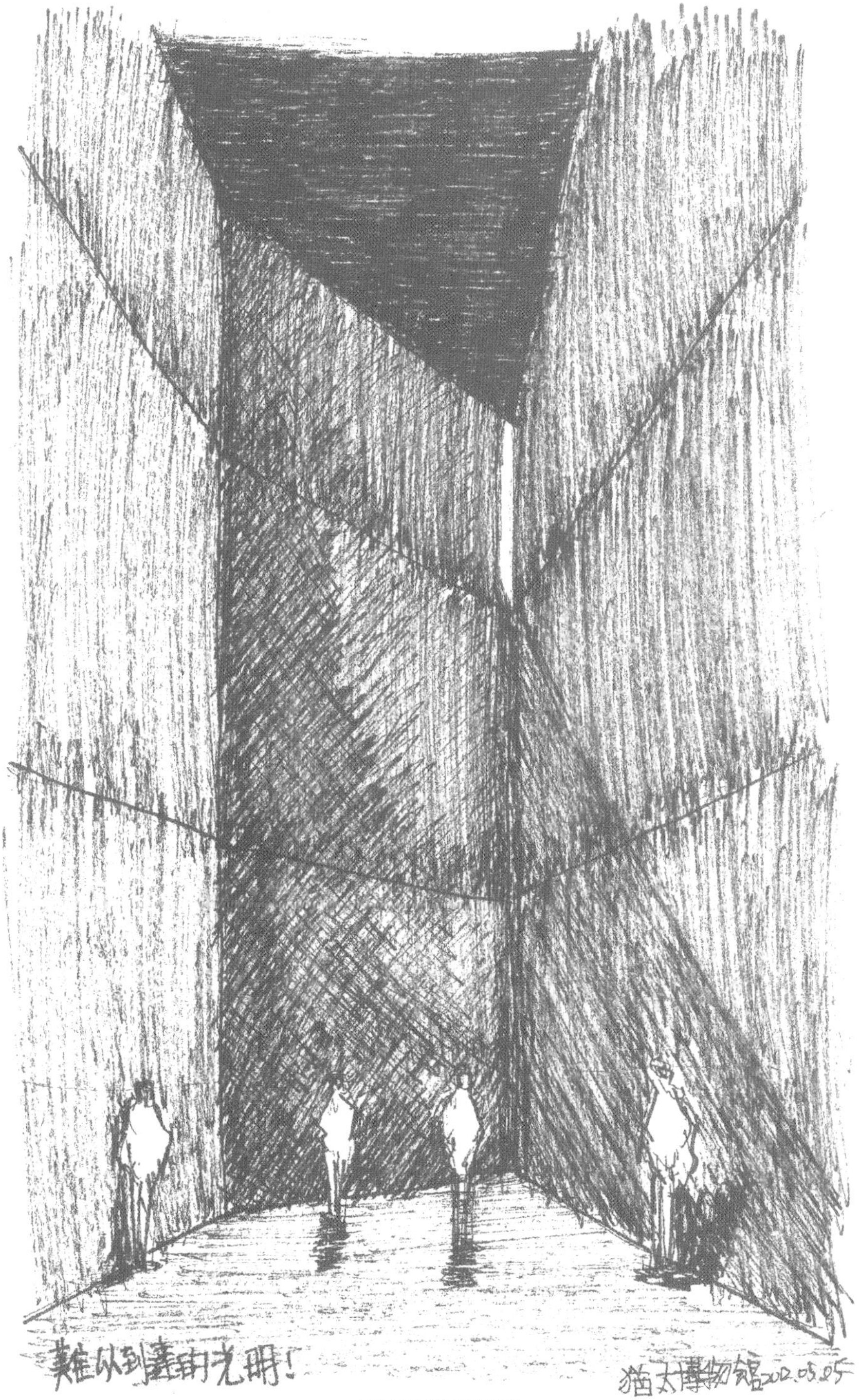
難以到達的光明！
猶太博物館 2012.05.05

渴望出口的內心世界。

城市空間記憶

柏林・波茲坦廣場・Moabit監獄公園・布蘭登堡門・柏林運河・柏林圍牆遺韻

柏林・波茲坦廣場

對於現代柏林的認識，是在高中時從「城市的遠見」這部影片開始的，因為這部影片我認識了波茲坦廣場，而波茲坦廣場就是東西柏林合併後最主要的開發區域。這個廣場對我來說非常重要，我知道它在我心中的位置，因為這是我認識柏林的起點，全面探索柏林的旅行，從波茲坦廣場開始。

在二次大戰之前，波茲坦廣場是柏林最重要的地標區域，幾乎是柏林繁華的代名詞，可惜在二戰之後，被無情的柏林圍牆給一分為二，繁華成了過往雲煙，蕭瑟成了新的象徵。但是當柏林圍牆被推倒，東西德重新統一後，波茲坦廣場的重建再次成了新德國熱烈討論的話題。由ＩＢＡ所主導的幾個重大國際競圖，在陸續完成後，成就了現在波茲坦廣場的樣貌。這座廣場不只是過去繁華的重生，更重要的是現代德國的表徵。

當我來到這座廣場，心裡面的感覺只有一個：等了十年，我終於看到你了！這裡已經不是影片中高空吊車如火如荼的建設過程，這裡早已建設完成；是一個兼具歷史、功能、文化的現代廣場。談到它的歷史意義其實滿滄海桑田的，因為當我從東邊往西走時，忽

讓我感觸良多的跳泉。

然間跨越了一條線，回頭仔細看才發現那就是當年柏林圍牆將廣場一分為二的痕跡；如今這條線我得以輕易的跨越，曾經這道牆卻影響多少人的歲月？又是一次刻骨銘心的歷史體驗。廣場地鐵站的出口有幾道柏林圍牆的切割遺跡，搭配著文字與照片供人憑弔。我心裡始終在想：當年兩邊的人只想努力推倒它，現在的人卻爭相來目睹它，歷史真的是開了柏林一個大玩笑。

廣場SONY CENTER

是我來到這裡最想看的地方，不是因為它設計有多了不起，而是因為旅行前的工作關係，我始終想親眼瞧瞧SONY CENTER中心的水景，究竟是如何設計？這座對我來說意義非凡的水景，我花了兩個小時就坐在它旁邊，單純感受它水舞跳動的每一個變化、每一個運作、每一個細節。原來，它的鏡面水池效果是這樣達成的；原來，它的石材分割是這樣安排的；原來，它的水舞跳動是這樣控制的；原

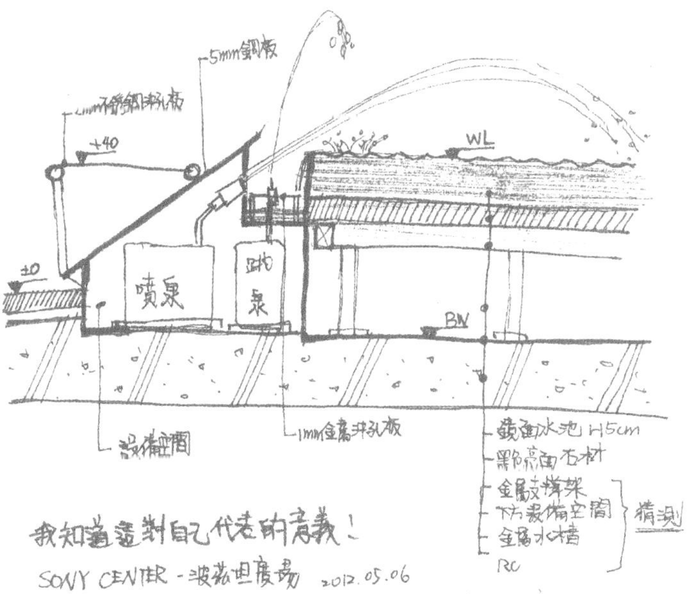

讓我感觸良多的跳泉。

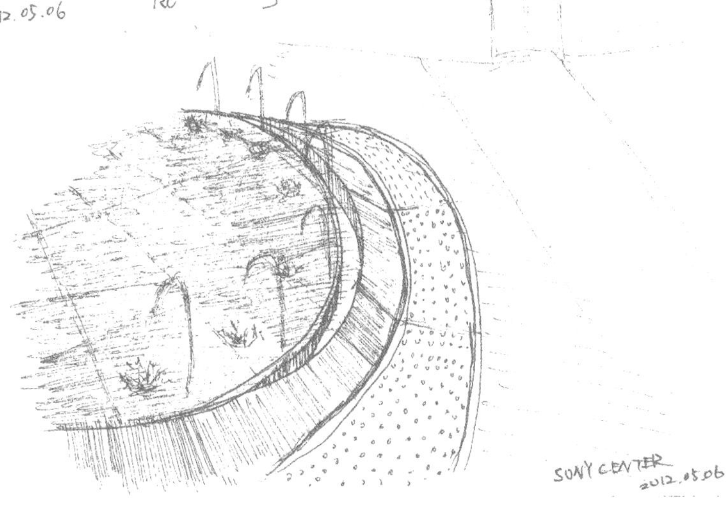

波茲坦廣場

交通：搭乘地鐵U2線至「Potsdamer Platz」下車，出站後便是廣場。

來，它的金屬細節是這樣設計的……好多的原來，都是因為今天能夠前來；這麼多的原來，都是為了以後設計技巧上的將來。我來，我看，我思，我感受！我自己清楚與明確知道今天這番收穫對我自己究竟有多重要！

世界聞名的柏林愛樂音樂廳就在波茲坦廣場上，假日午後的造訪，我心裡想著是否有機會聽一場音樂會？走進光線與動線變化豐富的音樂廳大廳，我試圖找到售票亭。很可惜，售票亭並沒有售票；很幸運，有一個黃牛要賣我票。半信半疑下，我掏了錢買下這張票，而這位黃牛還好心的帶我到剪票口，證明這張票沒有問題。這張票不但沒有問題，而且非常物超所值！同樣的價錢在台灣的音樂廳只能買到二樓後方，但是我今天卻是坐在一樓第四排的正中間，整個柏林愛樂交響樂團就在我的眼前演奏；除了聲音的美妙與震撼，我還能同時感受演奏者的動作與表情，我從來沒有在台灣的音樂會有如此「近距離」的體驗。而柏林愛樂音樂廳也是我第一次感受三百六十度觀眾席的音樂廳，對我來說那只是曾經出現在電影中的畫面，如今竟然身在其中，感覺非常不可思議！

演奏會的上半場是鋼琴與交響樂團聯奏，那位鋼琴家竟然手腳並用的彈奏鋼琴，搭配交響樂團的合奏旋律，如此「生動」的演出讓我聽得意猶未盡，看得目不轉睛。中場休息舞台前圍了好多人，大家都在爭睹大鋼琴升降舞台的過程，這也是我的第一次體驗；當鋼琴成功降到地下室，圍觀的人群也響起如雷的掌聲，在一旁的我也看了覺得有趣。下半場的音樂會是純交響樂團演奏，少了鋼琴遮擋視線，我可以直接感受到挺著大肚皮的指揮賣力揮舞著手中的指揮棒，與演奏家們共同完成一場精彩絕倫的音樂呈現。柏林愛樂音樂廳不只聲音效果好，演奏水準高，連欣賞的聽眾也同樣有高水準，這場歐洲音樂會的初體驗，令我印象深刻！

波茲坦廣場有它歷史的意義、文化的傳承、藝術的滋養還有商業的氣息。它是連結柏林歷史過去與未來的舞台，它同樣也是我自己連結柏林過去與未來的平台。今天在這裡看見的是文化，聽見的是天籟，我知道這座廣場在我心中的意義究竟有多重要！

柏林愛樂音樂廳。

柏林・*Moabit*監獄公園

Moabit監獄公園就位在DB中央車站的正北邊，我花了整個下午的時間在這裡細細感受表現設計張力的「細部」與「尺寸」美感。

以前這裡作為柏林的監獄，現在卻成了一座開放公園，就是這樣的空間轉換和歷史背景成就了這座公園的特色與魅力。也許不了解的人來到這裡只會匆匆走過，但是對於明白的人來說，這裡會愈看愈多發現。

監獄公園。

整座公園的概念是以「自由」為主軸，最大的特色點就在於兩處挖填平衡對稱的「自由之翼」，象徵拍動中的自由翅膀，也象徵牢獄中的人渴望自由的心境。另外環繞公園周邊的紅磚牆在視線高度以下都刷上白漆，其中一段還有一串德文的標題，我一直很想揣測這個手法的用意，可惜始終摸不著頭緒，也許我要理解那段德文的意思才能明白吧！

這座公園的「細部之美」來自於非常細微的整地與充滿張力的矮牆結構體。站在公園中心那座混凝土中空立方體望向草地，自由之翼的左邊是一方隆起的緩坡，右邊是一處下沉的緩波，搭配混凝土牆體和精準的整地，完全可以感受設計表現的張力。德國人一絲不

監獄公園。

苟的個性完全反應在這一片細微的整地上，我相信設計時絕對有討論過等高線之間的變化效果，但是我更佩服施工的品質可以如此「精準」！這種精神真的值得台灣的工程多多學習。細微的整地竟然可以讓土方與草地像水一般的「流」過結構體。待在這裡的一個下午，多半時間我都是在感受這韻律十足的坡地奧祕。

這座公園的「尺寸之美」來自於轉化後的監獄空間，是一段很「驚悚」的空間體驗。當我走進這個牢房般的空間後不久，我聽見地下深處有東西敲打的聲音，仔細聽，愈來愈大聲，好像又聽到有人在講話的聲音，轉頭回去看卻沒看到人；忽然間，有一段很恐怖的配樂，然後有女子的慘叫與慌張逃跑的聲音；原來，這是藏

我在監獄公園的地形感受。

在底部的感應喇叭，配樂結束後便開始用德文講了一些故事，但是在這個接近封閉，只有頂上開闊還有幾處刻意安排開口的空間內感受這一段令人毛骨悚然的配樂，內心想要走出來的感覺真的非常強烈！

這就是這個空間在尺寸拿捏得宜的情況下所呈現出接近監獄感受的真實體驗。一個人坐在裡面描繪這個空間時，又陸續聽了幾段不同的配樂和故事，雖然聽不懂，但我必須說這個感應喇叭天黑時必須要關閉，要是晚上走進這個空間還能聽到配樂，那應該會嚇壞非常多人！

今日走訪的Moabit監獄公園，讓我身心靈的感官都得到相當大的刺激；尤其對於德國「精準到位」的設計與工程品質，深感佩服。

Moabit監獄公園

交通：搭乘地鐵U55線至「Hauptbahnhof」下車，走出柏林中央車站北側出口，公園位在馬路對面左前方綠地。

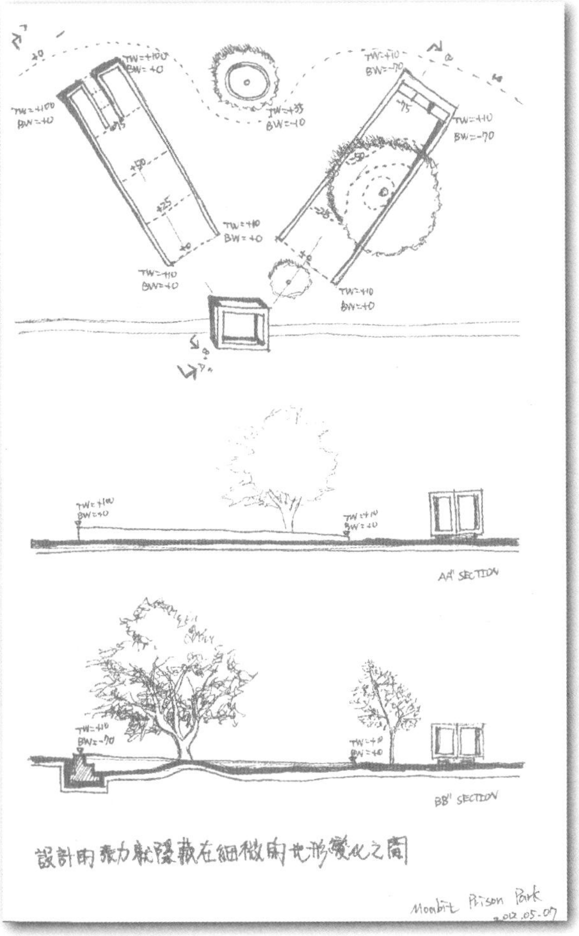

自由之翼的地形變化。

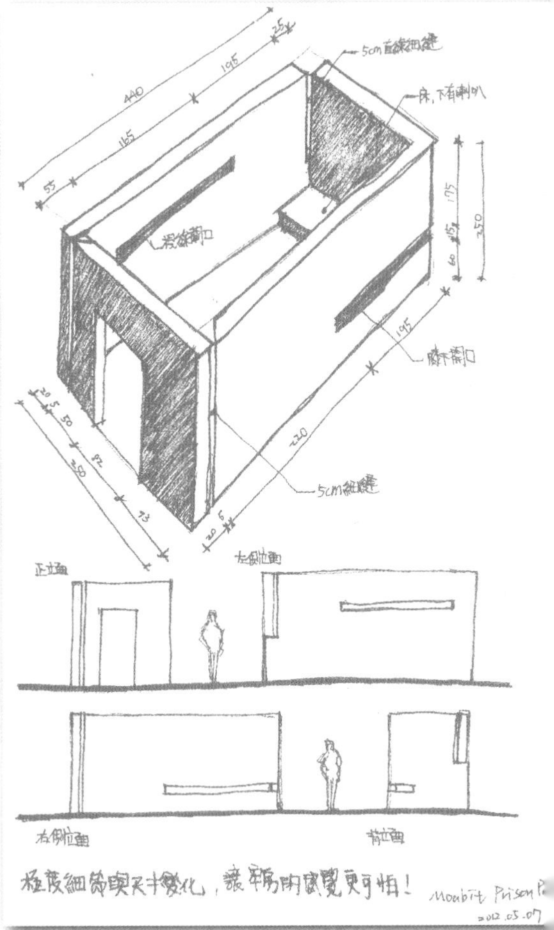

牢房尺寸的實際感受。

監獄公園入口空間。

柏林・布蘭登堡門周邊

今天的感觸和體會好多，有件事情是終於做到，有種心境是總算盼到；在喜樂與平靜之間，有一種心情上的自在與輕鬆。

曾經，我的大學同學楊雅婷，在升大三的暑假自己到歐洲自助旅行了一個月，當時我好羨慕她，特別是她提到坐在布蘭登堡門旁邊看著來往人群的畫面，始終深印我心，而這件事情也變成我到德國最想完成的事情之一。今天我總算能夠坐在布蘭登堡門旁看著來往人群，那種如願以償的興奮，此刻都仍然悸動！

我會對布蘭登堡門情有獨鍾其實是因為它重要的歷史。坐在廣場的正中央，我試著描繪它，來往的人群眾

我與布蘭登堡門。

布蘭登堡門廣場。

布蘭登堡門

交通：搭乘地鐵U55線至「Brandenburger Tor」下車，出站便可看見布蘭登堡門。

備註：猶太被害紀念碑位在布蘭登堡門南側約100m處。

多，不時有人會在我身旁駐足拍照，但是最讓我印象深刻的卻是戶外教學的一群高中生。他們大概有四、五十人，都圍觀在我旁邊看我畫圖，老師還趁機會在一旁講解，這麼正式都讓我不知道要怎麼繼續畫下去，這群學生要離開前還給我個熱烈的掌聲，是一段有趣的小插曲。

沿著城門往南走，我來到彼得艾森曼設計的猶太被害紀念碑。旅行一路從莫斯科以來所見的二戰屠殺歷史，心境始終有一點糾結，不知道何時才能找到出口？這個紀念碑廣場卻給了我在心境上獲得平靜的方向。德國政府竟然在市中心這麼大一塊地上單純做這個紀念碑廣場，而且還有教育展示空間，我對於他們道歉之後的具體作為感到佩服！這個「平靜」的紀念碑設計給了我很多啟發，更讓我產生兩種不同層次的共鳴。

第一個層次的體會是我個人的感覺。彼得艾森曼是位擅長數位建築的建築師，不過這座紀念碑廣場從平面或空照圖看起來卻是完全的垂直水平，必須接近它之後才能發現這座廣場在立面層次的豐富變化。無論是地形或是眾多量體的起伏都經過嚴密的計算，形成了具有3D變化的動態起伏。而紀念碑有一處地下展示空間，以猶太人的觀點出發來闡述那段悲慘的歷史。所以，對我來說，地

形和量體在高度上的起伏變化，雖然最終都趨近於平面，但是始終沒有一個平面，代表的是事件已經發生，即使做再多努力，終究只能稍微撫平，而細微的起伏代表心中隱隱的痛，永遠會在某些人心中留下印記。一個個厚重起伏的量體也讓我想到蔡國強的一個石刻作品——海峽：蔡國強用壓艙石切割出台灣海峽的邊界與細微的海浪變化，將早期閩南地區人民遠渡來台的心境用沉重的石刻給凝結住了；我眼前所見的沉重量體與起伏，也同樣將動感凝結住。在我心中這東西方藝術的體會，已悄悄的在對話。

第二個層次的體會更加深入，因為當我在畫圖時，剛好旁邊有一群外國觀光導覽，透過他們的講解讓我更能直接了解紀念碑廣場的設計原意。這整個廣場都是以猶太人的角度為設計出發點，所以艾森曼其實是用了兩個「反襯」的手法來說故事。第一，平面上看起來垂直水平，代表的是進來參觀的每個人都可以自由選擇出入口，自由選擇路徑，以及可以清楚計算剩下幾個塊體就可以離開；但是反面的意義是所有這些理所當然的「自由」，當年猶太人都無法擁有；搭上死亡火車不是他們願意，被迫進入集中營不是他們決定，連什麼時候被推入毒氣室都無法預期，好簡單的設計概念可是卻有那麼深刻的意義。第二，無論起伏的量體有多高，人穿梭在其中一定都能在任一個角落看到天空；相反的意義是當被屠殺的猶太人進入密閉的毒氣室後，就再也看不到天空了。

這兩個簡單概念連續衝撞我的靈魂，我撼動到無法移動！坐在紀念碑廣場的塊體上，我的心情就像眼前橘紅色的夕陽，逐漸貼近地平線，得到旅途中接觸二戰歷史以來最大的平靜。

獨坐猶太被害紀念廣場。

我們每個人的天空。

自由的意義。

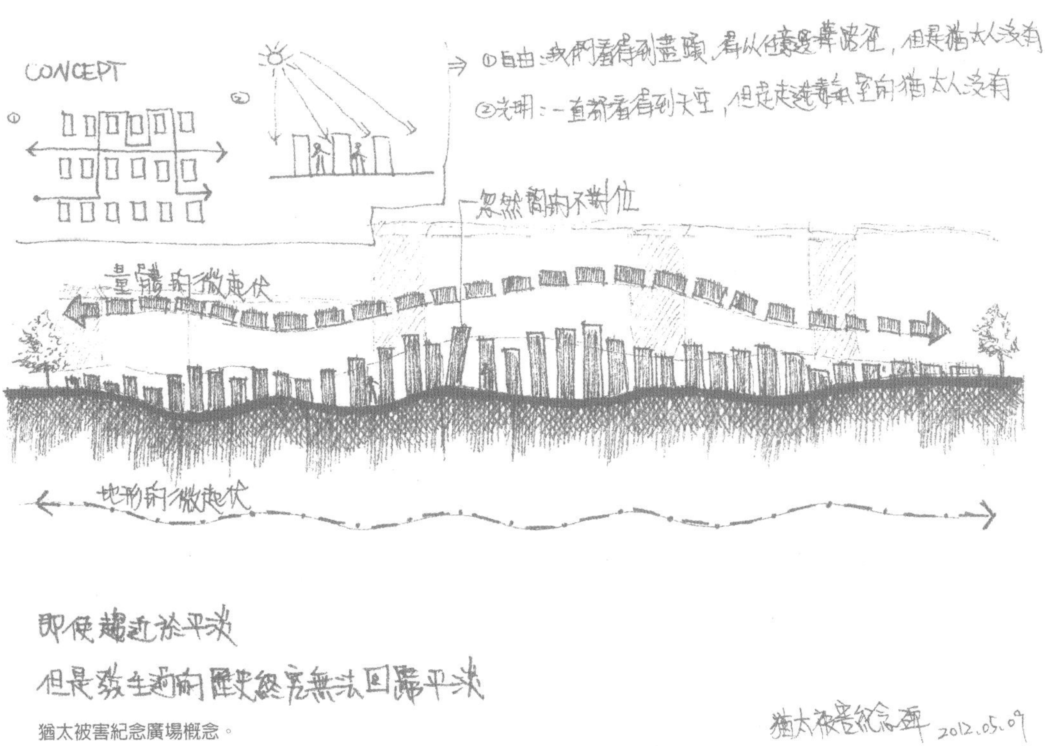

CONCEPT
①
②
①自由：我們看得到盡頭，可以任意選擇路徑，但是猶太人沒有
②光明：一直都看得到天空，但是走進毒氣室的猶太人沒有
忽然間的不對位
量體的微起伏
地形的微起伏
即使趨近於平淡
但是發生過的歷史終究無法回歸平淡
猶太被害紀念碑 2012.05.09

猶太被害紀念廣場概念。

柏林・柏林運河的景觀再造

隨著對柏林的探索愈來愈全面，旅行的觸角也開始漸漸的伸向城市的近郊，希望再用更多元的角度來認識柏林。今天在柏林運河不同的區段看了兩個很棒的案例。

柏林運河旁邊以前多半是工業區，隨著工廠陸續的關閉也造成了附近空間的閒置，而柏林市政府針對運河周邊做了一些改善的計畫，今天我挑了其中兩個造訪，我自己覺得在空間配置的靈活度和材料運用的結合上學到非常多。

Sudliche Lohmuhleninse是位在運河與史普雷河交界一處小島上的運動公園，因為這個公園的落成，周邊住宅社區的環境得到很大的改善，各個年齡層的居民也都得到適合運動的設施與空間。

這個設計有幾個地方是我非常喜歡的：第一，因為設計重點是運動公園，為了怕設施物會被青少年用噴漆塗鴉給污染，所以在設計一開始就把噴漆考量在內做為裝飾，不僅美感加分，也相對減少日後被破壞的機會。第二，針對不同年齡層設計不同類型的運動遊具，和台灣制式化的不同，這真的是有設計過的，尤其是兒童的遊具區簡直就是樂園，充滿好多我以前沒看過的遊具，看著那些小孩快樂的跑上跑下，不禁讓我非常羨慕他們。第三，極限運動區的設計結合地景顯得造型與功能都格外搶眼，和一般U型為主的場地相比顯得有趣許多；在這裡不僅青少年可以盡情施展滑板的高難度動作，連小朋友都可以在不同坡度的山丘上挑戰自我的極限，是全區設計裡面我最喜歡的一區。這座公園以使用者功能區分為出發點，

設計考量噴漆效果的坐椅。

運動公園的生動遊具。

Sudliche Lohmuhleninse

交通：搭乘地鐵U1線至「Schlesisches Tor」下車，出站後向東南步行約400m。

極限運動場的有趣地形。

舊碼頭區的改造全景。

再分別賦予不同主題與概念，最後再用合理的配置分區與動線連結，是我今天學到最多的部分。

繞過大半的城市，在城市南邊的運河有一處舊有的卸貨碼頭，因為有廠商在旁邊要投資商場，希望一起納入這個區域，所以他們找了WEST 8來做整體設計，今天親自造訪體驗，只能說國際級的設計公司真的有他們的過人之處。

其實，這個案子並沒有太多的設計，主要的量體和元素都是原來碼頭的工業遺址，WEST 8只是用了最貼切的概念賦予這個舊碼頭全新的生命。其中我最喜歡的概念是「城市陽台」，因為碼頭的高程與道路有八米的落差，所以銜接這段高差變成一個難題，而提出陽台這個概念不僅解決問題，也同時賦予這個空間一個新的故事，既貼切又浪漫。另外，這個舊碼頭區運用了非常靈活的鋪面元素，這樣的設計，我想是很難在台灣出現的，因為設計師如果這樣畫圖我看又要到現場去自己放樣了！大片規則石材的不規則方向排列，外圍用小尺寸手打石材收邊，看到這樣鋪面的設計我很佩服設計與現場之間的溝通討論，因為那是有難度的，可是效果非常好。而這個案子最大的魅力我認為是新商場的建築完全整合了舊有的碼頭建築，人們可以自然的從商場走到碼頭區的戶外空間，在戶外咖啡座用餐或散步，碼頭區不僅充滿了活力，也充滿了商機，是一個很不錯的設計。

運河也許不是柏林最主要的水域空間，但卻是周遭居民最主要的生活空間，今天看到的這兩區運河空間改造都充滿了想法與設計細節，對於柏林在水岸空間的改善我又得到了許多啟發。

舊碼頭改造的購物中心

地址：Tempelhofer Damm 227, 12099 Berlin, Deutschland
電話：+49-30-2594-0834
交通：搭乘地鐵U6線至「Ullsteinstraße」下車，出站後向北步行跨越運河。

城市陽台。

活潑生動的鋪面設計。

結合舊元素的碼頭改造。

Shopping Ahoi! Alles so schön bunt hier.
Shopping Ahoi! Sie werden sich kugeln vor Freude.
Tempelhofer Hafen
Einlaufen. Einkaufen. Eintauchen.
Markt
舊建築與新商場的結合。

柏林．柏林圍牆遺韻

假如一座城市可以透過一條蜿蜒曲折的線條來探尋過往的歷史，那麼這座城市肯定充滿了道不盡的滄海桑田；假如一座城市可以透過一條蜿蜒曲折的線條來拼湊過往的記憶，那麼這座城市肯定充滿了數不清的悲歡離合。柏林圍牆就是這樣一條無情的線，為這座城市留下了永恆的印記。

每天穿梭在柏林大街小巷的景點之間不知跨越了多少次過往東西柏林分界的藩籬，每一次總是在不經意的跨越之後才發現腳下的歷史。市區那厚重的牆早已拆除，可是地上那一條明顯的分界，無論是穿越馬路或是橫越廣場，柏林人總是刻意的留下清晰的痕跡。他們走過那段因分隔而離別三十年的日子，即便心中不喜歡這座隔絕情感的大牆，但是卻仍然為它刻意留下痕跡，那份糾結我想從頭髮斑白的老人看完歷史解說牌後哽咽的聲音中最能體會。柏林圍牆已經成了歷史，地上遺留的痕跡像是一條永恆的疤痕，人們不斷跨越的足跡就像是一條縫合的線，唯有更多的人來往跨越，這條歷史的痕跡才愈有機會得到撫平。

在柏林市區的北邊，保留了一段圍牆的遺跡，並搭配周邊整體的設計變成了一個柏林圍牆遺址公園，看著成片如茵的草地再想像照片顯示這裡曾經是重兵看守的禁地，偶爾再經過幾處歷史的遺跡，這座公園真的是充滿了自由的意義。這個設計如何呈現歷史的遺跡與空間的氛圍？似乎是用了一些簡單的蒙太奇，可是效果非常

圍牆遺韻。

縫合城市記憶的拉鍊。

圍牆遺韻。

強烈。在柏林圍牆的痕跡上豎立好幾隻間距不一的繡鋼柱，在行進的過程中，時而間距拉開人們可以跨越，時而間距密集只能視線穿越，時而一道實體的圍牆遺跡就把所有的希望再次隔絕。從平面圖面上看或許會感覺根本沒做設計，可是空間立面的效果卻是充滿了誇張的張力。在德國好多的設計都是這樣的感覺，圖面上會覺得沒什麼，可是一旦花了時間感受，就會被表面背後深層的意義一次次的打動。

總算，今天以圍牆的遺跡作為柏林探索的結束，心中那條東西柏林因圍牆而鬆脫的拉鍊，也在走訪與體會中被我拉上。此刻我坐在前往漢堡的巴士上，仍然對於在柏林所見的一切感到興奮與難忘。

隨著柏林的旅行接近尾聲，我將前往屬於永續節能示範與河港再造的第二大城——漢堡，繼續針對永續設計做深度的探索。

跨越，曾經要等三十年。

柏林圍牆歷史公園。

柏林圍牆遺韻。

旅行印象

柏林．柏林工業大學

處處充滿設計的柏林街頭，是什麼樣的環境造就如此豐富的設計能量？今天的旅行我打算前往柏林工業大學好好的一探究竟。

柏林工業大學位在市中心最大公園的西邊，占據了好幾個街廓，是一個學院完整、資源豐富的高等學府。設計學院占據了最主要大馬路的兩個街廓，一邊是建築系，一邊是景觀系，如此龐大的陣仗是旅行參觀大學設計學院中最為壯觀的。今天剛好景觀系有一整天的系列講座，所以大半系館的人都集中在演講廳，對我來說這是一個再好不過的機會；所以我也就跟著進入演講廳，充當了半天的學生，也順便提前預習我將來在美國的求學生活。

今天系列演講的主題是「景觀設計中的空間氛圍」，我好喜歡這個題目，一整天總共邀請了六位演講人針對這個題目做不同層面的專題演講。其實我覺得這是一個很抽象的主題與概念，但是透過密集且多方面的演講，再加上充分的溝通與討論，真的是學習與理解的好機會。一整個下午的感受也讓我更加明白東、西方學生最大的不同之處！

在台灣，每次演講完預留的問答時間多半都只有少數學生舉手發問，大半時間都是主持的教授充當發問人在提問。東方學生內斂、害羞，不敢勇於表達自己的個性真的錯過很多學習的機會。今

柏林工業大學

交通：搭乘地鐵U2線至「Ernst-Reuter-Platz」下車，出站後沿指標前往。

天讓我印象很深刻的是一位學生的提問，他這麼說：「先生您好，假如我有任何表達錯誤請您指正我，關於您剛才的演講我認為有下列三項重點，分別是……而我的問題是，請問我所簡述的內容是您在演講中想要表達的想法嗎？」針對這個問題，現場又有了將近十分鐘的交互討論。

我不只是在聽，我更在觀察德國學生對於演講結束後的討論與作為；這位學生可以在短時間內組織自己的想法並且立刻尋求驗證，想必平常關於設計思考方面的思辨訓練有下過一定的功夫。單元的演講長度大約有四十五分鐘，可是討論的時間卻將近二十分鐘，大家關於「氛圍」這件事情所提出的意見讓不同層面的演講再達到更深入的討論。這種感覺跟台灣那種「台上講台下聽」

柏林工業大學景觀系演講廳。

的演講是完全不一樣！我覺得學生就是應該要能夠主動思考並且與演講者交互討論，才能代表聽完一場演講後真正有所吸收。

今天體會最深刻的是這句話：「氛圍一直都在，只是設計師要用什麼方法將它喚出來。」簡單卻包含了千言萬語。這讓我想起了米開朗基羅在雕刻大衛像時也有類似的說法，他說大衛一直都在這塊石頭裡面，他只是把不屬於他的部分敲除而已。假如有一天真的能夠達到這般境界，那應該設計師眼前所見的「氛圍」會是全然不同的感覺吧！

短暫回味當學生的體驗讓我對於德國高等教育的設計課程有了一點初步的接觸與體驗，獲益良多。

看見了與桂離宮的連接。

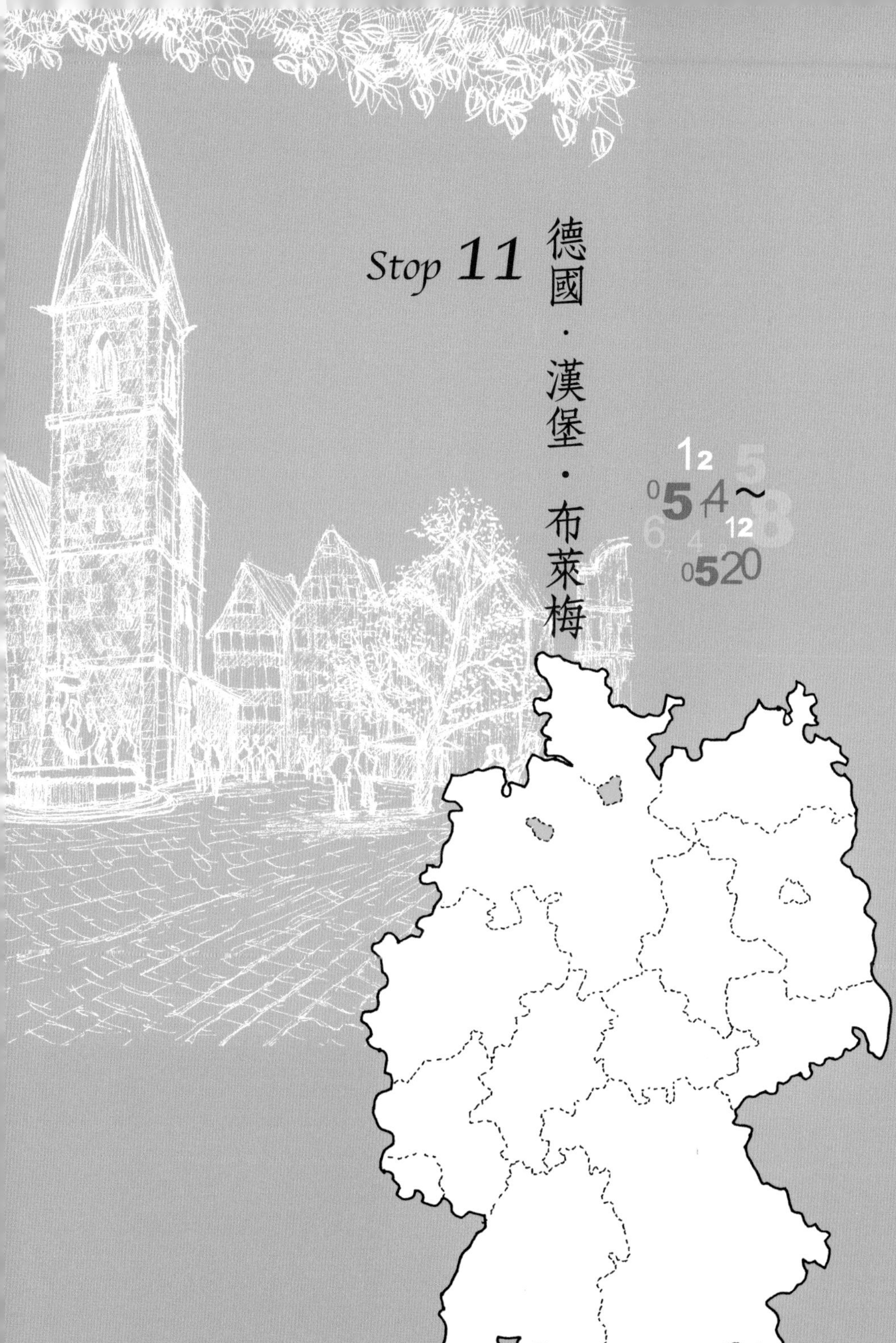

Stop 11 德國・漢堡・布萊梅

0514～0520

漢堡・漢堡運河・Harbor City

漢堡・漢堡運河

0514～0520

旅行來到了漢堡，對我來說意義格外的不同，有著跟我旅行到橫濱時一樣的心情。因為這兩座城市都和高雄一樣是國家的第一大港，第二大城，港口邊都有伸長脖子的起重機和偶爾隨風飄過的重柴油味，又再次聞到令我感到熟悉的味道！還記得上海世博會的漢堡之家，讓我對於德國整體永續設計的廣泛應用感到印象深刻，而這也是我相信我能夠在漢堡看到更多我想看的東西的原因。

從地圖上看漢堡，會發現除了主要河流易北河之外，還有阿爾斯特湖與連結的漢堡運河。「水」這個元素向來都是城市最有魅力的精神指標，對我來說，易北河與河港是漢堡對外連結的經濟動脈，緩緩流經市區的漢堡運河就像是城市發展的靜脈，而位在市中心的阿爾斯特湖就是漢堡精神象徵的心臟。因為有了這一層的解讀，所以我就打算從「水」開始探索漢堡。

「同中存異，乾淨俐落」這是我繞了一整天漢堡運河後所賦予的詮釋。有著德國設計一貫簡潔的建築立面，也有依水岸設立的多樣風情咖啡座，但是漢堡運河有特色的地方是它建築物與水岸的分界俐落分明。很多地方的河流都是水域旁邊會留一段綠地或馬路的

人與運河的距離可以很近。

水岸元素的市政廳大門。

水路就像馬路。

退縮空間後才是建築線的起點，在漢堡運河建築物與運河是比鄰而居的；也許一樓後側懸挑出去的窗台就直接位在運河之上，或是建築物結構的幾根立柱就直接伸進運河；臨水岸的通道往往是建築物部分退縮的空間，感覺類似於台灣的騎樓。完全沒有模糊的空間，俐落分明，一次到位，果然是一條德國的運河！

沿著運河一路向北，忽然間視線中迅速地竄出幾根尖塔，原來是市政廳廣場！眼前的景象忽然間讓我彷彿回到了波羅的海的古城，一時間無法適應。原來這麼現代的河港大城，它的市政廳竟是這麼有味道的古典建築，如此高反差的對比讓我強烈地感覺漢堡好迷人！港口城市向來喜歡運用海洋作為設計元素，漢堡市政廳一樣不例外，在那厚重鍛造金屬裝飾的大門上，出現了好幾隻機械感十足的龍蝦與寄居蟹，十足展現了河港城市的特色與魅力。

過了市政廳再往北走，不遠處便可看見那一枝獨秀的中央噴泉在風中搖曳舞動，阿爾斯特湖到了！好廣闊的一片城市中心水域，成群的天鵝和水鴨似乎比岸邊喝咖啡的人群更加愜意；偶爾天鵝快速揮動翅膀把湖水拍打的波光淋漓，那炫目的白色反光像是大片灑落在湖中央的鑽石，閃閃發亮。往北走，穿越橫跨湖畔的鐵軌與道路，湖水的感覺又不一樣了。在更為寬闊的水域中看見漢堡更生活化的一面，風帆小船成排在碼頭旁，岸邊垂柳隨風搖曳，時而會有慢跑和騎單車的人群與我擦肩而過，在片刻四目相接與微笑之間，感覺這才是城市水岸悠閒的步調與魅力。

在阿爾斯特湖畔，我發現最棒的設計！湖畔南岸的階梯平台提供了欣賞湖水最美的角度，而階梯平台上的木座椅，更是質感與造型兼具，甚至加上了令人驚喜的機關。厚實原木導圓角再用相當厚度的鍍鋅鋼板收邊框，讓坐在階梯平台看湖的人們有了更舒適的角度。單純是它的質感與造型就讓我停留欣賞，在研究剖面與細部交接並畫圖的同時，我卻發現了這張椅子的驚喜。我說奇怪，為什麼我前面這對情侶的角度跟我低頭之前看到時不一樣？我

湖畔階梯看台。

正在想的同時，他們又再次滑動了厚重的椅子。原來這椅子是可以左右移動的，難怪階梯旁要有一整排的鋼板，也難怪階梯下方要有那段不尋常的退縮空間；瞬間恍然大悟的我又花了更多的時間，好好研究這張椅子。多人性化的設計！假如在你看湖的視線之前有不順眼的東西，只要推動這張椅子，想看那裡就看那裡！

水岸城市的魅力，今天只是序曲，但是我卻已經深深被它吸引。

漢堡的水岸風情。

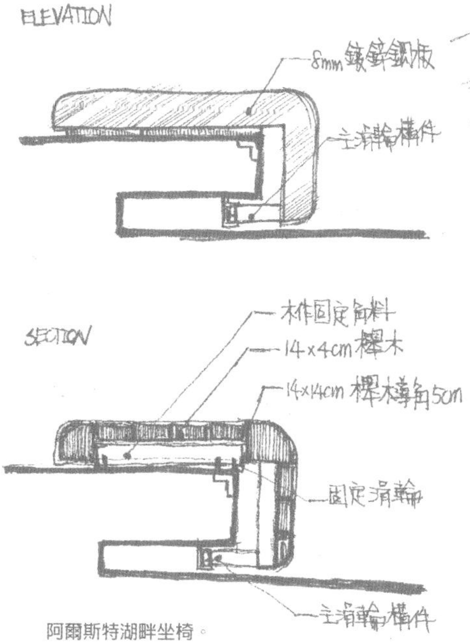

阿爾斯特湖畔坐椅。

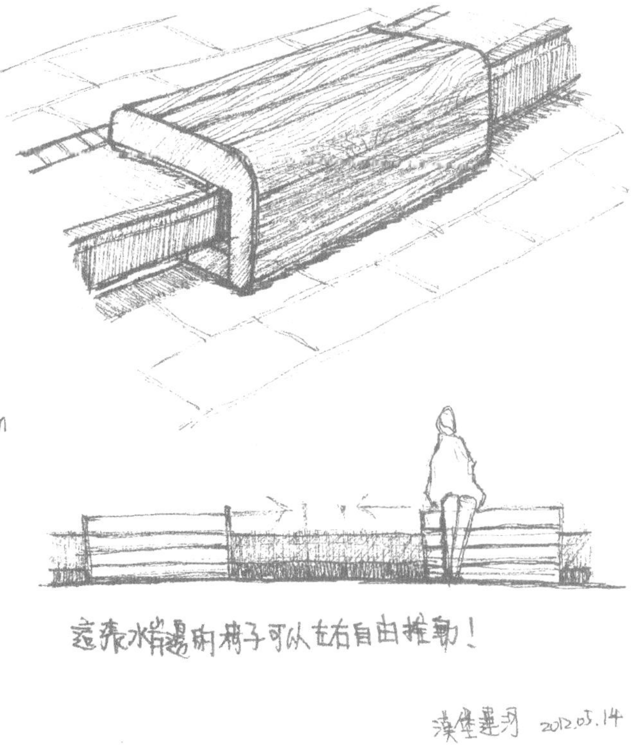

漢堡・Harbor City（上）

一座城市的港口如果能夠被各式各樣的設計充滿包圍，那會是一件多麼幸福的事情?在漢堡的Harbor City，我看到了舊港區空間再利用的最棒案例。

在抵達Harbor City之前，我沿著易北河一路漫步前進，感受德國父親節的節日氣息，並感受港口邊絡繹不絕的人群。在漢堡港邊很有特色的食物是鹹魚漢堡，麵包搭配洋蔥夾著一整片鹹魚，坐在港口邊吹著微風享用鹹魚漢堡，別有一番滋味！

漢堡因為港口帶來了繁榮，但是也因此帶來了污染與環境惡化，舊港區的土地利用更因為港口設施與船舶型態的改變而成為都市中一片失落的空間。有鑑於此，漢堡市政府成立了港區再造的公司，專門負責舊港區土地活化利用的計畫。因為如此，漢堡的新世代發展不再繼續擴張城市，反而回到城市發展的原點，再次注入一股活水，重新為漢堡的發展掀起一波漣漪。

十九世紀的紅磚屋已經成了漢堡港區建築的鮮明特色，我很喜歡新的建築在配色時同時考量與舊港區建築的搭配協調，不僅有歷史傳承的味道，同時也有效軟化新舊建築的界限。全部港區開發計畫的展示館是由一棟舊工廠改建而成，新的展館拆除了原有工廠的兩根大煙囪，以金屬編織的方式重新形塑歷史的煙囪一個新樣貌。在裡面不只有全區大模型，更有豐富的出版品免費索取，我光是在這裡就又得到了很多我原本不知道的設計概念與資訊。看著這麼棒的設計，我也在現場留言本上寫下了我的夢想，我希望有一天高雄

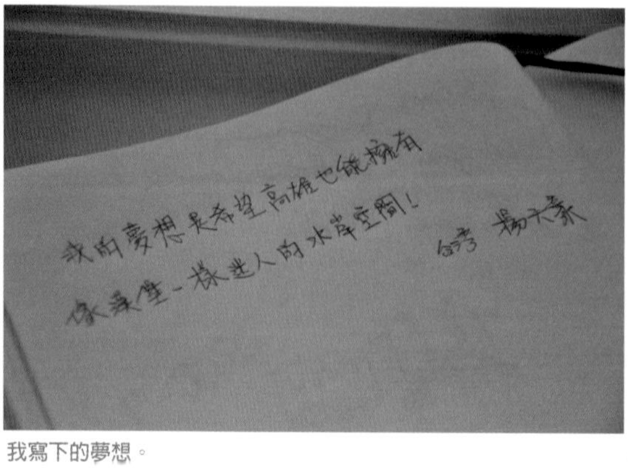

我寫下的夢想。

鹹魚漢堡。

舊工廠改造的展示館。

也能擁有這麼迷人的水岸空間和設計。

港區的再開發分成了好幾期，而現在最廣為人知的完成區塊不過是眾多開發項目的第一期，但是卻已經如此驚為天人，可想而知整個Harbor City完成後會是多麼壯觀的場景！目前完成的沙門碼頭與沙門公園無論是在防洪、建築、景觀、細節都有非常精彩的設計呈現，在這裡的一整天真的是完完全全被設計給徹底征服了！

談到防洪，在計畫設計之初就有了很明確的認定，有鑒於全球暖化帶來可能海平面上升的影響，沙門碼頭的基礎工程就分為兩大階段來因應這個可能發生的問題。戶外水岸空間與碼頭設施設置在海平面〇至四點五米的範圍，作為大水的氾濫區；主要道路與建築一樓平面則是在海平面以上八米的空間。以這樣的概念來定義沙門碼頭的空間架構，也就形塑出現在開發完成的整體樣貌。

說到建築，這裡所有的建築設計都有很完整的設計準則，雖然有高有低，但是無論是韻律或是色彩的協調上都有很和諧的搭配，特別是其中一排座向朝南的建築物都讓一樓退縮，留出二樓懸挑的空間，讓人在下午行經於此能夠有足夠的遮蔭空間。在沙門碼頭兩側的建築物都有先進的「共同熱能調控機制」，來調整全區熱能供應的能源需求，對於節能減碳來說這是一個很棒的做法，所以我也想再針對這個機制的細節多做了解。

講到景觀，我覺得Harbor City的水岸景觀與都市開放空間是我目前在德國看到最棒的設計！豐富俐落的線條，搭配序列明確的空間架構，再結合完美的高度變化與造型整地，最後再加上德國幾近苛求的施工品質，我身在這樣的空間之中感受到異常的興奮與相當

沙門碼頭剖面。

大的震撼！設計師渴望充滿空間感的樹與柔順平滑的草坡，在這邊就是真實的呈現。一邊感受，我的手也不斷地順著坡度在空中起伏，真的好想看看這個設計的等高線圖究竟是什麼模樣？除了新設計，水岸邊也融合了好多原有港區的歷史遺跡，德國善用新鋪面整合舊歷史的手法在這裡再一次完美呈現。

再來談到細節，沙門碼頭有好多充滿質感的細部設計，我最喜歡其中三個部分。第一，地面的透水鋪面設計完全顛覆我以往的思

Harbor city 展示館

地址：Am Sandtorkai 30, 20457 Hamburg, Deutschland

電話：+49-40-3690-1799

交通：搭乘地鐵U4線至「Überseequartier」，或是地鐵U3線至「Baumwall」下車，出站後沿指標前往。

充滿設計的沙門公園。

充滿設計的沙門公園。

維，在台灣能用的就是制式化的透水磚，可是在這裡卻有如拼圖般美麗的訂製透水鋪面，讓勾縫的線條充滿律動，更有細微的刻勾增加質感，有變化但卻不做作！第二，大片牆體有很細緻的立面變化，運用三色變化的丁掛磚和紅磚創造出立體感與馬賽克的變化效果。近看是富有進出變化的施工細節與陰影質感，遠看卻變成一條條律動游水的魚，好精彩的細部設計！第三，無論是樓梯、坡道或是矮牆的結構都充滿「精準、大膽、品質」，我好想了解他們到底怎麼施工？到底如何放樣？到底都怎麼畫施工圖？為什麼銜接的關係都這麼完美？然後為何我們的施工效果都總是和想像有落差？

今天在Harbor City我找到了很多答案，但是我也帶走更多問題。我要向這個案例看齊學習，因為這個稱為空間！這個叫做設計！這個才是永續！

今晚是漢堡的最後一夜，刻意留連是想要跟漢堡晚上的水岸碰個面。迷人的燈光，為城市增添浪漫的彩妝，從Harbor City到阿爾斯特湖一路沿著運河漫步欣賞。也許今天是德國的父親節，遠方湖畔傳來陣陣的爆破聲震耳欲裂，好美！我竟然碰上了這個絢麗的花火節！燦爛的煙火像是灑落的珍珠隨著湖畔倒影忽明忽滅，幸福的眼神洋溢在附近所有的街。靜靜望著

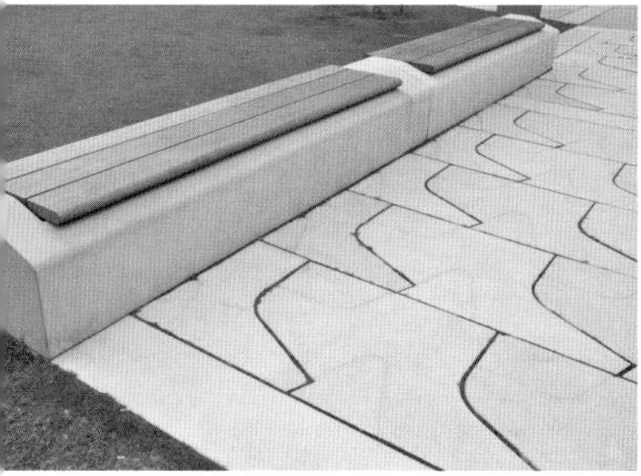

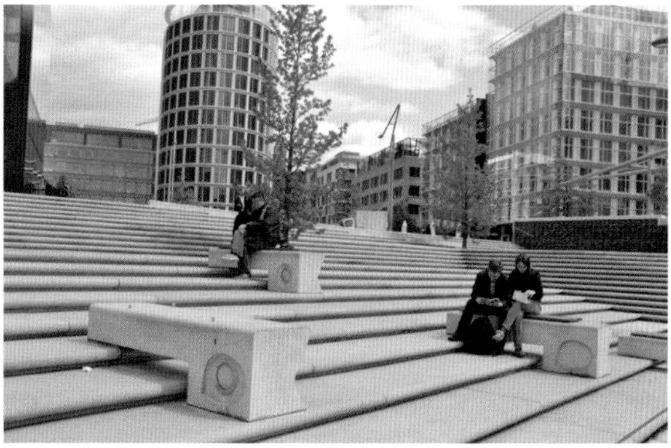

充滿設計的沙門公園。

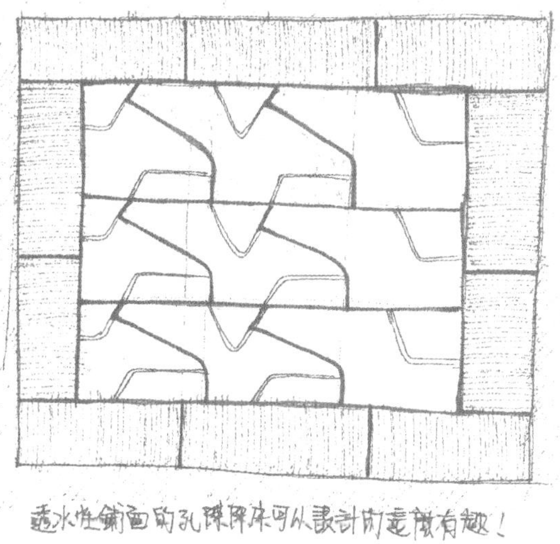

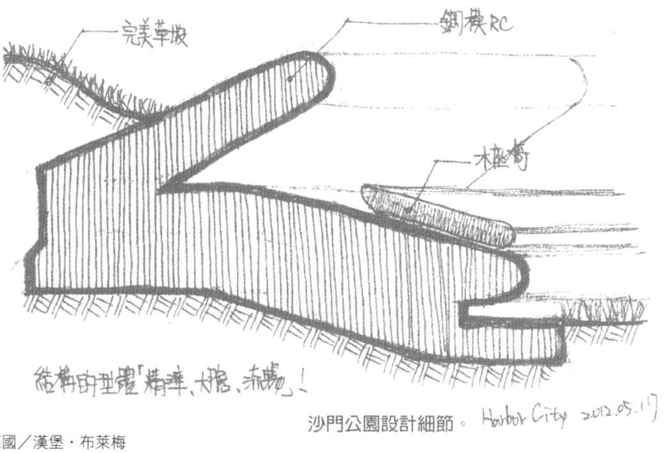

沙門公園設計細節。

眼前彷彿童話般的世界，漢堡送了我一份溫馨的禮物
還為我繫上旅行最美的結！

有一個小礦工，每天都很開心的在不同的山洞裡挖寶，挖到各式各樣美麗的寶石是他最開心的事情。今天他也一樣很開心的出門挖寶，而且挑選的是他期待已久的山洞，他知道裡面有一個他夢寐以求的大寶石，所以他挖得格外起勁。一路上，他挖到不少漂亮又迷人的小寶石，每一種都是他以前沒有看過的樣式。帶著身後一籮筐的寶石他終於挖到了朝思暮想的大寶石；可是，看著眼前閃閃發亮的大寶石，此刻他卻停住了！他只是動也不動的望著它；或者說，他也只能夠動也不動的望著它……小礦工準備的工具根本無法帶走那顆珍貴的大寶石，這顆寶石的價值已經超出小礦工以往對寶石的認識。夾雜著失望與遺憾的複雜情緒，小礦工轉身離開了山洞，他的心情非常激動，連原本已經挖到的寶石都沒有帶走。離開的路上小礦工不斷地想著他要學會更厲害的技術，總有一天要再回來這裡把他夢寐以求的寶石帶走。

這個故事就是我今天的心情！坐在港邊拿著筆，我一直問自己我今天要畫什麼？關於永續景觀，永續建築我有持續的在關注，可是今天我在Harbor City的「未來開發展示區」看到的東西已經是一個高度整合能源科技運用於整體都市環境之中的綜合項目，我感覺自己看得好吃力！因為我根本沒有足夠的知識做後盾。相較之下，即使我今天在Harbor City也看到很多很多不錯的設計，但和我真正來到這裡想要了解的東西相比，已經顯得微不足道。今天我的內心又再次的掀起波濤，但是這次和橫濱時的感覺不一樣，因為這一天的下午，漢堡讓我更加的看清楚之後留學到底專注的目標在哪裡。

昨天看到Harbor City已經完成的區塊，大概就像冰山一角，只有整個計畫的十分之一。愈往東邊走，所有正在興建中，正在整地中以及將要施工的土地依序排開，假如一切順利，漢堡至少還有十幾年的時間在做舊港區都市更新。幾個展覽館分別是由鄰近大學相關科系的學生擔任義工，這個下午我跟他們其中一些人聊了很多。無論建築、景觀、都計、室設，所有在漢堡唸書的學生只要夠積極，港口這一大片開發區都可以成為他們最好的練習。其中一個展覽館正在展出接下來要開發的水岸公園國際競圖成果，展館對面馬路正在興建歐洲領先永續設計展示中心，預計明年落成。假如我是漢堡的大學生，我好

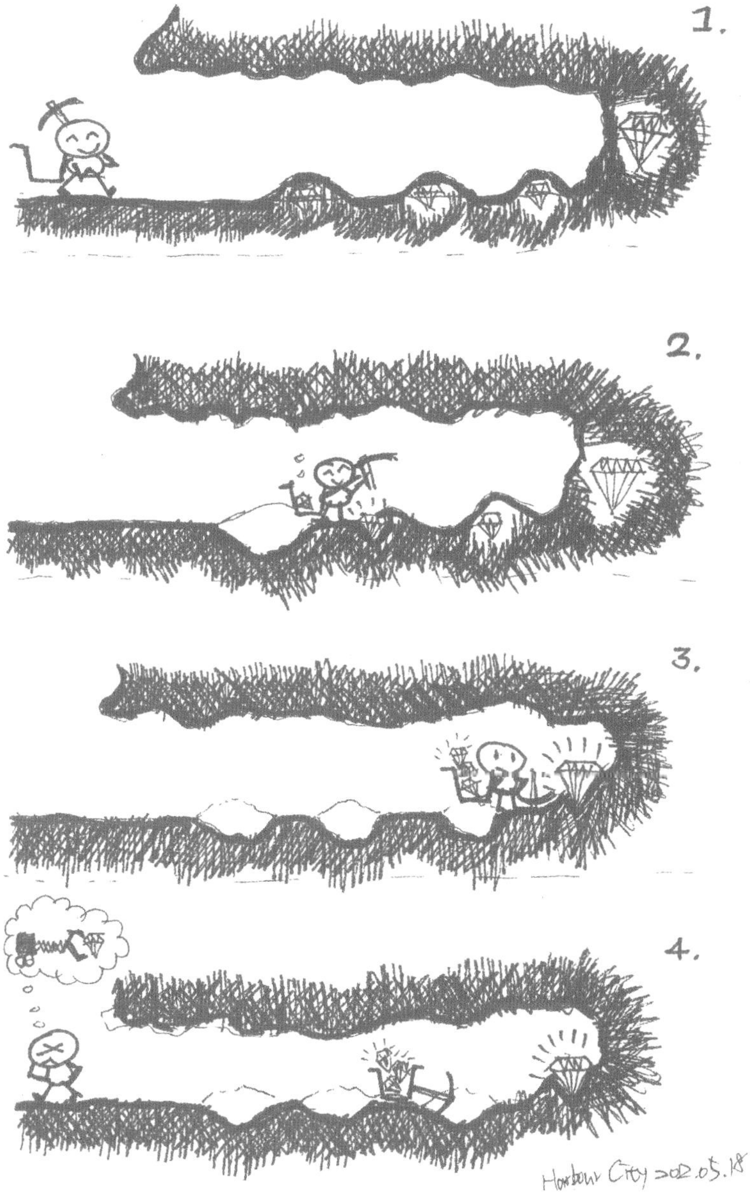

小礦工的心情。

容易與世界、與未來、與夢想做連結；我和其中一位唸都計的學生義工聊天，和他聊港區未來能源運用的效率，他的口氣很肯定的說德國必須成為全歐洲最永續發展的國家，不只是為節能減碳，也為國家產業結構轉型。我想就是因為產官學都能共同努力，德國才能不斷地如此快速前進。

傍晚我搭上火車離開漢堡，要前往布萊梅，我激動的心情平復許多。漢堡是一個讓我印象深刻的城市，它讓我找到許多答案，但是它也丟給我更多問題；在火車跨過易北河的那一刻，我和自己做了一個約定：等我把相關該具備的知識與系統準備得更清楚後，我還會再回來漢堡！我相信，這一天不會太久。

漢堡，我還會再回來。

旅行印象

布萊梅・「童話城市」的放空與充電

0514～0520

昨天漢堡起伏的心情，即使早上睜開眼睛都仍然悸動；為了接下來的旅程，我今天想要「放空」，單純的欣賞這座因童話故事而享負盛名的城市。

記得在波羅的海和波蘭幾乎每天都在看古城，看到後來只想趕快逃到像柏林這樣的現代大城市；沒有想到經過將近兩週的德國大城市洗禮，我卻在今天這麼想走進古城。偶爾的轉換與調劑，的確是人生得以持續前進的動力！

放空的我，在布萊梅古城區閒晃，來到一處好熱鬧的假日市集，小販的叫賣聲和琳瑯滿目的各類商品，看得我目不暇給！周圍都是中世紀的古典樓房，前方不遠處就是高聳的大教堂，與來往的人群擦肩而過，時而陽光會從繽紛的遮陽棚下穿過，身旁又能聽見婦人與老闆討價還價，布萊梅這個假日的上午好有朝氣，也充滿假日輕鬆的氣息。有趣的是當下午我想再回到這裡買水果時，所有的攤販通通都不見了，只剩下一座好像什麼事都沒發生過的大廣場。果真是懂得生活的歐洲人，連小販都知道把握難得的假日午後。

穿過市集，往市政廳廣場走去的一個轉角，在還沒有心理準備

隨處可見布萊梅音樂隊。

好的情況下，忽然間就碰到了童話故事「布萊梅音樂家」裡面的四個主角，大批的觀光客爭相排隊拍照，而且都一定要握著驢子那傳說會帶來好運的前腳，古銅色的雕像只有腳的地方被摸成金黃色，感覺好有趣。一座城市可以因為四隻動物的童話故事而紅遍全世界，而且深印在每一位小朋友的心，這應該算是全世界最成功的城市行銷策略吧！

享受美食也是一個放空的好方法，所以我索性找了一間氣氛不錯的餐廳，跟自己來一場午餐的放空約會。雖然我想品嘗德國豬腳，但是可惜已經賣到缺貨，不過我還是享用了一頓豐富且美味的午餐，不但充滿飽足感，也充滿幸福感，更讓我徹底擺脫了昨日起伏的心情，這真是充滿魔力的幸福午餐！更棒的是，因為發著呆，

童話故事的精神象徵。

放空後的再出發。

布萊梅的假日市集。

布萊梅市政廳廣場。

沉澱心情，看著人群，慢慢充電，我又逐漸恢復了探索的心情。原來旅行中稍微對自己好一點，竟然也可以得到這麼大的收穫。

放空一整天，心情得到完全的釋放，感覺自己又充滿了活力！我自己這兩天在心境上經歷著一種從來沒有過的轉變，說不上來哪裡不一樣，可是感覺非常刻骨銘心。旅行將我的心靈，似乎帶往一個從來沒有碰觸過的境界。

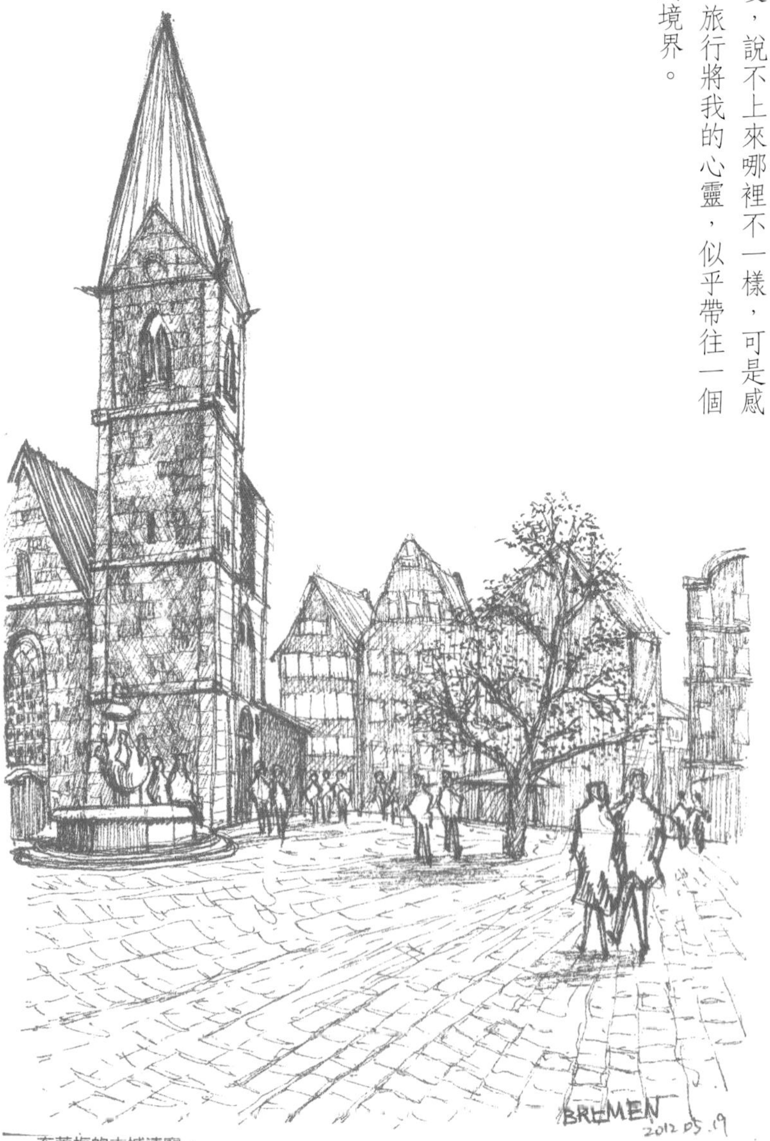

布萊梅的古城速寫

Stop 12

德國・魯爾工業區

0521~0529

與Nord Park 的終於相見。

城市空間記憶

工業遺址的改造魔術

杜易茲堡・Nord Park

0514～0520

今天旅行的地方，是我全部旅程中最引頸期盼的「聖地」！沒有它作為開頭，魯爾工業區相關城市的其他地區我哪裡也不想去。

杜易茲堡Nord Park，在我人生中四個時間點出現過，每一次都讓我獲益良多。第一次和柏林一樣都是從「城市的遠見」開始認識現代德國，因為這個案子我認識了魯爾工業區。第二次是還在讀高三的某個晚上，這個案子的設計師Peter Latz教授應邀來到高雄大學演講，在上大學之前，我已經深深被這個案子所吸引。第三次，當我大四要做畢業設計時，我選擇了高雄台泥鼓山的舊工廠作為題目，這個案子是我花最多時間研究的案例。第四次，當它不再是照片和圖面，真實就矗立在我眼前，我已經不知道該如何形容此刻內心的感動！就是這個案子，讓我知道工業城市的改造可以更有想像力；就是這個案子，讓我知道廢棄的廠房可以是城市文化資產的重

Nord park

交通：搭乘輕軌902、903線至「Landschaftspark Nord」下車，向西步行約400m。

從工廠變公園。

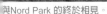

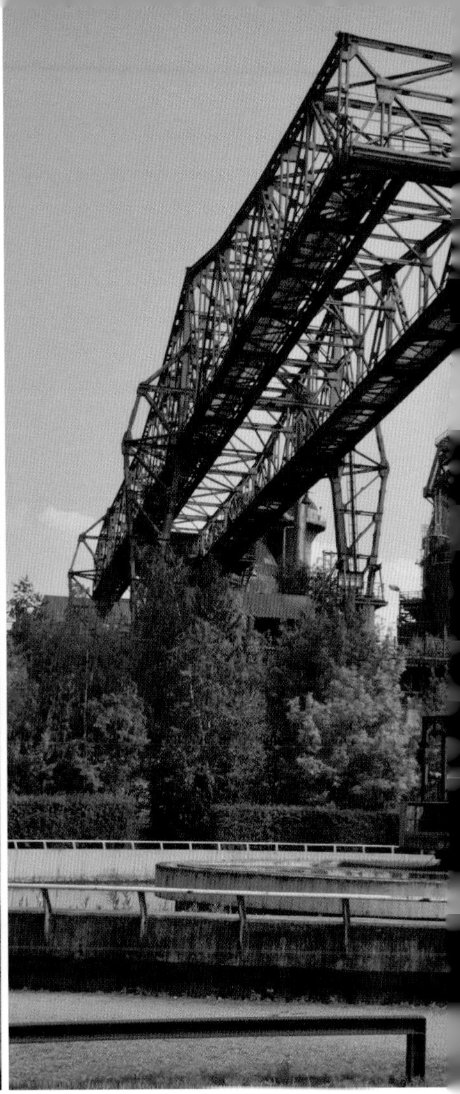

攀岩帶來的新生命。

要資源；就是這個案子，一路不斷地給我啟示，讓我明確知道未來的方向。

騎乘三個半小時的腳踏車後，到了！終於到了！看著Nord Park，我給了它一個心照不宣的微笑。就是得由你當開頭，魯爾工業區的探索才沒有遺憾；就是由你當開頭魯爾工業區的探索才裝得下其他震撼。此刻，當年畢業設計忙碌的心情再一次的充滿腦海，美！

沒錯，這曾經是一座廢棄煉煤工廠，是都市逐漸凋零下人們最不願意勾起的回憶；如今遺跡依舊，可是這已經成為杜易茲堡人心中很大的驕傲。因為Peter Latz採取的手法是大量保留整修和大膽導入活動；所以儘管原先的煉煤廠已經關閉，但是新的能量與人氣，已經塑造出這座公園新的魅力。

關於大量保留整修，我有幾個心得：廠區遺留下的廢棄建物，隨著動線轉換而不斷地前、中、遠景互換，**Peter Latz** 發揮這個廠區最大的空間特色。大量增設垂直走道，讓人可以用更立體的角度來探索這座公園，也能同時感受過往工作空間狹小但是儀器設備繁雜的歷史。過往大片污染的土壤不僅導致這裡的生態瓦解，更造成難以抹滅的浩劫，所以透過大量努力洗土後的土地可以讓植栽再次展現活力，這是一件多麼值得讚揚的事情！所有的廁所與餐廳都留下很多工業運作時期的設備並且巧妙融入在設計之中，讓人在方便與用餐之時，同樣能感受工廠改造的歷史連結。善用現場複雜的管路系統，**Nord Park** 在好幾處有趣的地方設置了雨水回收，並且與原來的管線有著完美的連結。

至於大膽導入活動，我覺得是這個案子最具創意的精彩表現。舊有高聳的煤礦儲存槽被改造成多種等級的攀岩場地，看著上上下下絡繹不絕的人潮，這裡真的可以說是工廠新文化的最具體代表；厚實牆壁的儲油槽改建為潛水訓練場地，這可以說是物盡其用的最高境界。許多的藝文活動都曾經在此主辦，看著廠區內一處既有的斜向平台和照片回顧，還包括很大一部分的座椅，真的可以說杜易茲堡在工業城之後是一座充滿藝文氣息的城市。

廠房一處舊有的密閉空間，用雷射與燈光再搭配音樂，呈現出與周遭截然不同的歷史樣貌；我喜歡這裡，因為這些多樣化的藝文活動是帶來城市產業結構轉型的最好案例。所有新導入活動中我最喜歡的是充滿童趣與刺激的金屬溜滑梯，這裡不但滿足孩子探險的心，也讓大人感受舊廠房的活潑意象。

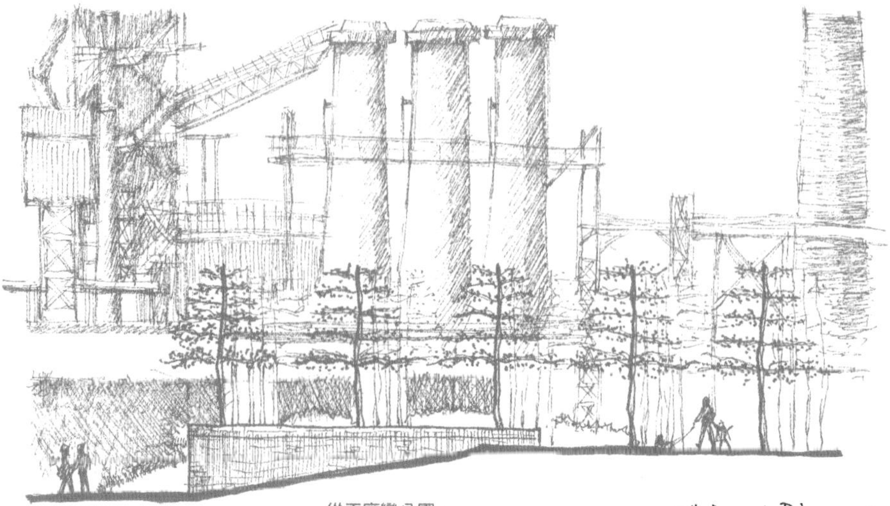

從工廠變公園。

杜易茲堡 Nord Park 2012.05.22

在台灣，北部的侯硐也有類似的舊煤礦廠；南部的高雄更有一堆即將走入歷史的廢棄舊廠房，甚至是後勁即將搬遷的煉油廠；那麼大的地還有一堆帶不走的設備，我們如何讓台灣的工業文化轉型得更好？親身體驗後我只能說我在這裡找到了設計讓環境更好的具體典範。回程的路上我一直不斷在思考，將來若有機會，我也想要投入讓舊有廠區空間融入都市內涵的改造，打造出屬於自有特色的「工業文化」。

我夢寐以求的溜滑梯。

奧巴豪森・瓦斯槽的無限創意

一天探索一座魯爾區內的城市，一路由西向東慢慢前進，今天我來到的是位在杜易茲堡東邊的奧巴豪森。

位在奧巴豪森城市北邊的河岸旁，有一個曾經是全魯爾區最大的瓦斯氣體儲存槽，龐大的量體遠遠就吸引著人們的目光。過去鋼硬的瓦斯儲存槽，現在經過改頭換面的重新打造，已經成為奧巴豪森很有特色的一處藝文展示館。瓦斯槽的外觀量體氣勢懾人，內部空間的豐富變化更是有趣的驚人。一樓和二樓槽體空間利用原有的鋼構支撐系統作為靜態展覽的展示地點，除了欣賞作品，也同時感受結構形體連結的美。二樓以上一路到槽頂都是一整個巨大的「空間」，設計師在這裡設置階梯看台與環型走道增添多元的角度來欣賞瓦斯槽體的美。中央那棵GRC的大樹撐起了整個空間的重心，因為比例拿捏的相當得

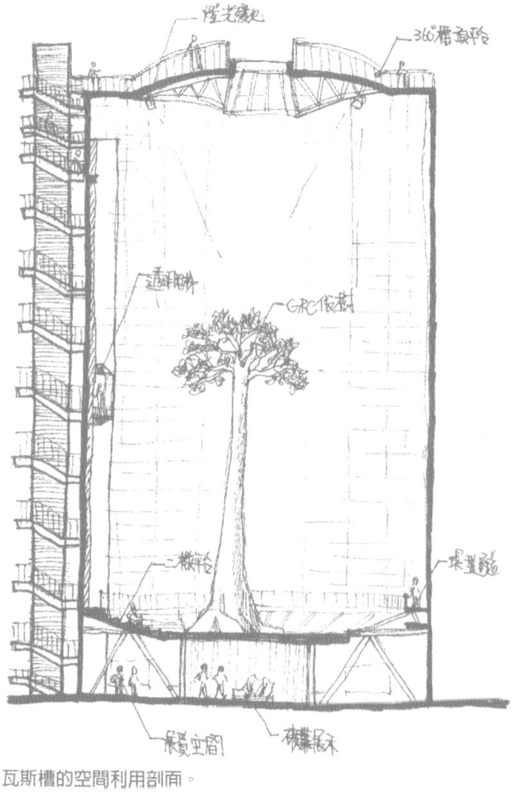

瓦斯槽的空間利用剖面。

瓦斯槽外觀。

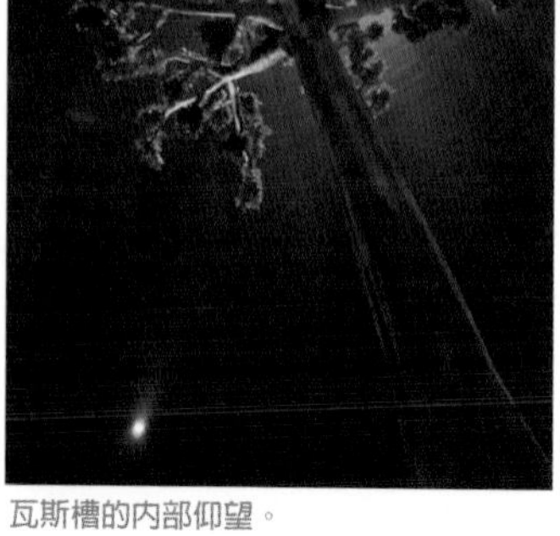

瓦斯槽的內部仰望。

宜，也更加襯托出槽體空間的壯盛，再加上結合燈光與音樂的緩慢變化，其實可以讓人在裡面感到靜心。搭乘透明電梯沿著槽體邊緣一路向上，可以連結槽頂平台，享受視野三百六十度的槽頂風光。單純的一個瓦斯槽，透過設計而創造出空間層次豐富變化的觀賞體驗，槽體空間的各個部分都因設計而巧妙連結，真的是舊廠房再利用的最佳成功典範。

今天在奧巴豪森看到這個垂直利用空間創造出多重體驗的瓦斯槽。看起來魯爾區的每一座城市都能讓我在驚喜中看到創意，在創意中看見學習。

瓦斯槽

交通：搭乘輕軌112線至「Neue Mitte」下車，向北步行約400m。

瓦斯槽的頂部鳥瞰。

埃森・十二號礦區

我已經習慣了這樣身體力行的探索模式，每天從昨天探索的城市開始騎車到下一個城市，晚上腳踏車就停在車站坐火車回杜賽道夫，隔天再坐火車到停車的車站，繼續騎車探索下一個城市。雖然有點複雜，不過在精打細算下，最省錢、最地毯式的探索，就必須要這樣，我也累得開心。

十二號礦區是一個規模龐大的煉煤廠，光是看那幾根高聳筆直的煙囪排列站立，就足以想像當年工廠運作的壯盛景象。廠區一共分為三大區塊，A區是由當年德國最大的燃煤發電廠所改造的博物館；B、C區則是魯爾博物館和紅點設計博物館。對於歷史、文化、創意這三個元素的結合，我在這裡得到了非常大的收穫。

十二號礦區的A區是全部廠房最主要的區域，相關重型機械設備和大煙囪壯觀得令我嘆為觀止！我好喜歡紅褐色的鋼鐵直挺挺站在綠草上的感覺，那彷彿象徵一種重生的希望。參觀的過程剛好巧遇兩位從上海來德國交換的建築系學生，剛好可以一起討論相關問題，讓我得到了參觀之外更多的收穫。

導覽的內容主要是針對過去鍊煤廠運作的過程，再搭配真實的機具與模型參觀，讓人在實際體驗的過程中感受過去工廠運作的情形。雖然聽不懂德文，可是透過廠區改造後的導覽動線，可以很清楚的感受從煤礦經過分解再變成焦煤的過程；能夠將複雜的原理經過簡化再串聯成適合大眾觀賞的動線，這樣的設計其實很不容易，所以我覺得在十二號礦區所採用的手法非常值得學習。

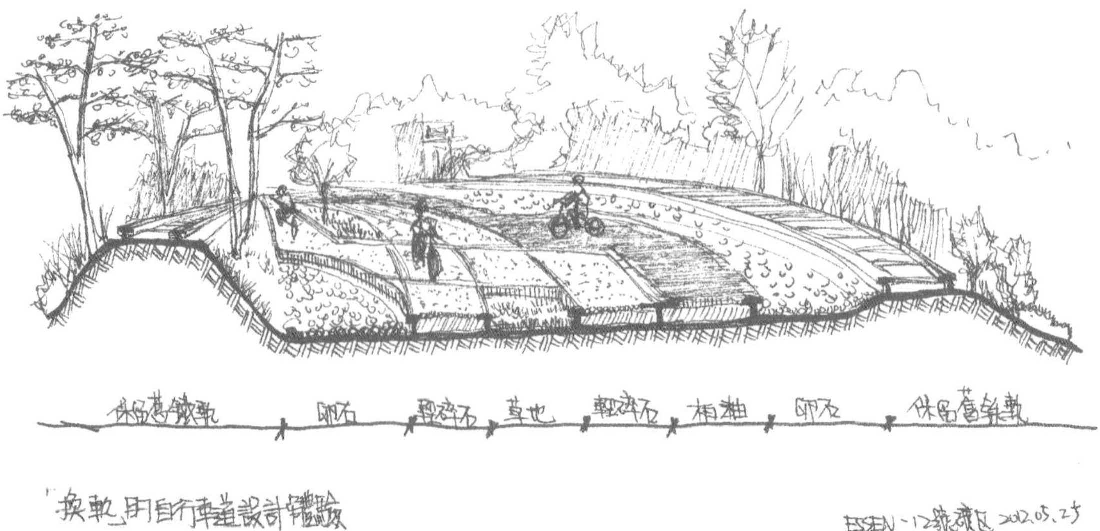

關於廠區在創意方面的改造在十二號礦區有不少好點子。首先是最引人注目的視覺焦點——摩天輪；這座摩天輪吸引我的地方不僅是它的位置從舊有的廠房建築穿越，可用環型多變的角度欣賞廠房壯觀雄偉的工業遺跡；更由於它的設計結構不同於一般摩天輪是用中軸旋轉的方式運作，透過特殊的轉輪系統，這座摩天輪可以用更輕盈的方式運轉，頗具特色。再來是六根大煙囪旁的長條型蓄水槽，在冬天時會成為埃森地區最有特色的戶外溜冰場；從影像的拍攝看到大批人群歡樂溜冰的畫面，真的讓我覺得這個想法充滿了創意，讓生硬的廠房可以用如此輕鬆的面貌面對民眾。最後是它斜屋頂上新增的太陽能板，讓這座廠房得以用潔淨能源的形式提供電力；這片太陽能板屋頂和高雄世運主場館一樣，除了廠區本身使用，也會將多餘的電賣給電力公司供應附近社區，不過在德國看到

我所探索的十二號礦區。

前進十二號礦區

的太陽能板感覺都特別輕薄，不知道這跟技術的開發是否有關係？

位於B、C區的魯爾博物館，是利用廠區部分舊廠房加以改造，以保存原有的重機械設備，再融入新的展覽元素，將魯爾工業區各個改造的案例分門別類的用影片與圖片的方式呈現給觀賞者。

有趣的是連結不同樓層展場的樓梯非常具有工業意象，無論是博物館入口的電扶梯或是館內樓梯都是鮮豔的橘紅色；在漆黑的空間中點上了一盞盞橘紅色的燈光，像極了鍋爐內被燒得熾熱的鋼鐵，無形之間也巧妙帶出魯爾博物館最主要展覽的核心概念，感覺特別深刻強烈。

聞名世界的德國紅點設計大獎，每年都吸引全世界工業設計的人才參與競賽。這間設計博物館是藉由十二號礦區內其中一間包浩斯風格的舊廠房改造而成，和德國國會大樓一樣是由諾曼佛斯特負責改造任務；舊廠房與新設計之間的完美結合，就是這間充滿創意的博物館內最具有吸引力的展示。有關工業設計歷年來得到過紅點設計大獎的作品多陳列於此，我也看到不少台灣廠商的產品，看到這些市面上還有在用的產品被陳列在博物館內，感覺非常有趣。

我欣賞這座博物館，不只是因為展覽內容，更因為它代表的是產業成功的轉型；深知一個國家或城市要面臨產業轉型所必須面對的壓力，這本來就不是一件容易的事情，需要政府與民間共同努力，所以看到魯爾區用既有的產業資源做基礎，再次發展出舉世聞名的文創產業，這背後投入與付出的辛勞，很值得我們思考。

連接A區與B、C區間的通道格外有歷史遺韻。十二號礦區內舊有的鐵軌在改建過程中沒有被全部拆除，大部分原有鐵軌的腹地

十二號礦區

交通：搭乘輕軌107線至「Zollverein」下車，沿指標前往。

魯爾博物館的工業氛圍。

十二號礦區A區全貌。

被闢建成綠地，但是部分的路線與新建的自行車道連結，讓來訪的遊客在不同區塊移動時，可以順便體會曾經煤礦火車行經的鐵軌。偶爾自行車道會與鐵軌並行，偶爾又會斜向橫越好幾條鐵軌，感覺行進之間也像火車一樣在「換軌」，是一種非常有趣的行進體驗。

十二號礦區的保留再加上改造，讓埃森東北方的這座小山丘多了一個很棒的教育示範空間與景點。環境不再因為煉煤而受到污染，相反的借重龐大的歷史資產轉換成下一波產業成長的動能，這是我體會後最為欣賞的部分。

歷史導覽的空間動線活化。

埃森・Wissenschafts park・煤渣山

今天我的旅行來到城市更東邊的郊區，在這裡有一座魯爾工業區改造環境與永續建築的代表案例，也有一座善用工業廢棄物改建而成的地景公園。

太陽又大又熱，在這樣的天氣下踩著腳踏車再騎過兩三座地形起伏的小丘，感覺特別辛苦，但是也感謝有今天的大太陽，讓我在體驗 Wissenschafts park 時，有了設計思考上很深刻的感受。今天是德國三天連假的第一天，看著建築物裡面空蕩蕩的，我以為內部不會開放，所以只有繞著外圍公園感受體驗；但是忽然間我發現裡面有三個人往外走出來，我便很興奮的跑到門口等候他們；不過更讓我興奮的是，竟然其中有兩個人是到德國開珍珠奶茶店的台灣人，這樣的巧合太有趣了！有他們的指引，我的探索終於不再限於外部空間，順利的進入了建築物內部。

Wissenschafts park能夠把原來的舊工廠改造成現在建築與環境共生的公園，提升附近住宅的生活環境品質是我很喜歡這個案例的原因。建築物大片的斜屋頂搭配可以上下移動的遮光棚，讓進入室內的陽光量可以得到完全的控制，減少電燈在白天的需求。玻璃斜面的錯位設計可以讓外部空氣自然導入室內，形成良好的通風與對流。玻璃斜面外的大片生態池與點綴的水生植物讓室內看出去的角度享有大面積的水與綠。

大太陽下的觀察讓我發現這個設計其實也有一個考慮不周嚴的弱點。因為建築物的玻璃斜面位在西邊，而大片水域與綠地也位在

Wissenschafts park的眩光。

Wissenschafts park。

Wissenschafts park內部空間。

建築物的西邊，所以當下午特定的幾個小時人們想要使用這片戶外綠地時，大量的玻璃反射陽光會形成很刺眼的眩光，非常不舒服。這樣的現象讓我再次研究了整個公園的平面配置，發現這個問題其實是設計思考時必須要格外小心的部分，有時候光線利用的思考觀點除了內部採光的需求之外，也要同時考慮是否會成為環境的光害，不然原有的設計美意就被破壞了。

在Wissenschafts park的南邊不遠處，有一座用廢棄煤渣搭配造型整地所形成的地景公園。順著螺旋向心的坡道動線緩緩向上，視野會在穿過一片樹林後來到一處完全不同的世界，一片黑得閃閃發亮的世界！原來用廢棄煤渣也能做出那麼有趣的地形設計！在山頂上還特別用石頭堆了一座地標，也讓螺旋動線的終點方向更加明確。來到這座人工小山頂，可以飽覽埃森的全景，也包括了前兩天走過的十二號礦區，看著煤渣山與山腳下的樹林形成一整條完整的界線，就更加突顯這座公園獨特的創意與視覺衝突。

這座彷彿獨立世界的公園對小孩來說充滿了無限的想像與挑戰，我看到幾個小朋友帶著玩具槍因為登頂而歡呼，這裡肯定會成為他們長大之後心中永遠的祕密基地。能夠讓為數龐大又看似沒用的煤

煤渣山全貌。

煤渣山地景。

渣作為設計思考的素材，真的兼顧了實用性與創造性，我好喜歡這座公園，因為它讓我知道什麼叫做「化腐朽為神奇」！

幾天魯爾區的走訪，看到好多種工業素材可以融入設計元素的創意，讓我在想法與認知上都有很大的突破。整個魯爾工業區就像一間超級大教室，不同的城市改造案例就像不同的課程，等著探索的遊人自由選課；厲害的是不管怎麼選課，都可以從每一堂課中獲取大量的知識與驚喜。想想曾經因為產業轉型而造成大量的失業與環境污染；再看看現在經過努力所累積的眾多成果，這一切真的是得來不易！

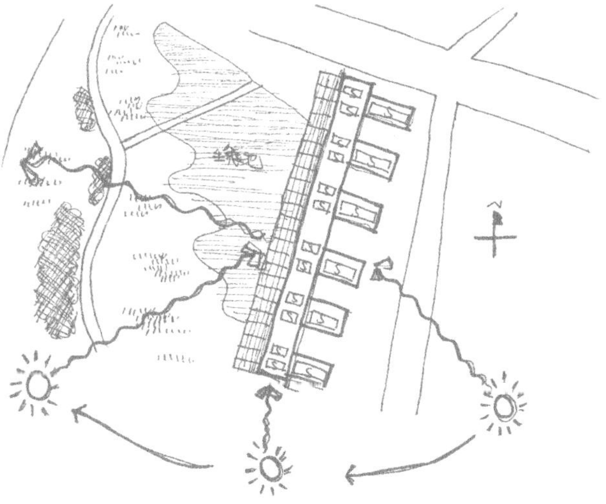

Wissenschafts park空間剖析。

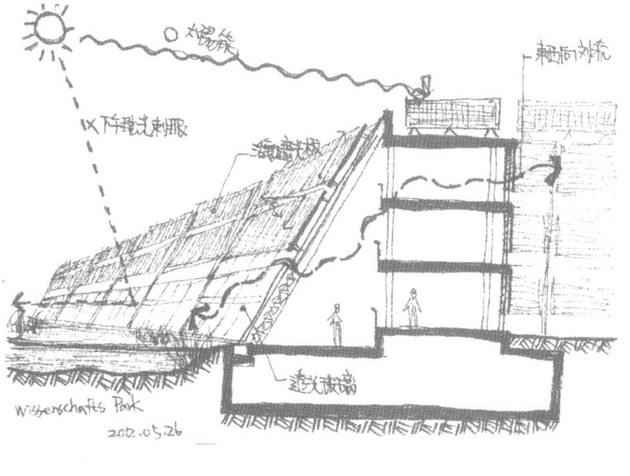

Wissenschafts park

地址：Munscheidstraße 14, 45886 Gelsenkirchen, Deutschland
電話：+49-209-167-1000
交通：搭乘火車S2線至「Gelsenkirchen Hbf」下車，出站後向南步行約400m。
備註：煤渣山位在公園南方約1km處。

杜易茲堡・Tiger & Turtle

每天陪伴我流浪在外的腳踏車今天終於要帶它騎回杜賽道夫，從埃森一路往杜賽道夫這將近五十公里的路程中，我看到了魯爾區改造源源不絕與活靈活現的創意。

回程再次經過杜易茲堡，我也順道尋找最近各大雜誌廣泛介紹的魯爾區最新設計——Tiger & Turtle。我沿著電車軌道一路南行，忽然間就在一片工業廠房的山丘上，看見了這座令人驚奇的扭轉結構體。誰會想到要在這樣的地方蓋這樣一個複雜的結構體？旁邊所有的一切都平淡無奇，但就是因為出現了一個這樣怪異又知名的結構體，竟能讓所有的一切都變得不平凡！

這個突破性的創意充滿著行銷與觀光的魅力，在未曾到訪之前我覺得最吸引我的就是兩個原因：第一，雜誌上看到有如奔放線條般的3D曲線自由扭轉，每張照片都可以看到人在上面行走，但是最具張力的三百六十度旋轉，

千里迢迢終於來到。

Tiger & Turtle 小丘

新設計框住舊風景。

人要怎麼過去？這樣的好奇驅使我想要來一探究竟；雖然最後結論只是封住旋轉軌道的樓梯，讓人根本無法通行，但是設計已經徹底達到吸引人前來的目的。第二，所有目光的焦點都在結構體本身，但是站在上面看出去到底可以看見什麼東西？當親身體驗發現看到的只是一般住宅區以及一旁運作的工廠時，吸引人們前來的目的又達到了。這樣充滿目的性的改造我認為是充滿高瞻遠矚的遠見，因為它讓默默無名的小地方成為關注焦點，再加上靈活又兼具行銷的設計，無形的為城市帶來龐大的宣傳效益。

Tiger & Turtle

交通：搭乘輕軌903線至「Berzelius」，一下車便可以看見。

Tiger & Turtle。

波鴻・恩瑟爾公園

今天旅行要探索的是全部魯爾區開放空間改造面積最大的恩瑟爾公園，以這個精彩的地景公園為結束，魯爾區的探索也正式告一個段落。

恩瑟爾公園腹地遼闊，很難想像眼前的大片綠地曾經布滿著廠房與煙囪，改造後的環境讓人不由自主的就放鬆心情。在這片大公園中有一區完整的廠房和地標大水塔被改造為博物館與舞台，叫做Jahrhunderthalle。很可惜今天是休館日，沒有辦法參觀，可是從資料上看到這個舞台的內部空間是用很多重金屬的材料組合而成，真希望下次有機會可以看到裡面的改造模樣，那應該會是一種很特別的舞台體驗。

內部空間的改造雖然無法參觀，可是外部公園的設計卻相當精彩，這座公園又再一次的讓我感受到「德國工藝，精確細膩」。廣闊的綠地幾乎已經看不出過去工廠的痕跡，但是突如其來的一段鐵軌或是高塔基座又片段的提供人們拼湊過往的線索。簡潔俐落的幾何造型將公園空間與動線分隔的明確而清晰，完全可以看見德國人界線分明，規矩清楚的民族性。銹蝕鋼板向來是設計手法用來呈現復古懷舊氣息的最佳選擇，我喜歡恩瑟爾公園將厚達一點五公分的鋼板做精確的切割與石頭做完美的嵌入，鋼板的設計張力就是因為多那一道轉折，讓整個樓梯空間都充滿戲劇性。斜角相接河道與幾何整地草坡的結合，讓整座公園無論從哪一個角度欣賞，都充滿著秩序與韻律；尤其是用銹蝕鋼板作為收邊的河道立面，在俐落分明

河岸邊閒暇的下棋父子檔。

德國施工品質的精準。

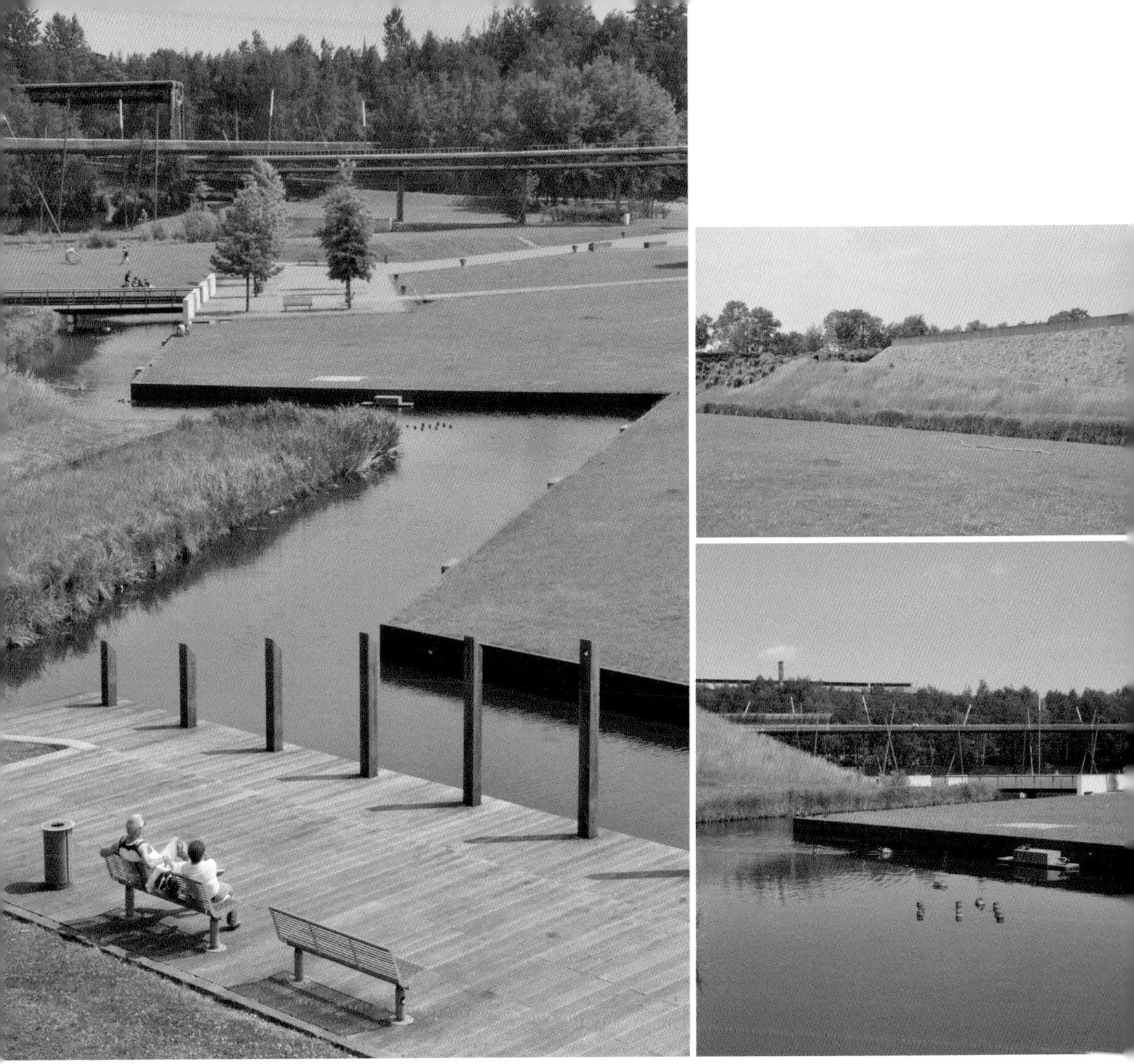

恩瑟爾公園。

的線條感中，加入了部分沿岸長草叢生的雜亂感覺，更加突顯了秩序帶來的幾何美感。

歐洲人的生活真的讓我感覺這才叫做生活！雖然今天是上班日，可是公園卻還是有很多人在草地上曬太陽、踢足球，也有父子檔在河岸邊下西洋棋。似乎戶外空間的使用率在非假日與假日之間的差別只有人很多和非常多的不同而已。比起不斷地追求工作與忙碌生活的亞洲國家，歐洲的德國似乎更懂得工作與休閒並重的長久道理。看到他們這樣的生活態度，讓我自己對於工作的定義也有了一番重新的思考。

魯爾工業區的探索，每一天都是驚嘆號！今天更是在心中畫下一個好完美的句號。眾多的改造案例中，我不過走訪了其中的三分之一，但是所吸

恩瑟爾公園。

收到的養分卻已經讓我受用無窮。這八天內努力的踩著腳踏車，頂著烈日與下雨的天氣不斷地在各個城市之間穿梭，只為了親眼所見、只為了親身體驗；所有刻骨銘心的感動與震撼，我都記得的一清二楚，因為這裡讓我更加明確未來的方向！

對我個人而言，設計可以觸及的範圍包羅萬象，我們可以各個淺嚐，但卻無法樣樣在行，找到清楚的方向並竭盡所能的追尋才可能發揮自己最大的能量。經過魯爾工業區的洗禮，我對於自己未來的設計追求方向更加明確！我希望能夠以文化為基礎，用永續當支柱，將設計做包覆，整合空間與環境，讓人們的生活空間更美好！

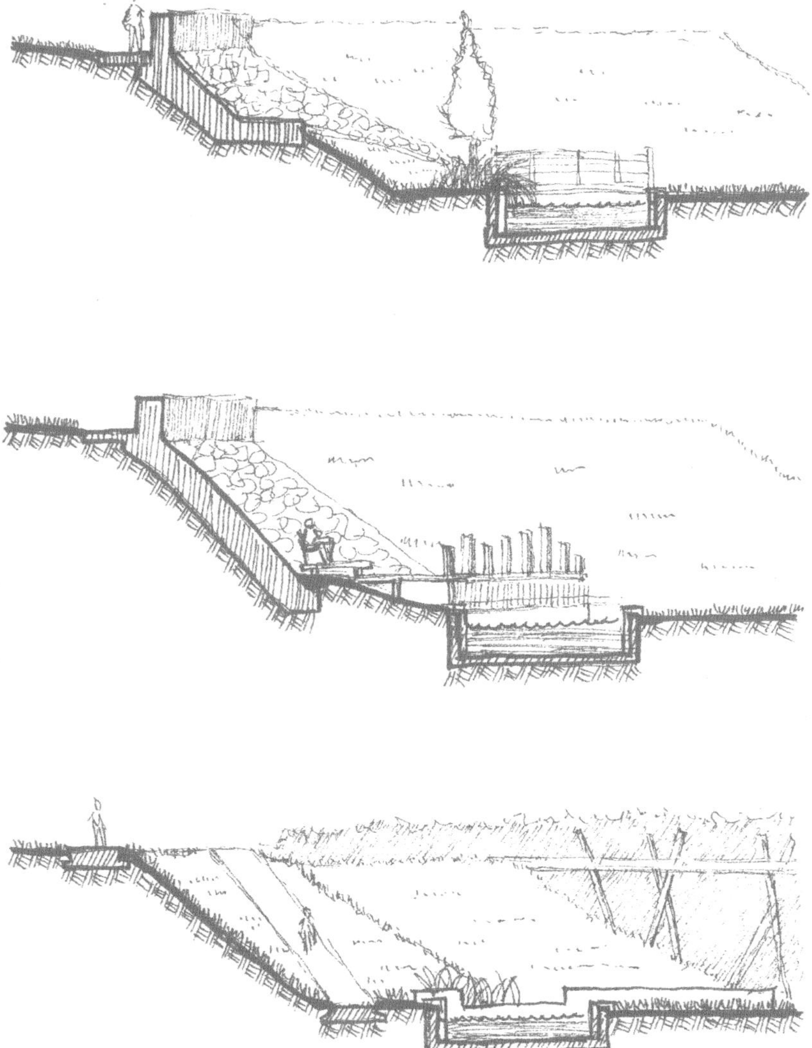

恩瑟爾公園的設計空間剖面。

恩瑟爾公園

交通：搭乘輕軌302，310線至「Bochumer Verein/Jahrhunderthalle」下車，公園位在馬路北側。

旅行印象

沙發客初體驗

杜賽道夫．Cate家

0514～0520

在前往魯爾的巴士上我難掩興奮之情，因為今天是我人生中第一次嘗試當沙發客！來到魯爾工業區之前我就一直在想有沒有更平民的方式感受這裡的新生活，今天我的夢想成真了。Cate成為了我第一位沙發客的主人，而我也如願以償的用更加平民化的方式體驗新的旅行住宿方式，重點是這樣的住宿全部免費，真的很棒。Cate和她的室友分別在杜賽道夫不同的領域工作或唸書，所以我一次擁有更多面向的機會同時了解這座由工業城市改造而成的德國流行及媒體之都。

願意接待背包客的人，必然自己也擁有很豐富的故事。當我傍晚抵達Cate的公寓時，她的另一位室友Pia也剛好回來，我們一邊在溫馨的廚房享用咖啡點心，一邊分享我的旅遊經歷，同時也等待其他的人陸續下班回來。和這群年紀相仿又熱情外向的德國朋友一起生活，對我來說是一個夢寐以求的難得經驗！他們分別來自德國不同的區域，所以我能感受到更不一樣的文化洗禮；連食物也呈現多國的綜合樣貌，在他們熱情的分享下，今天我品嘗了很多綜合體的德國小吃，這些是平常旅行難以接觸到的特殊口味。

沙發客第一天。

盡我所能的「台灣味」。

萊茵河的最後一夜相聚。

趕在夕陽下山之前Cate他們帶我往萊茵河的方向走去，一路上我們聊了好多東西方不同的歷史與文化差異，而我在德國所見的一些問題與好奇，今晚全部得到了滿意的解答。旅行所有造訪的河流中，最期待的就是萊茵河，今晚在美麗的燈光陪襯之下，還有這群德國朋友的陪伴，我與萊茵河有了第一次浪漫的邂逅。

入境隨俗，免不了的就是啤酒文化，在河岸邊的階梯廣場坐下欣賞浪漫的萊茵河夜景，也同時一邊喝著啤酒開心的聊天。對於我這位不常喝酒的人來說，在旅行中所喝的每一瓶啤酒都有很美好的回憶與很深刻的意義，今晚這一瓶德國啤酒，讓我在萊茵河畔感覺到微醺，也讓我看見更不一樣的德國生活！

住在Cate家的最後一天，我刻意提早回家，旅行過程第一次有「家」的感覺而不是「窩」。昨晚大家開心的聊天聊到了亞洲的食物，他們似乎非常有興趣，我想這是我可以答謝他們熱情招待的好方法。我努力在亞洲食物的市場找食材，再加上旅行之前老媽塞給我一罐道地台灣味的肉燥罐頭當祕密武器，我非常努力想要做出「台灣味」的食物讓他們品嘗。在有限的條件下我只能做出蕃茄炒蛋、炒空心菜、肉燥煮豆腐和醬油煎豆腐，雖然簡單但至少桌上看起來滿豐盛的！在他們充滿好奇的品嘗和給予不錯的評價後，我的旅行下廚初體驗總算是畫下一個完美的句點。

我會記得這群像家人般的德國朋友，因為他們給了我一個最難忘的沙發客經驗。

杜賽道夫・瘋狂Stan家

為了有更多生活化的體驗，我在魯爾工業區的窩移動到下一個沙發。這次的沙發主人叫做Stan，人雖然親切但是感覺瘋瘋癲癲的，一直在說充滿黑色幽默的英文笑話，感覺很特別。

在Stan的頂樓大套房充滿驚喜，他真的是一位很注重生活的人，看得出來房子裝潢的細節都有他個人的想法與堅持，也讓我體驗到德國人另外一種截然不同的生活方式。在這裡，我就真的是睡在沙發上，這種借住他人沙發，體驗在地生活的方式真的讓旅行之外的生活體驗充滿了無限的想像與驚喜！

有些事情我以為我不會喜歡，也從沒嘗試過；但是真正體驗過之後我發現我並不排斥。我想稱呼我這位沙發主人為「瘋狂Stan」應該非常貼切。這位怪異先生讓我這三天不斷地倒數希望離開的時間早點到來；不是因為這裡不好，而是因為他太好客，每天晚上他的家都像酒吧一樣有很多朋友喝酒聊天，我不習慣這樣的生活，感覺時間不能掌控，非常不自在；不過，他自由隨性又不按牌理出牌的個性，也讓我對於他所代表的德國人生活方式非常好奇。既來之，則安之，我也試著從這樣的沙發生活，做另一種不屬於我平常生活方式的體驗。

這一天，瘋狂Stan要我無論如何務必空出時間，中午時間找了一群朋友吃飯，然後很熱情的邀請我參加今天節目的重頭戲「廢棄工廠噴漆塗鴉」。天啊！從俄羅斯以來到德國的旅行在街頭處處可見的噴漆塗鴉，今天我竟然也要參加？雖然感覺有趣，但是覺得不可思議。這位瘋狂Stan看了我的旅行sketch，還特地幫我準備黑色和白色噴漆說要讓我

廢棄工廠塗鴉。

盡情發揮。我也不想再掙扎了，今天就全心全意的接受這種街頭風格的生活方式吧！

為什麼舊工廠的玻璃會破？為什麼天橋下的角落會有碎掉的酒瓶？為什麼歐洲人這麼瘋狂熱愛塗鴉？今天親身體驗之後印象更加深刻，也許這是一種極度自由與法治下所衍生出的權威挑戰吧！

看著瘋狂Stan和他的朋友很認真討論著塗鴉的構圖，用盡各種方式在難以到達的牆壁上作畫，並搭配一罐罐的啤酒和音樂，我看著他們如此認真與隨性，心裡面那股東西文化的差異感覺格外強烈！為了徹底感受這樣的生活方式，我也在廢棄工廠其中一處牆壁揮灑了我第一次的噴漆塗鴉。我只能說，單純看任何一個單元的噴漆塗鴉都可以看到創作的用心與藝術感，可是一整面牆看起來真的變成了破壞城市面貌的殺手。今天我也參與了，雖然是在廢棄工廠內，但是至少給我一個很好的機會去了解社會上這群人的想法與行為，背後所代表的意義。

待在瘋狂Stan家的最後一晚，是一個比起前幾天相對溫馨的BBQ，經過幾天的相處，我從第一天的難以適應，到第二天的勉強接受，再到今天的坦然面對，甚至晚上的氣氛甚至讓我有些依依不捨；似乎我在不知不覺之中已經習慣了瘋狂Stan的好客方式，心境上能有這樣的轉變，我感到意外，但卻也無比開心。

魯爾區的沙發客體驗就要畫下句點，無論是Cate或是瘋狂Stan，都讓我了解截然不同的德國生活文化，沙發客的體驗教會我的是，要更放開心胸去享受不同人的生活方式與文化，我的魯爾工業區因為有這樣特別的經驗，讓我覺得每天都像回到家，而不單只是其他城市單純過境停留而已。

我在Stan家的冰箱創作。

魯爾工業區的完美休止符

家，可以說是每天早上生活的起點和每天晚上生活的終點。魯爾工業區的杜賽道夫城市給我的感覺是旅行走訪所有德國城市中最為活潑的，我所接觸到的生活面向與人群也是最為廣闊的，所以杜賽道夫給我的感覺真的很不一樣。

親切的感覺像家，熟悉的味道更像家！要上火車離開之前，我來到前兩天在埃森巧遇兩位台灣人的珍珠奶茶店；一方便道別，一方面也想喝一杯好久沒喝的珍奶。看著大排長龍的歐洲人每人手上一杯台灣飲料，我也很替他們遠渡重洋的異國生意感到開心。在這裡買一杯的價錢在台灣可以買四到五杯，可是熟悉的家鄉味卻是無價。

大力的吸上一口，嚼著彈牙的珍珠，和他們道別後我心滿意足的離開了杜賽道夫。

工廠塗鴉之前的聚餐。

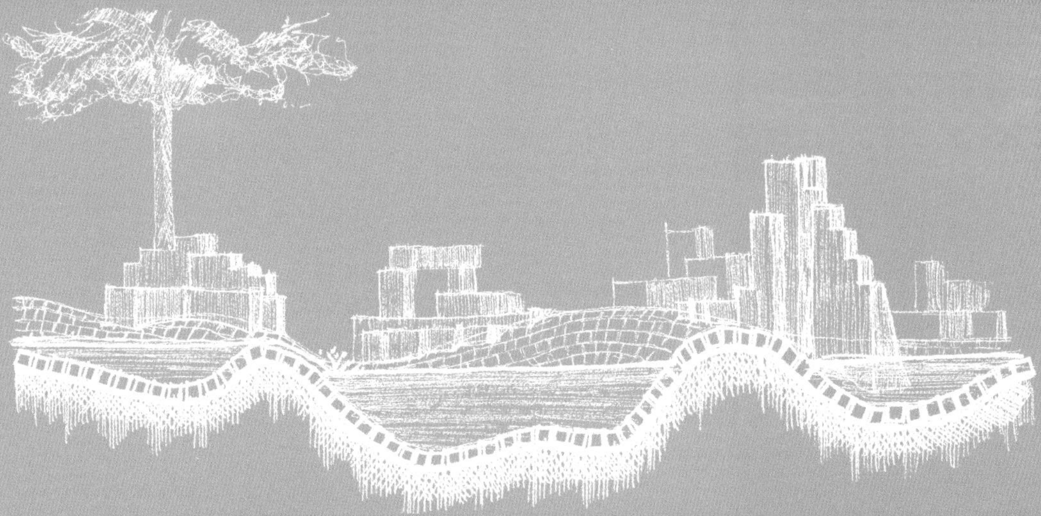

Stop 13

德國・科隆、法蘭克福

12
0530~
12
0601

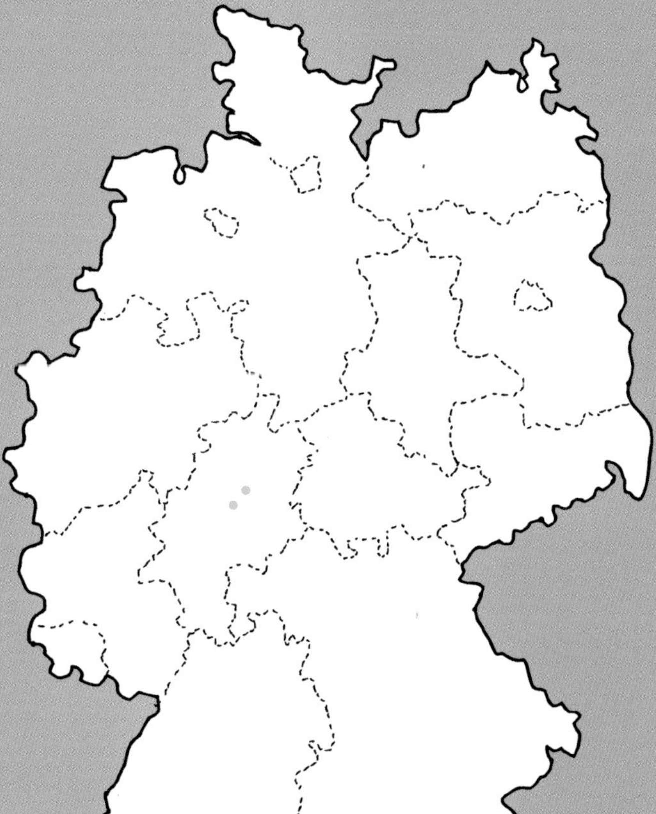

城市空間記憶

科隆・科隆大教堂／法蘭克福・美茵河畔

0530～0601

科隆，以大教堂為中心的城市

如果當年二次大戰盟軍空襲科隆時把大教堂也一起炸掉了，那現在的科隆還剩下什麼？在這座觀光圍繞一座大教堂發展的城市旅行，我不斷問自己這個問題。

旅行到了後期，我已經習慣到新城市先看他們賣的明信片，因為這可以讓我透過當地人的眼光，了解他們對於城市最有自信的角度。大多數城市都有兩種以上的地標作為明信片主角；很有趣的是，科隆是我目前為止看到所有明信片都一定會出現大教堂的城

教堂廣場外的有趣小水景。

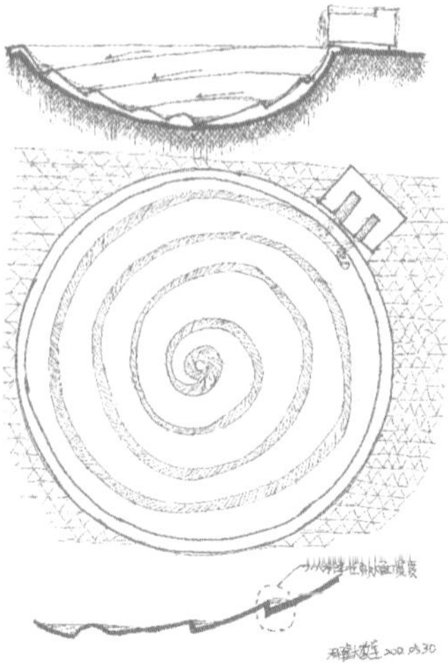

大教堂夜未眠。

市。這可以想見大教堂對於科隆來說究竟有多重要！正因為這個有趣的現象，所以我才特別試著想像科隆少了大教堂的模樣。不過認真的說，被炸毀又重建的科隆市區比起德國其他城市，感覺單調與保守得多，對於前一天還在杜賽道夫的我來說感覺有些不適應，我想也許是因為如此才使得大教堂與美茵河畔有著如此多的人潮吧！

一直以來科隆大教堂都是我最想要造訪的哥德式教堂，今天我買了個麵包刻意坐在它的前面吃早餐，靜靜的體會它的巨大與我的渺小；看著它被戰火薰黑的外表，也體會到歷史在這座教堂身上留下的痕跡。能夠作為世界文化遺產真的有它的道理，大教堂內明亮的空間感和高聳的哥德式語

哥德式教堂的高聳。

散發自由的水岸設計。

彙，比起在波蘭科拉克看到的哥德式教堂就是不一樣；大片大片的彩繪玻璃讓教堂的空間感覺好輕盈，柱跟柱之間加大的距離也讓空間的流通感更加明顯，外牆飛扶壁與塔樓不斷地向上竄升，感覺人與天的距離也更加接近。這樣一棟如藝術品般的教堂，真的是人類文化的瑰寶，好在當時戰爭打得不可開交之時還有人願意保持理智，不然如果這座教堂也被炸毀了，那會是多麼可惜的一件事？

從教堂後方往萊茵河方向走去，我在另一個精彩的水景設計中感受到德國的「自由」。台灣的水池，無論水深水淺，都習慣會設計池緣，雖然沒有人說一定要這麼做，但是大家似乎受制約般的都會這樣思考。科隆美茵河河畔的水景打破了這個框架，它只用地形幅度的變化就界定出「水」與「岸」的分別；也由於是用地形控制水域，所以邊界顯得相當自由靈活，也再次看到德國在施工方面的高品質。水就在這樣變化而不僵化的範圍內自由流動，時急時緩，這種感覺就像我所感受到的德國一樣，在制度的規範下，大家享有絕對的自由與靈活。與水池豐富地形搭配的是一座座表情豐富，高低錯落的金屬造型物；可以當成座椅，也可以作為踏步，人跟水互動的角度與高度變化又更加豐富。順著原來地形的斜度再加入細緻的起伏變化，人們在相當清澈的水景中嬉鬧玩耍，這是我在旅行中看見最喜歡的水景設計！

傍晚，旅行的腳步又要再次移動，很快的已經要來到這次旅行的最後一個城市。從科隆搭乘最便宜慢車沿著山區河流晃到法蘭克福，一路上山光水色與德風小鎮盡收眼底。我希望在法蘭克福還能得到旅行最後的驚喜！

地形水景

交通：沿科隆大教堂後方往萊茵河方向步行約200m。

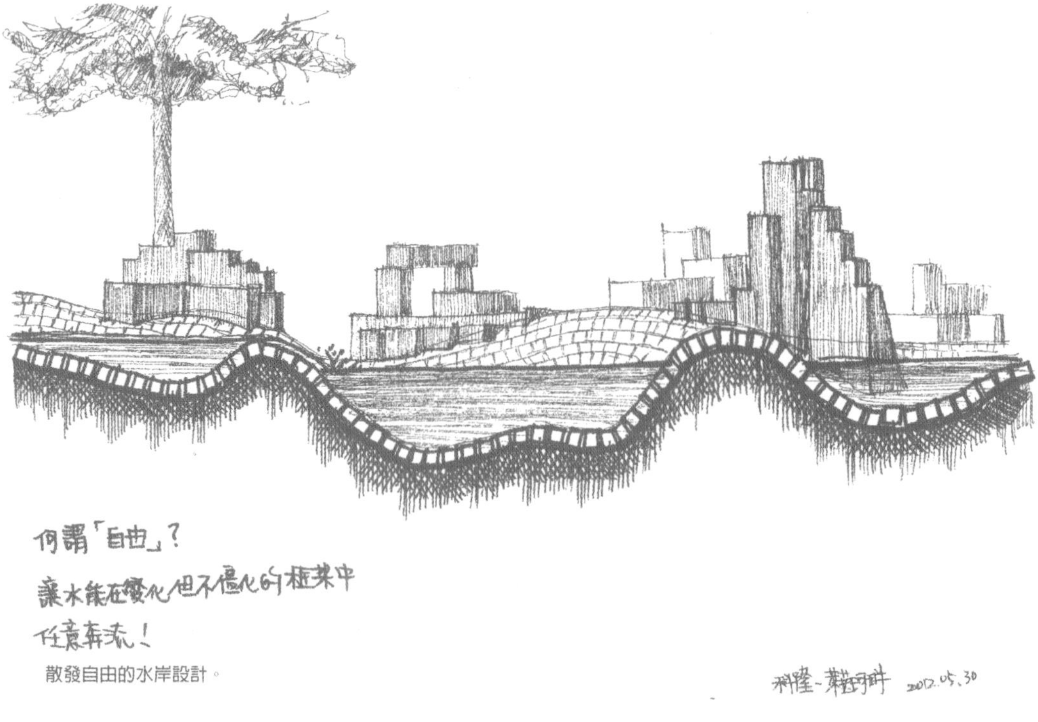
何謂「自由」？
讓水能在變化但不僵化的框架中
任意奔流！
2012.05.30

散發自由的水岸設計。

因雨而看了三個多小時的風景。

法蘭克福・起點・終點

法蘭克福，歐洲主要的國際轉機城市，以商業和金融聞名的大城，這裡是很多旅人開始歐洲旅行的起點，也是我即將結束三個月旅行的終點。

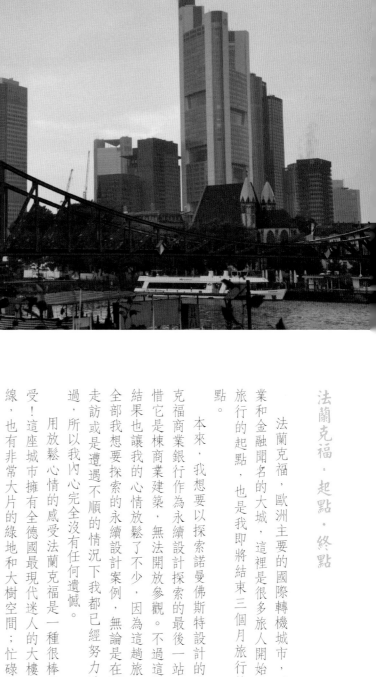

本來，我想要以探索諾曼佛斯特設計的法蘭克福商業銀行作為永續設計探索的最後一站，可惜它是棟商業建築，無法開放參觀。不過這樣的結果也讓我的心情放鬆了不少，因為這趟旅行中全部我想要探索的永續設計案例，無論是在順利走訪或是遭遇不順的情況下我都已經努力追求過，所以我內心完全沒有任何遺憾。

用放鬆心情的感受法蘭克福是一種很棒的享受！這座城市擁有全德國最現代迷人的大樓天際線，也有非常大片的綠地和大樹空間；忙碌的商業氣息與悠閒的放鬆心情只有一線之隔，在現代與古典交錯融合的市中心區漫步，可以感受這座商業大城截然不同的生活步調。法蘭克福最大的市中心綠帶同樣也是舊城區邊界的痕跡，只是在高度商業需求的都市發展中，已經無法像其他城市如此明確的定義舊城區與新的市中心。商業高樓比鄰著舊城區綠帶拔地而起，舊城區內也有不少建築充滿現代樣貌。在法蘭克福，似乎守不守舊不是那麼重要，金融和商業發展才是王道。

有趣的旅行再次遇到有趣的人，我在大街上行走時巧遇了與我同窩的一位巴西朋友Louis，我們便一起在法蘭克福度過美好的一天。我們只差一歲，他是一位飛行員，因為飛機進場檢修一個月所以擁有一個月完整的假期。由於旅行中碰到的南美洲朋友不多，所以透過和他的聊天使我更了解現在的巴西發展。我們一起走過了大廣場，一起穿越了傳統市場，一起在舊城區找間好餐廳，也一起享用了好吃的德國香腸點心。忽然間，心裡面已經出現了另外一個旅行的聲音，看來下一階段的世界探索已經有眉目囉！

我在美茵河畔感受水岸與大樓天際線，想要為這趟旅行sketch留下精彩的最後一頁，不過這個過程卻令我印象深刻！法蘭克福多雲涼爽的天氣在下午忽然下起了大雨，我正坐在河邊剛拿起畫筆，慌亂間顧不得被淋濕只想保護好我的速寫本；大樹下這一等就是一個小時過去，當雨勢暫緩我試著繼續完成我的sketch；但是不到半小時又下了一場更大的雨，而且看起來似乎沒有要結束的意思，這一等便快要兩小時。在雨中的大樹下欣賞朦朧的法蘭克福天際線成了我今天很難忘的珍貴畫面，似乎這座城市想要在我旅行的最後階段留下它自己特殊的一頁，而它的目的真的達到了！我今天總共花了四個小時才完成最後一頁sketch，可是過程中有三個

法蘭克福街頭的最後一餐。

小時在望著雨，難忘！

已經習慣了用巴士和火車移動的步調，忽然要轉換成兩個月沒搭的飛機感覺還需要重新適應，明天即將踏上回家的旅途，離家在外的最後這一晚，我只想好好休息。

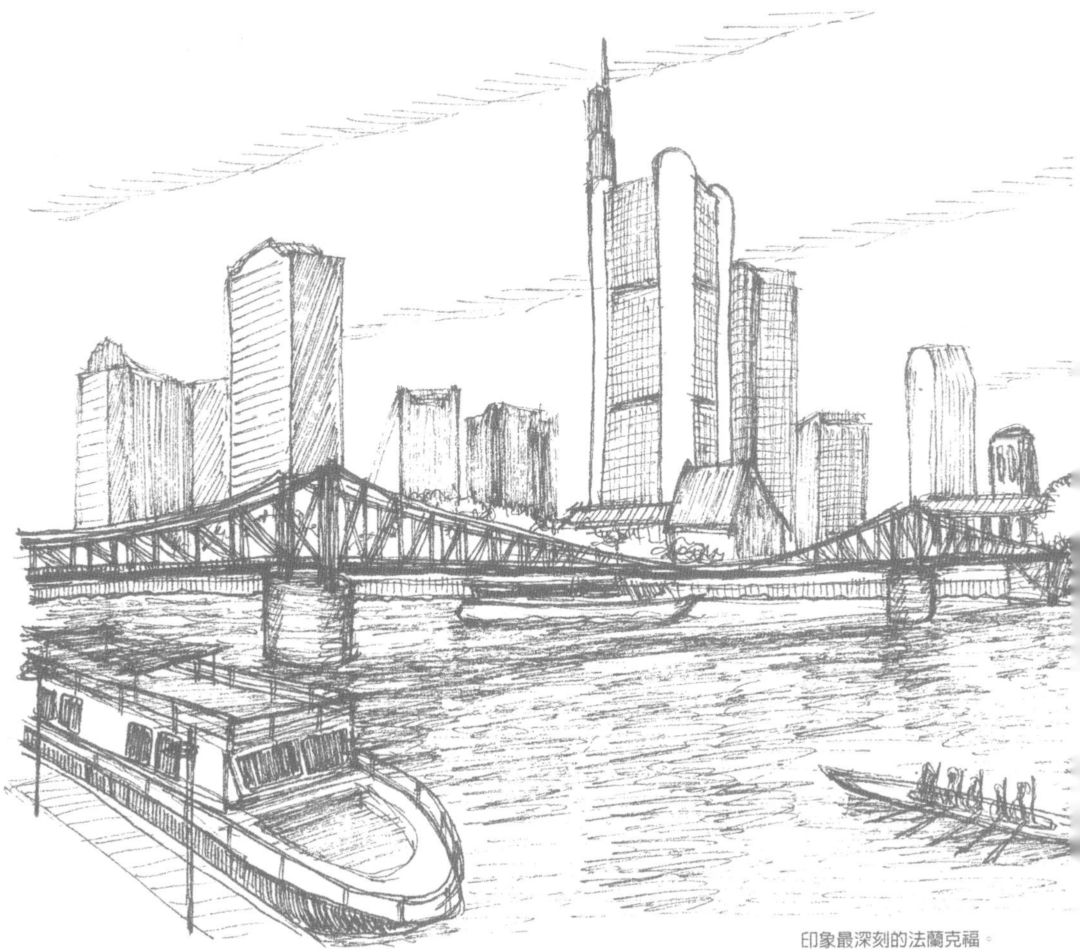

印象最深刻的法蘭克福。

旅行印象

法蘭克福・回家

這是旅行的第九十三天，一路走來，總共造訪九個國家，走過二十八座城市，認識了超過了十八國的朋友，接受了超過三百位好心的人幫助；這趟總長超過一萬五千公里的「永續、設計探索之旅」，今天在法蘭克福畫下了令我永生難忘的句點。

回想，打從有這趟旅行念頭的開始，我就不斷地得到很多幫助，即使過程中仍然有挫折與挑戰，但是總是能在關鍵時刻得到最即時的援助；我始終相信，這是因為有很多人在背後默默的祈禱與祝福。還記得剛剛出發的那一天，我根本不覺得我已經準備好要上路，直到在大阪的第一晚要開始思索接下來該怎麼吃才能省錢時，我才真正意識到，我必須要精打細算的過接下來三個月的日子，此時才真正覺得這趟旅行已經開始。沒想到一路走來，三個月這麼快就過去，彷彿前幾天才剛搭上前往大阪的飛機，如今卻已經從法蘭克福要回台灣，此刻的我仍然覺得這三個月發生的一切很不可思議！

心境上，經歷過一個人看到美好事物卻無法立即分享的寂寞，感受過在異國與朋友親戚碰面的溫馨，接觸過在生命中的此刻注定會碰到的新朋友。也曾因為熟悉的味道想家而熱淚盈眶，也曾因為強烈的設計震撼而內心百感交集，也曾因為相遇追夢的人而感覺心有靈犀。更曾為了思考用什麼方式前往下一個國家而感到傷透腦筋，更曾為了準備好卻無法帶走的心情感到失望至極，更曾為了接觸許多的第一次而感到趣味新奇！本來我的個性就比較沉靜，經過這次的旅行也感覺自己更加淡定；我仍然會因為接觸新鮮事物而興奮感動，但當我面對困難挑戰時我也會更加謀定而後動。

見識上，我很開心自己帶著問題出門，在過程中找到答案，也帶著更多問題走向下一個學習階段。在日本和德國體驗過他們的生活方式，看過他們的綠能科技與設計，也請益過他們對於國家未來永續發展的政策與方向，我深刻地體會到我們國家還需要再做更多努力。一路從亞洲西行至歐洲，真實接觸了好多曾經地理課本上的名詞，也用心體會過不同國家與民族的風土民情，更深刻體驗過同一個歷史下不

同國家所遭遇與面對的心境與感受；對我來說，體驗不同的歷史與文化更加體會到將心比心的重要，領教過世界的壯大也更加清楚自己的渺小。曾經去過那裡已經不是那麼重要，過程中是否得到收穫與難忘的經驗才更令我嚮往，我很驕傲的告訴自己，我擁有過三個月精彩的生命！

設計上，我幾乎每天都領受到不同程度的震撼與感動！設計師深刻了解每一個設計背後的意義會讓自己下一個設計更用心，一般民眾雖不清楚但是也能因為空間設計得宜而使用得很開心。旅行中，我體驗的不只是每一個大師作品的空間本身，我更在思考領略眼前一線一面的背後意念，究竟是什麼魔力與比例可以成就眼前的美？透過sketch的描繪，我更直接在當下觀察和下筆的過程中，體會不同風格與民族的設計哲學；比起一本本昂貴的設計案例參考書，我擁有更深刻也更實地的體會。在各國努力找尋永續設計的案例也著實令我煞費苦心，實際體驗之前的資料準備更是忙碌旅程中必做的功課，實際體驗之後的感受與整理更是人生中珍貴難得的記錄累積。永續綠能設計這條路到底未來怎麼走其實我每天都仍然在摸索，但是心裡堅定的聲音不斷告訴自己要堅持下去，我也不知道將來究竟能為環境更美好這件事情帶來多大的貢獻？但是能夠結合我的夢想與興趣並付諸於行動，我仍然願意繼續努力。

夢想，一直是指引我走往人生下一步的力量！我覺得自己很幸運，因為我比更多人都更早清楚自己要努力的目標與方向。我也很清楚自己的眼睛不好，表面上不太適合做傷眼費神的設計工作，不過一路從唸大學到工作再到旅行也都順利的度過，甚至接下來的出國留學我也有信心克服困難，這從來都不是影響我人生決定方向的因素。旅行中我有時也因為看不清楚而多走了一些冤枉路，但是我總是能在過程中發現另外的感動與體悟。眼前也許不是如一般人看到的清晰影像，但是敏銳的方向感卻也很少讓我迷失方向，這就是我的「視」界。能夠完成這趟一個人旅行的夢想我心存感激，接下來還有很多想要完成的事情，我會期許自己秉持同樣的態度與毅力，實踐生命中每一個對自己的約定。

屬於我的「一個人旅行」形式上已經結束，但是後續的催化已經開始在我的生命發酵，我清楚這趟得來不易的旅行在我人生中所代表的意義，是時候回到起點稍作沉澱了！想家，回家，再出發。台灣，I am back。

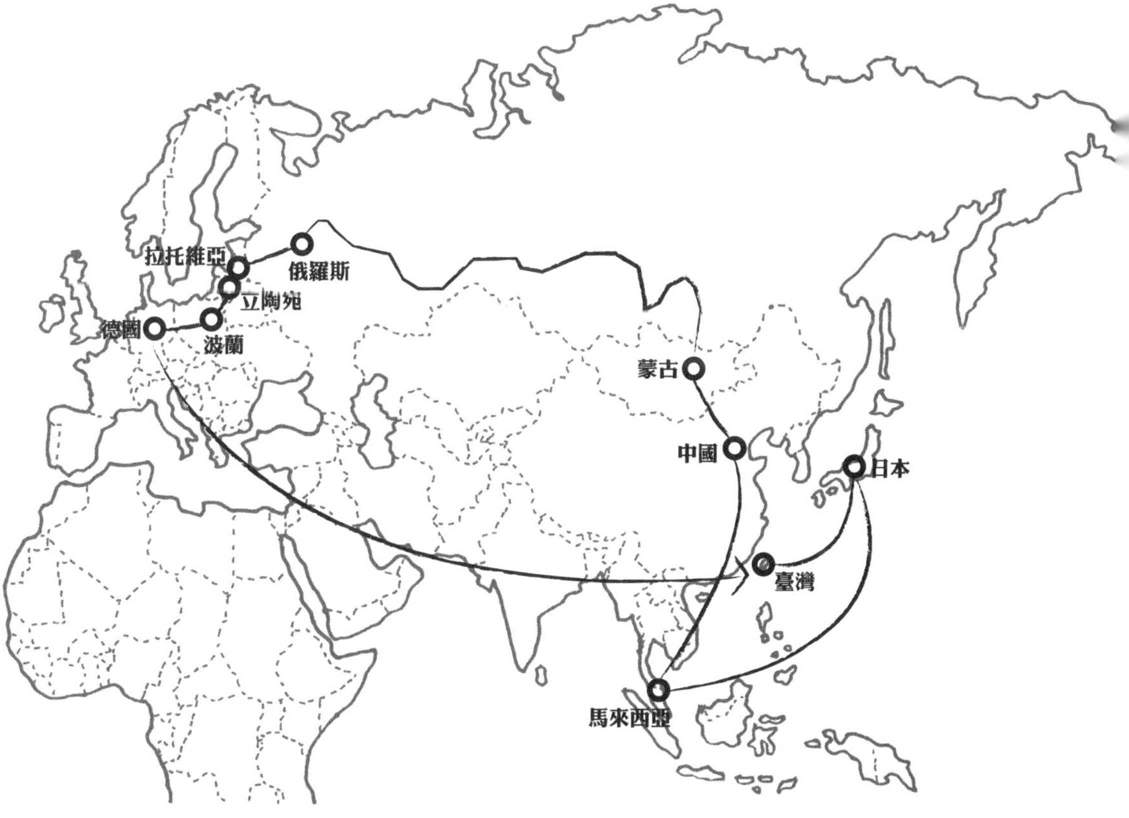

國家圖書館出版品預行編目資料

設計師之眼：設計師背包客隨拍隨畫100分的亞歐永續設計／
楊天豪著.--初版. --台中市：晨星, 2013.8
288面；16.5*22.5公分. --（自然生活家 ;007）

ISBN 978-986-177-713-9（平裝）
1.遊記 2.世界地理

719 102005581

自然生活家07

設計師之眼：設計師背包客隨拍隨畫100分的亞歐永續設計

作者 楊天豪
主編 徐惠雅
校對 徐惠雅、楊天豪
美術編輯 林恒如、張家銘
封面設計 張家銘

創辦人 陳銘民
發行所 晨星出版有限公司
台中市407工業區30路1號
TEL：04-23595820 FAX：04-23550581
E-mail：service@morningstar.com.tw
http：//www.morningstar.com.tw
行政院新聞局局版台業字第2500號
法律顧問 甘龍強律師
初版 西元2013年8月06日
郵政劃撥 22326758（晨星出版有限公司）
讀者服務專線 04-23595819#230

印刷 上好印刷股份有限公司
裝訂 東宏製本有限公司

定價 4 5 0元
ISBN 978-986-177-713-9
Published by Morning Star Publishing Inc.
Printed in Taiwan

◆讀者回函卡◆

以下資料或許太過繁瑣，但卻是我們了解您的唯一途徑，

誠摯期待能與您在下一本書中相逢，讓我們一起從閱讀中尋找樂趣吧！

姓名：＿＿＿＿＿＿＿＿＿＿　性別：□ 男　□ 女　生日：　／　／

教育程度：＿＿＿＿＿＿＿＿

職業：□ 學生　□ 教師　□ 內勤職員　□ 家庭主婦

□ 企業主管　□ 服務業　□ 製造業　□ 醫藥護理

□ 軍警　□ 資訊業　□ 銷售業務　□ 其他＿＿＿＿＿＿

E-mail：＿＿＿＿＿＿＿＿＿＿＿＿＿＿＿　聯絡電話：＿＿＿＿＿＿

聯絡地址：□□□＿＿＿＿＿＿＿＿＿＿＿＿＿＿＿＿＿＿＿＿

購買書名：設計師之眼：設計師背包客隨拍隨畫100分的亞歐永續設計

・誘使您購買此書的原因?

□ 於＿＿＿＿＿書店尋找新知時　□ 看＿＿＿＿＿報時瞄到　□ 受海報或文案吸引

□ 翻閱＿＿＿＿＿雜誌時　□ 親朋好友拍胸脯保證　□＿＿＿＿＿電台DJ熱情推薦

□電子報的新書資訊看起來很有趣　□對晨星自然FB的分享有興趣　□瀏覽晨星網站時看到的

□ 其他編輯萬萬想不到的過程：＿＿＿＿＿＿＿＿＿＿＿＿＿＿＿＿

・本書中最吸引您的是哪一篇文章或哪一段話呢?＿＿＿＿＿＿＿＿＿＿＿＿

・對於本書的評分?（請填代號：1.很滿意　2.ok啦！　3.尚可　4.需改進）

□ 封面設計＿＿＿＿＿　□尺寸規格＿＿＿＿＿　□版面編排＿＿＿＿＿　□字體大小＿

□內容＿＿＿＿＿　□文／譯筆＿＿＿＿＿　□其他＿＿＿＿＿

・下列出版品中，哪個題材最能引起您的興趣呢?

台灣自然圖鑑：□植物 □哺乳類 □魚類 □鳥類 □蝴蝶 □昆蟲 □爬蟲類 □其他＿＿＿＿

飼養＆觀察：□植物 □哺乳類 □魚類 □鳥類 □蝴蝶 □昆蟲 □爬蟲類 □其他＿＿＿＿

台灣地圖：□自然 □昆蟲 □兩棲動物 □地形 □人文 □其他＿＿＿＿

自然公園：□自然文學 □環境關懷 □環境議題 □自然觀點 □人物傳記 □其他＿＿＿＿

生態館：□植物生態 □動物生態 □生態攝影 □地形景觀 □其他＿＿＿＿

台灣原住民文學：□史地 □傳記 □宗教祭典 □文化 □傳說 □音樂 □其他＿＿＿＿

自然生活家：□自然風DIY手作 □登山 □園藝 □觀星 □其他＿＿＿＿

・除上述系列外，您還希望編輯們規畫哪些和自然人文題材有關的書籍呢?＿＿＿＿＿＿

・您最常到哪個通路購買書籍呢?　□博客來 □誠品書店 □金石堂　□其他

很高興您選擇了晨星出版社，陪伴您一同享受閱讀及學習的樂趣。只要您將此回函郵寄回本社，我們將不定期提供最新的出版及優惠訊息給您，謝謝！

若行有餘力，也請不吝賜教，好讓我們可以出版更多更好的書！

・其他意見：＿＿＿＿＿＿＿＿＿＿＿＿＿＿＿＿＿＿＿＿＿＿＿＿

晨星出版有限公司 編輯群，感謝您！

請填妥對折裝訂，直接投郵即可，免貼郵票

廣告回函
台灣中區郵政管理局
登記證第267號
免貼郵票

407

台中市工業區30路1號

晨星出版有限公司

請沿虛線摺下裝訂，謝謝！

晨星回函有禮，好書寄就送！

只要詳填《設計師之眼：設計師背包客隨拍隨畫100分的亞歐永續設計》回函卡，附40元郵票（工本費）寄回晨星出版，自然好書《窗口邊的生態樂園》馬上送！

（原價180元）

晨星自然

天文、動物、植物、登山、生態攝影、自然風DIY……各種最新最夯的自然大小事，盡在「晨星自然」臉書，快點加入吧！

晨星出版有限公司 編輯群，感謝您！